CHRÉTIENS

ET

HOMMES CÉLÈBRES

Paris. — Imp. Téqui, rue de Vaugirard, 92.

Drouot (v. p. 1)

CHRÉTIENS
ET
HOMMES CÉLÈBRES

AU XIXᵐᵉ SIÈCLE

PAR

L'ABBÉ **A. BARAUD**

Ouvrage honoré des encouragements
de plusieurs évêques et littérateurs distingués.

DEUXIÈME SÉRIE

PARIS

TÉQUI, LIBRAIRE-ÉDITEUR

DE L'ŒUVRE SAINT-MICHEL
85, RUE DE RENNES, 85

1890

CHRÉTIENS
ET
HOMMES CÉLÈBRES

DROUOT

GÉNÉRAL, COMTE DE L'EMPIRE, AIDE DE CAMP
DE L'EMPEREUR.

(1774-1847)

> « Lui-même a confessé hautement qu'il devait tout à Dieu, non pas au Dieu abstrait de la raison, mais au Dieu des chrétiens. »
> (P. LACORDAIRE.)

Napoléon Ier a dit de Drouot : *Il est le sage de la grande armée.* C'est trop peu dire : Drouot a été le modèle du soldat chrétien, le modèle d'une vie pleine de courage, de patriotisme, de fidélité et de désintéressement.

Antoine *Drouot* est né à Nancy le 11 janvier 1774, d'un pauvre boulanger déjà père d'une nombreuse famille. A dix-sept ans il songea à entrer dans les Ordres, mais la Révolution éclata et lui ferma les portes du sanctuaire, non la voie du sacrifice ; il avait souhaité d'être religieux, il se fit soldat. Son goût et son ardeur pour les mathématiques étaient tels qu'il les étudiait à la lueur du four de son père, dans le but de se présenter au concours pour l'admission à l'école d'artillerie.

Le jour de l'examen il entre bravement dans la salle avec un bâton à la main et de gros souliers aux pieds. On le croit égaré dans ces lieux, et on lui demande : « Savez-vous bien pourquoi vous êtes ici? » — « Je voudrais subir l'examen, » répond-il sans s'émouvoir. Son tour arrive, Laplace qui préside, l'interroge, le presse de questions pendant deux heures, et reste étonné de la précision et de la clarté de ses réponses. Il se lève, l'embrasse aux acclamations des assistants et lui annonce qu'il est le premier de sa promotion : Drouot avait adressé à Dieu une prière pour lui demander aide et protection. Ce fut sur les champs de bataille que Drouot montra bientôt la sûreté de son coup d'œil et sa bravoure. Il reçut publiquement les éloges de Moreau et de Jourdan à Fleurus dès 1794. Nommé lieutenant-colonel en 1808, Napoléon commence à l'apprécier et désormais ne peut plus se passer de lui. A trente-neuf ans il est général de division.

Son habileté à rassembler et à mouvoir ces immenses batteries de cent cinquante bouches à feu, et à suppléer, par leur action combinée, à l'infériorité numérique des troupes françaises, décida de la victoire en plus de vingt batailles. Aussi l'Empereur a dit plus tard qu'il n'existait pas deux officiers, dans le monde, pareils à Murat pour la cavalerie, et à Drouot pour l'artillerie.

La patrie nommait déjà Drouot maréchal de France, mais plus soigneux de sa vraie gloire, Dieu lui réservait l'éclat de l'adversité.

Napoléon tombe et son aide de camp est résolu de partager la fortune de l'exilé : Drouot devient gouverneur de l'île d'Elbe. Il avait poussé le dévouement jusqu'au sacrifice de sa liberté, il le poussa jusqu'au sacrifice de son opinion et au péril de ses jours. Plus tard, ayant suivi son maitre aux Cent jours, une cruelle douleur vint déchirer son cœur de soldat : il fut traduit devant un tribunal militaire comme coupable de haute trahison. Mais il subit l'emprisonnement, le procès, l'acquittement, comme il avait subi toutes les autres vicissitudes de la guerre.

A dater de 1821, Drouot ne quitta plus Nancy, et renonçant désormais à la vie publique, il ne s'occupa que de l'exercice de la prière et de la charité. Devenu aveugle et paralysé, *le Sage* de la grande armée continua d'édifier ses concitoyens par sa foi et sa patience dans ses terribles épreuves, et, gardant à peine de quoi vivre, il distribua chaque année son traitement aux soldats sans ressources.

Il mourut le 24 mars 1847. Lorsqu'il sentit sa fin approcher, quoique privé de la vue, il traça ces lignes : « Arrivé au terme de ma carrière, j'attends en paix qu'il plaise au Seigneur de me rappeler à lui et de m'admettre, comme je l'espère, dans le séjour où seront récompensés ceux qui ont bien aimé Dieu et bien servi leur patrie. »

.˙.

« La nature du général Drouot, dit le P. Lacordaire, était une nature admirablement douée, mais si droite, si bonne, si grande qu'elle fût de son fonds, elle n'aurait point atteint le degré de perfection où elle est parvenue, sans un principe supérieur aux pensées et aux affections de la terre.

Lui-même a confessé hautement qu'il devait tout à Dieu, non pas au dieu abstrait de la raison, mais au Dieu des chrétiens, manifesté dans toute l'histoire par un commerce positif avec le genre humain.

Quoique enfant d'un siècle léger, et avant d'avoir vu la grande Révolution qui en illumina la fin, il avait sucé avec le lait de sa mère une foi qui avait été confirmée par la forte éducation du travail et de la pauvreté.

Cette foi ne chancela pas un seul jour et ne se cacha pas une seule fois. Sous la tente du soldat comme dans l'orgueil des palais, Drouot fut publiquement chrétien. Il lisait la Bible appuyé sur son canon; il la relisait aux Tuileries dans l'embrasure d'une fenêtre. Cette lecture fortifiait son âme contre les dangers de la guerre et contre les faiblesses des cours.

Quand Napoléon, sans détourner la tête, prononçait cette brève parole « Drouot! » l'aide de camp recommandait son âme à Dieu, partait à toute bride, et quelques minutes après on le voyait précipiter au galop 50 ou 100 bouches à feu, qui sans paraître s'arrêter, vomissaient la mort dans les rangs ennemis. Mais aussi, quand l'heure du hasard était passée, Drouot se retrouvait dans la parole ce qu'il avait été dans l'action, plein de mépris pour le mensonge comme il l'avait été pour la mort; après s'être montré l'enfant du Dieu des batailles, il se montrait l'enfant du Dieu de la vérité. Il prenait hardiment l'intérêt du soldat trop souvent sacrifié, il méritait que l'Empereur l'appelât le tribun du soldat aussi justement qu'il l'avait appelé *le Sage* de la grande armée.

* * *

Ne vous persuadez même pas, que la foi du général Drouot fût une foi qui ne s'élevât point jusqu'aux pratiques vulgaires de la religion, il croyait à tout et il accomplissait tout. Vous l'avez entendu dire à l'Empereur qu'il ne *désirait qu'une chose, qui était d'habiter sur la paroisse où il avait été baptisé.*

L'idée de son baptême par lequel il avait été fait enfant de Dieu pénétrait son cœur d'un pieux souvenir, et l'église où il avait reçu ce sacrement de la vie, formait pour lui, avec tout son territoire, une patrie spirituelle qui ne lui était pas moins chère que la patrie temporelle. Il disait souvent qu'il eût préféré une cabane dans ce coin sacré de la terre natale à un palais bâti partout ailleurs. Il y acheta, en effet, la modeste habitation où il a passé les dernières années de sa vie.

Il ne manquait pas de faire offrir le sacrifice du corps et du sang de Jésus-Christ aux jours commémoratifs de la mort de son père, de sa mère et de l'empereur Napoléon.

Il communiait plusieurs fois l'année, et on ne saurait dire avec quel respect militaire et filial il recevait, dans sa solitude, le Dieu qui avait réjoui sa jeunesse, protégé sa vie de soldat, et qui répandait sur la fin de ses jours une inénarrable consolation. La prière jaillissait de son cœur avec une onction dont le secret a été plus d'une fois surpris. Un jeune artiste, introduit furtivement dans sa chambre pour recueillir ses traits, vit l'illustre aveugle, qui se croyait seul avec Dieu, lever à plusieurs reprises ses mains vers le ciel, dans un épanchement religieux attesté sur sa noble figure par l'illumination d'une pure et divine joie.

Aussi à la mort du Sage, le peuple ne s'est pas trompé, il est venu vénérer bien moins le héros que le chrétien, bien moins la vertu qui donne la gloire du monde que la vertu qui révèle et qui donne la gloire de Dieu.

O mon Dieu ! Dieu de Charlemagne et de Godefroy de Bouillon, Dieu des grands capitaines qui ont fondé ou défendu l'Europe, nous vous remercions d'avoir montré à notre âge et surtout à la France, un exemplaire incontesté de l'homme, du soldat et du citoyen, tels qu'ils se forment sous l'inspiration de votre grâce et dans l'imitation de votre Fils ! »

DROZ

LITTÉRATEUR, PHILOSOPHE, DE L'ACADÉMIE FRANÇAISE

(1773-1850)

> « Je suis un exemple de ces retours commencés de très loin et bien lents à s'accomplir. C'est la raison qui m'a conduit à la religion. »
> (J. Droz).

Si Joseph *Droz* appartient à la fois au siècle dernier et au siècle présent, il appartient bien plutôt au siècle d'aujourd'hui, dont il a vécu cinquante ans de sa vie d'homme fait et intelligent.

Né à Besançon (Doubs) le 31 octobre 1773, il avait eu le bonheur de trouver la foi dans son berceau. Son père était un de ces hommes de principes qui ont pris pour règle de leur religion : « *Un chrétien doit être premièrement et superlativement un honnête homme.* »

Le cœur du jeune Droz était affectueux, il

porté à une religion d'amour; « on lui en donna une autre, la religion du collège, dit M. Baunard, son panégyriste. Qui ne la connaît, cette religion universelle qui met la chapelle sur le même alignement moral que l'étude et la classe, le catéchisme sous la rubrique des cours facultatifs, les sacrements au rang des moyens disciplinaires, aujourd'hui usés et conservés seulement à l'usage des petits? Si on a voulu par là rendre la religion à charge, on y a réussi au delà de toute espérance. « Au collège, avoue l'écolier, les pratiques religieuses me fatiguèrent; quelques-unes m'étaient pénibles, et ce fut encore pour moi une cause de fâcheuses impressions. »

Après quelques succès littéraires, Joseph Droz obtint de son père de sortir du collège et de travailler seul à faire sa philosophie. C'était laisser trop de liberté à un jeune homme de seize ans, surtout en lui donnant pour maître le *Discours sur la méthode*. Le doute méthodique de Descartes devait donner le vertige à cette jeune tête, et l'intelligence d'un enfant n'est pas capable de supporter le poids de ce doute provisoire, sous lequel le grand philosophe lui-même ne se relève qu'à force de génie et de foi.

Droz n'y résista pas. Il s'affranchit vite de ses pratiques religieuses, non pas tout d'un coup, mais peu à peu, pour ne pas froisser les sentiments de son père. « L'irréligion était à la mode, écrit-il, puis l'indifférence et l'incrédulité étaient répandues dans l'air qu'on respirait. J'entendais déclamer contre le christianisme, et, après avoir manqué de donner à mes croyances les bases solides exigées par le temps où nous vivons, je me trouvais sans défense. »

A combien d'autres ce malheur n'est-il pas ar-arrivé ? Au sortir du collège, avec un léger bagage de science, et avec un plus léger bagage de vérités religieuses, le jeune homme est lancé dans un monde semblable à celui où vécut Droz, et trop souvent sa vertu et sa foi y font naufrage.

Toute foi périt donc en lui, excepté cependant la foi en Dieu et en l'immortalité de l'âme.

Son père s'en aperçut enfin et pleura ; c'était trop tard.

Joseph Droz ne voulait pas néanmoins s'abandonner aux passions de son âge, il s'était promis de rester fidèle aux vertus de sa race. Combien d'autres ont cette prétention et n'y réussissent pas comme Droz. « Il y a de la fierté à se dire : je veux être un honnête homme pour moi seul, et je le serai. Je ne verrai pas Dieu par les prêtres, je le verrai par ma raison. Il ne me parlera pas par leurs livres, il me parlera par son ouvrage. Etant du cénacle des sages, je me consolerai sans peine de n'être pas de celui des Saints, et mon Eglise à moi sera la grande Eglise des honnêtes gens de toute religion et de toute nation . »

Triste raisonnement, qui fait chaque jour des victimes du doute et de l'incrédulité.

1.

*
* *

Les temps étaient mauvais et le vent du siècle ne menait guère à Jésus-Christ. Droz venait de faire son droit ; mais revenu à Besançon, il s'enrôla par patriotisme dans les grenadiers du Doubs, et en fut élu capitaine. Ce n'était pas un soldat comme tant d'autres : il emportait ses livres sous sa tente, et étudiait les anciens au bivouac, comme Chateaubriand.

Une fois, son général l'envoya en mission auprès de Carnot, alors ministre de la guerre. Notre jeune soldat assista à Paris aux séances du tribunal révolutionnaire, et ce qu'il y vit le révolta et le fortifia en même temps : il vit « ces charrettes où s'entassaient l'innocence, la beauté, le talent, toutes les conditions, toutes les gloires et toutes les vertus de la France. » Il s'exerçait même, ainsi qu'il l'a raconté, à suivre le chemin de l'échafaud, dans la pensée que son tour pourrait bien venir... « J'ai vu Paris dans ces jours de deuil et de crimes... A la stupeur qui couvrait toutes les figures, on eût dit une ville désolée par une maladie contagieuse. Les vociférations et les rires de quelques cannibales interrompaient seuls le silence de mort dont on était environné. La dignité humaine n'était plus soutenue que par les victimes qui, portant un front serein sur l'échafaud, s'exilaient sans regret d'une terre déshonorée... L'état de prostration et de stupeur était tel, que si l'on avait dit à un condamné : « Tu iras dans ta maison, et là tu attendras que la charrette passe demain pour y monter, il y serait allé et y serait monté. »

Sorti de l'état militaire, Droz s'était marié. Au mois d'août 1796, il fut nommé professeur à l'École centrale de Besançon, qui fut supprimée en 1803 ; alors Droz retourna à Paris, qu'il ne quitta plus.

L'empire était fait. C'était l'heure où, dit M. Baunard, « la signature du Concordat allait donner le signal du départ à cette belle procession de génies catholiques, en tête desquels vont marcher Chateaubriand, de Maistre, de Bonald, en attendant Lamennais et Lacordaire. Pour la gloire de Dieu et pour la science, Droz aurait pu et dû être un des ouvriers de cette résurrection. Il ne comprit pas ce grand rôle. »

Il avait bien d'autres soucis en ce moment. C'était de se créer une bonne vie bourgeoise : « Le point essentiel en ce bas monde, écrit-il alors à son ami ordinaire, c'est de s'arranger de manière *à passer doucement sa vie*. » C'est bien la vie païenne d'Horace, non la vie d'un chrétien.

Il s'arrange donc de manière *à passer doucement sa vie* ; et, par bonheur, ses amis, sa société ordinaire, ont les mêmes goûts, à part Ducis, dont nous parlerons ailleurs, Ducis qui, lui du moins, est solidement et pratiquement chrétien. En outre, Droz cultive J.-J. Rousseau, il adore les pages de *l'Émile*, dont le manuscrit qui lui est tombé entre les mains l'a *électrisé*; il veut collaborer avec

Cabanis, le docteur de la science athée et matérialiste. Bien plus encore, la vue d'une croix lui fait peur. Écoutons-le parler:

« Dans ma jeunesse, je cherchais les sites riants; ils plaisaient à mes yeux, à mon imagination. Alors, si j'apercevais une croix sur le haut d'une colline, ou sur le bord du sentier par lequel j'allais passer, je détournais mes regards... Un sentiment de répulsion m'agitait. »

*
* *

Un jour vint, cependant, où, s'arrachant à sa vie facile, il publia son ouvrage: *De la philosophie morale* ou *Études sur les différents systèmes de la science et de la vie*. Jusque-là, il avait étudié l'art d'être heureux; ici, il étudia l'art d'être bon. Quel est le mobile du bien? Voilà ce qu'il cherche. On le voit, ses idées ont progressé vers un but plus noble. Dans ce livre, il constate l'insuffisance de l'athéisme, du matérialisme, même de la philosophie pour créer la nécessité d'une vie morale; il ne lui restait plus qu'à proclamer la nécessité de la révélation. Droz fait un pas de ce côté, mais il s'arrête.

« Il y a, dit-il, deux révélations, l'une naturelle, l'autre surnaturelle, philosophie ayant chacune son domaine propre... Philosophes, soyez religieux, et respectez la foi chrétienne; théologiens, approuvez, ou du moins tolérez tous les systèmes de philosophie complets, en les regardant comme des moyens de vous préparer à de plus hautes lumières. »

Tel est le dernier mot de l'ouvrage, dit M. Baunard, et ce dernier mot est un appel désespéré de la raison humaine à la raison divine.

C'est en 1822 que commencent les démarches sérieuses de Droz vers la foi.

Un fait le frappe dans ses études des temps anciens.

Au sein d'une société païenne, corrompue par une morale dépravée, il aperçoit une morale nouvelle, d'une pureté infinie ; et jusque-là inconnue : c'est la morale chrétienne, la morale de l'Evangile ; elle semble s'imposer au monde. D'où lui vient cette force ?

Les souvenirs de son enfance aidant, il en découvre l'origine, mais cette origine l'effraie. Car si cette origine est divine, il doit en accepter la morale et il n'en ressent pas encore la force. Malgré tout, il est captivé par la lecture de l'Evangile, il laisse et reprend souvent ce livre divin ; la grâce agit, elle sera victorieuse. Mais que de peines encore ! et que de temps va s'écouler !

Une autre objection se présente : celle des dogmes sur lesquels reposent la morale chrétienne et les pratiques du catholiscisme. Ces dogmes l'épouvantent. Cependant, puisqu'il a fait le premier pas, il se sent pressé de faire le second, et il finira par où il eût dû commencer : il recherchera la vérité de ces dogmes dans l'étude. « Il y a, écrit M. Vinet, acquis trop de lumières pour se contenter d'un ancien préjugé, pas encore assez pour en embrasser toute la vérité. Mais l'esprit, qui s'est avancé dans la route d'un libre examen, ne recule plus, et après avoir franchi ce pénible défilé du doute, il se trouve avec délice dans cette plaine unie, fertile et vaste de la foi, où l'a conduit son courage. »

Joseph Droz est donc en bon chemin. Il a, pour l'éclairer, les lumières d'un cœur droit et pur. Dieu ne se refuse jamais à la sincérité et à la pureté : « Je m'étais promis, dit-il dans ses aveux, de porter dans cet examen une entière bonne foi, une complète impartialité. »

* * *

Ces années de lutte intérieure n'étaient point stériles au dehors : Droz atteignait au sommet de sa gloire

Ses amis étaient Laromiguière, de Gérando, Abel Rémusat, Ampère, Cuvier, le général Baudrand, Mounier, puis Daru, Rœderer, de Candolle, Ségur, Portalis, et parmi ces illustrations de la science et de la politique, l'illustre homme d'Etat le duc Pasquier. L'Académie française avait couronné la *Philosophie morale* de Droz; en 1825, il fut élu académicien en remplacement de Lacretelle aîné.

Le souci de sa gloire n'arrêta point ses progrès dans la foi religieuse, ses études allaient aboutir à pour la plupart des esprits, dans la libre exploration des doctrines, un point où commence à régner le scepticisme et l'anxiété : c'est celui où l'on a leur but. Grâce à ses dispositions intellectuelles et morales, Droz allait enfin expérimenter que « le Seigneur est près de ceux qui le cherchent sincèrement ».

« Les mystères abaissent l'orgueil et disposent à l'humilité, écrit-il alors, c'est une preuve de leur divinité. » Voilà un aveu qui nous le montre bientôt arrivé au port. Il y a cependant un dernier pas à faire, un pas décisif et difficile : « Un jour, il s'offrit à moi tout d'un coup une idée qui d'abord me fit baisser les yeux, mais qui bientôt me pénétra d'espérance... Je connaissais un prêtre entouré de vénération; dans mon ardeur à sortir du doute, je décidai que je le verrais dès le lendemain matin. »

Il nous faut dire que c'est par madame Droz que Joseph connaissait ce prêtre, et la vie pure et sainte de sa femme n'avait pas été sans influence sur son retour à Dieu, pour prouver, une fois de plus, que selon la parole de l'Apôtre, *l'homme infidèle* est *converti par la femme fidèle* à sa religion.

Cette épouse chrétienne, ce trésor si précieux pour un mari indifférent, Droz l'avait perdu en 1841, mais il lui avait conservé ses plus tendres souvenirs. Le jour de sa mort, elle avait eu avec lui un entretien suprême, un entretien éminemment religieux, comme il nous l'apprend. Ce qu'elle lui dit alors, il ne le raconta jamais ; mais enfin, Droz alla trouver ce prêtre à Saint-Sulpice, M. l'abbé Gaul, qui le reçut avec une grande joie.

Le philosophe voulut encore fixer les conditions auxquelles il se rendait. « Il stipula que le sacrifice de sa raison ne lui serait pas demandé. Le prêtre s'engagea à en respecter non seulement les droits, mais toutes les délicatesses ; il s'engagea de plus à en satisfaire tous les besoins. Après quelques conférences, son intelligence nageait dans des flots de lumière (1). »

Droz a publié ces entretiens du prêtre et du philosophe sous le titre de : *Pensées sur le Christianisme*, que Mgr Affre a louées avec empressement. C'est un livre excellent, capable de faire beaucoup de bien à des esprits sincères et intelligents.

« J'allai revoir le digne prêtre, continue le philosophe converti, je lui annonçai que mes doutes étaient entièrement dissipés. Je lui exprimai ma reconnaissance ; il m'interrompit, et me prenant dans ses bras : « Prions, me dit-il, prions pour vous et pour moi. » Je m'agenouillai près de lui, et mon âme, s'unissant à la sienne, y puisait la ferveur. »

Joseph Droz a publié aussi à cette époque les *Aveux d'un philosophe chrétien*, dans lesquels on lit ces paroles remarquables : « On calomnie les chrétiens quand on les accuse de vouloir étouffer la raison. Au contraire, ils appellent hautement la

---

1) M. Baunard

raison à juger les motifs qu'ils ont de croire. »

Ces deux derniers ouvrages furent accueillis comme des auxiliaires de la vérité par les évêques de France, et beaucoup d'entre eux en firent de grands éloges.

Avec la foi, la piété était entrée dans les habitudes journalières de Joseph Droz. En sortant de l'humble demeure où il allait consoler le pauvre, il passait à l'église, où il demeurait de longs instants dans la méditation de ces mystères dont il avait une peur terrible autrefois. C'est dans le lieu saint qu'il retrouvait au pied du même autel des hommes que, dans le monde, divisaient les opinions politiques. Ici, la religion imposait silence aux questions irritantes, et unissait les esprits et les cœurs dans les mêmes croyances et la même charité.

La révolution de 1848 le surprit dans cette paix. mais ne le troubla point. Il était fixé pour toujours.

Le 5 novembre 1850, Droz s'était rendu à une, séance de l'Académie, quand au retour il fut repris d'un mal déjà ancien qui devait terminer sa vie sans grandes douleurs. M. Michelot, son gendre, raconte ainsi ses derniers moments : « Le médecin m'ayant dit qu'il avait les plus vives inquiétudes j'avais écrit au confesseur ordinaire de M. Droz, et il était venu lui donner l'Extrême-Onction. Notre bon père l'a reçue sans parler, mais avec toute sa connaissance et toute sa piété!... » Il mourut le 9 novembre, âgé de soixante-dix-sept ans. Trois jours après, M. Guizot prononçait sur sa tombe les paroles suivantes :

« Les études de M. Droz ont été couronnées du succès le plus souhaitable, car elles l'ont conduit à se reposer dans la foi. Il est mort chrétien, fervent dans ses convictions... Quand on a vécu ainsi sur la terre, on entre avec confiance dans l'éternité. »

Deux ans après, M. de Montalembert, prenant possession du fauteuil académique de Droz, faisait entendre ces fortes paroles : « Pour vaincre et arrêter la révolution, il faut avant tout renier l'esprit révolutionnaire. On n'y parviendra point à moins de revenir, comme l'a fait M. Droz, à la vérité tout entière. En politique comme en religion, cette vérité est dans le Christianisme, et elle n'est que là. On parle de progrès : depuis que le monde existe, quel progrès approcha jamais de la révélation chrétienne ? Elle est la base unique de toute restauration sociale. Elle seule peut *redresser*, comme parle Bossuet, le *sens égaré*. L'idée d'autorité ne peut naître que de l'idée de Dieu. Cet homme éminent est le type du mouvement régénérateur qui peut et qui doit nous sauver. Il a traversé la philosophie, l'économie politique et la politique, pour aboutir au Christianisme... Il n'a désavoué ni la raison ni la liberté, mais il a compris que l'une et l'autre ont besoin de sanction, de barrière et d'appui, et qu'un frein n'est pas une entrave. Il a su monter de la morale à la religion, de la raison à la foi, de la philanthropie à la charité, de la discussion à l'autorité... Sa vie a vérifié la prédiction du comte de Maistre, qui a dit de la révolution française : « Elle fut commencée contre le catholicisme et pour la démocratie ; le résultat sera pour le catholicisme et contre la démocratie.»

.

Terminons cette trop longue notice par ces lignes presque prophétiques qu'il traçait d'une main défaillante, à la lueur de l'éternité, la veille de sa mort :

« Ma conviction profonde est que l'Europe n'aura plus que de courts intervalles de repos et finira par devenir la proie d'une conflagration générale, si ces périls ne sont pas détournés par un noble retour à la religion révélée, qui seule offre une morale pure, et seule donne la force de la suivre... Souvent, il me semble qu'aujourd'hui beaucoup d'hommes cherchent Dieu. Espérons ! Dieu peut être touché du repentir de ceux qui l'ont tant outragé et qui l'ont tant oublié. A la voix du pardon, le Christianisme déploierait encore ses prodiges ; et si de nouveaux barbares inondaient l'Europe, il soumettrait encore les ravageurs de la société à l'irrésistible puissance de sa loi bienfaisante. Mais espérons que Dieu détournera les dangers qui planent sur nos têtes.»

Ces paroles sont tirées d'une préface de l'*Essai sur l'art d'être heureux*, qui est restée incomplète. Droz a écrit à la dernière page : *Je ne crois pas pouvoir achever.*

DUCHATEL

CONSEILLER D'ÉTAT, MINISTRE, VICE-PRÉSIDENT
DE LA CHAMBRE DES DÉPUTÉS, MEMBRE DE L'ACADÉMIE
DES BEAUX-ARTS ET DES SCIENCES MORALES
ET POLITIQUES.

(1803-1867)

> « Le bonheur a voulu que ce noble cœur se soit élevé à Dieu et ait célébré la fête de tous les saints par la communion la plus édifiante. »
>
> M. Vitet,
> de l'Acad. franç.

L'Académie des sciences morales et politiques, disait M. de Parieu en 1867, vient de se sentir atteinte par une perte nouvelle. En la personne de M. le comte *Duchâtel*, un de ses membres les plus éminents lui est enlevé.

Né en février 1803, M. *Duchâtel* après avoir terminé ses études de droit, suivit avec passion les cours de Jouffroy. Il fut l'un des plus fervents disciples de ce philosophe et très attaché aux idées spiritualistes qui devaient l'amener à la pratique de la foi de son enfance.

« Formé, dit M. de Parieu, par l'exemple d'un père distingué, aux meilleures traditions de l'administration financière et d'une direction politique conservatrice et libérale, M. Duchâtel entra, jeune encore, dans la carrière du journalisme, et prit part à la rédaction du *Globe*.»

Son ouvrage : *De la charité*, eut un grand succès. Il y étudie les causes de la misère, et indique les moyens d'y remédier : *travail, économie, prudence* dans le mariage. Voilà où se bornait, à cette époque, ses vues philosophiques. Son esprit n'était pas encore assez éclairé par l'étude et mûri par l'expérience, pour indiquer le plus puissant moyen de consoler la misère : la religion.

A la suite de 1830, la carrière politique avec ses devoirs quotidiens, ses honneurs séduisants, ses solidarités entraînantes, absorba bientôt l'activité de M. Duchâtel.

Conseiller d'Etat, député, ministre, vice-président de la Chambre des députés, enfin, depuis le 9 octobre 1840, jusqu'à la révolution de Février, ministre de l'intérieur, M. Duchâtel se fit remarquer dans ces postes élevés, par l'influence de son caractère personnel, la souplesse de son intelligence, l'austérité de sa parole, soit qu'il s'agit de la politique générale ou des projets de loi divers, présentés par son initiative, sur les douanes, les caisses d'épargne, les chemins de fer, la commission des monuments historiques et autres grands sujets d'intérêt public.

Ce fut en 1842, que l'Académie des sciences morales appela M. le comte Duchâtel à siéger dans son sein. Quand la carrière politique de notre éminent confrère fut terminée, M. Duchâtel vécut dans une digne retraite, entouré des douceurs de la famille, du charme des beaux-arts, qu'il avait toujours aimés, des soins d'une fortune considérable noblement consacrée. »

.*.

Une chose cependant manquait à cet homme qui avait passé par tant de situations importantes, le sentiment de la foi. Il attendit même jusqu'à sa dernière maladie pour faire le pas décisif que ses convictions religieuses lui commandaient.

Mais aussi avec quels soins il s'y prépara!

Ecoutons le récit d'un de ses plus fidèles amis, M. Vitet de l'Acacémie française :

« Le bonheur a voulu que la veille même du jour où une cruelle maladie prit un cours inattendu et d'une effrayante rapidité, ce noble cœur se soit élevé à Dieu, et ait célébré la fête de tous les saints par la communion la plus édifiante (1). »

Et dans la notice biographique que cet académicien a publiée dans la *Revue des Deux-Mondes*, il ajoute ces détails intéressants sur la conversion de M. Duchâtel.

« Vers le milieu d'octobre 1867, une crise subite

---

(1) Lettre de M. Vitet à M. l'abbé Blanchard, curé de Dompierre-sur-Mer, à l'obligeance duquel nous devons **ces renseignements.**

menaça presque aussitôt de devenir fatale. *Il ne l'avait pas attendue pour faire avec lui-même et devant les hommes les apprêts d'un autre départ autrement sérieux. Depuis longtemps* ses convictions spiritualistes l'avaient élevé par degrés au besoin et à l'intelligence des vérités chrétiennes.

L'adversité lui avait appris les douceurs de la prière, il en acceptait l'occasion même en public, sans toutefois s'être encore affranchi d'un reste de respect humain, et sans avoir donné à cette foi latente, qui s'allumait en lui, une solennelle consécration ; mais dès les premiers temps de la maladie, se défiant de la fausse tendresse qui écarte du lit des malades tout avertissement sincère, il avait pris ses précautions pour ne pas être surpris.

La compagne de sa vie avait reçu sa confidence.

Il l'avait vue devant l'émeute, au dernier jour de la monarchie, oser protéger son départ, veiller même au salut de ses plus illustres amis ; il lui savait l'âme assez ferme pour l'avertir à temps : il en exigea la promesse, et quand l'heure fut venue, elle eut la force de lui tenir parole ; mais il était tout préparé, les voies étaient ouvertes.

Un saint prêtre, esprit éminent, cœur compatissant et tendre, par quelques mots échangés avec lui avait gagné sa confiance. Les entretiens se prolongèrent comme entre deux croyants. Celui qu'il s'agissait d'instruire s'était sans bruit initié lui-même aux vérités qu'on lui demandait de croire, et pouvait en parler presque en théologien.

Il était calme devant la mort, soumis et prêt au sacrifice.

Aussi par une juste grâce, ces consolations dernières qui trop souvent ne descendent sur nous qu'au milieu des ténèbres de la mort, il lui fut donné de les recevoir dans la pleine lumière de sa conscience et de sa raison. Un jour plus tard, le coup qui le frappait lui enlevait presque tout sentiment, et c'est dans cet état de demi-somnolence qu'après deux jours d'une douce agonie, il rendit le dernier soupir le 5 novembre 1876.

DUCIS

INSPECTEUR MILITAIRE, POÈTE, DE L'ACADÉMIE FRANÇAISE.

(1733-1816)

> « Mon Dieu sauveur, sauvez le monde une seconde fois. »
>
> (Ducis en 93.)

Joseph Droz, en annonçant la mort de Ducis le 12 avril 1816, disait de son ami : « Peu d'hommes ont aussi bien rempli leur carrière. C'était un modèle qui faisait honneur à l'humanité. »

Jean-François *Ducis* naquit à Versailles. Son caractère et sa vie ont fait de lui le type vénéré de l'homme de lettres : simple dans ses habitudes, étranger aux événements politiques, il repoussa les faveurs de Napoléon Ier. Ayant suivi d'abord la carrière militaire, ses talents le firent vite apprécier de ses chefs. Il fut attaché au ministère de la guerre, et quand il le quitta pour le théâtre, il était chargé d'inspecter les forts de la frontière de l'Est.

La lecture de Shakespeare éveilla en lui le désir de faire connaître à la France les chefs-d'œuvre du poète anglais. Le prodigieux succès d'*Hamlet*, de *Roméo et Juliette*, de *Macbeth et d'Othello* en 1792 justifia ses espérances. Tendre et pathétique par nature, il fut énergique et terrible jusqu'au sublime par imitation. Outre son *Théâtre*, Ducis a laissé des *lettres* et des *poésies fugitives*.

« Mais le chrétien, chez lui, dit M. l'abbé Baunard, est beaucoup plus grand que le poète. Son éducation ne devait rien à la philosophie, elle devait tout à la religion. Il ne lui avait pas dit adieu au pied des montagnes natales, quand il avait quitté sa pauvre et chrétienne Tarentaise pour venir à Paris. Il ne l'avait pas congédiée sur le seuil de la jeunesse, il lui avait demandé de le guider fidèlement dans toute sa carrière, et quand, nommé inspecteur des forts de nos frontières, le jeune attaché du ministère de la guerre entrait dans une de nos places, il allait à l'église avant de visiter la citadelle; et on lit dans un journal des lignes comme celles-ci au sujet de Cambrai : « Après avoir fait ma prière dans la cathédrale, j'ai baisé les degrés de l'autel où avait pontifié Fénelon. »

Quand il voit la mort frapper à ses côtés, et lui enlever son père, sa mère, sa femme, ses deux filles, il écrit dans son journal cette parole de confiance et d'amour pour Dieu : « J'ignore où la Providence me conduit par ce chemin de larmes; mais il y a du dessein divin dans cette conduite. »

Toutes les fidélités, humaines comme divines, sont sacrées pour ce cœur. Secrétaire intime d'un des princes du sang, qui fut depuis Louis XVIII, il a beau les voir s'éloigner et sa fortune finie, il refusera toute sa vie de se donner d'autres maîtres. Quand l'Eglise est proscrite, il affecte de garder, même en face des tyrans, la langue de l'Eglise, et lorsque la Convention lui offre la place de Conservateur de la Bibliothèque Nationale, premièrement il refuse; secondement il date son refus au ministre de l'intérieur du *jeudi 24 octobre de l'ère chrétienne* 1792, affectant de mépriser le nouveau et impie calendrier républicain jusqu'à le braver.

Quand on ferme les églises, quand on renverse les autels, lui consigne dans son journal sa résolution de s'approcher, tous les mois au moins, du sacrement des autels, afin, dit-il, « *de nourrir sa faiblesse du Pain des Forts* ». Il va, en effet, le chercher dans les caves et les greniers, où se cachent les prêtres proscrits, faisant à Dieu cette prière écrite dans son journal : « Mon Dieu sauveur, sauvez le monde une seconde fois! » et il confie aux mêmes pages la joie que lui donnent le péril et l'espérance d'une mort qui serait un martyre. Cette mort, il la brave hautement pour sauver un de ses amis, le curé de Roguencourt, l'abritant, le défendant, le protégeant, le nourrissant à ce point que celui-ci est obligé de lui défendre de s'exposer pour lui : « C'est trop vous mettre au péril. Laissez-moi, cher Ducis. Je suis prêt, d'autre part, je possède mon cœur en paix ; je bénis Dieu de m'avoir donné un ami si chrétien ; et je mourrai content d'avoir connu, grâce à vous, ce que la vie et la mort peuvent avoir de plus doux. »

.*.

« C'était un fier caractère que ce chrétien tout d'une pièce ; et comme les maîtres d'alors osaient lui demander de faire des tragédies, sous le règne de Robespierre, il leur répondait : « Non ! Je vois autour de moi trop d'Atrées en sabots pour qu'il soit besoin d'en mettre sur la scène : c'est bien assez du drame où le peuple joue le rôle de tyran ; à celui-là, nous y assistons chaque jour. »

Il était pauvre, très pauvre, s'appauvrissant encore par le partage avec les malheureux, mais jamais sa pauvreté ne fit fléchir sa fierté : « Mes amis, disait-il à ceux qui le pressaient de servir sa fortune, mes amis, *mieux vaut porter des haillons que des chaînes.* » Le titre de sénateur et 36.000 livres de rente ne le tentèrent pas davantage. A ceux qui le pressaient de songer à ses intérêts :

« J'ai toujours, répondit-il, consulté peu mes intérêts et beaucoup mes répugnances. » On le tint pour un sauvage ; il n'en disconvenait pas.

C'est ainsi qu'il traversa toute la crise révolutionnaire. Quand Droz allait le voir dans sa retraite de Versailles, il le trouvait trônant dans sa misérable petite chambre du sixième étage, en face d'une gravure de S. François de Sales, son compatriote et son patron, une chaise, une table, quatre planches sur lesquelles on remarquait une *Imitation de Jésus-Christ*, la *vie des Pères du désert* à côté d'un *Horace*, et dans le fond un grand coffre à mettre ses manuscrits.

« Mon ami, écrivait-il en 1815, je viens me soulager de la vue des douleurs publiques en paraphrasant, dans une espèce d'ode, ces paroles de S. Bernard : *O beata solitudo ! ó sola beatitudo !* Je vous la dirai, si les fureurs de la guerre me permettent d'aborder notre Versailles. Pauvre malheureuse cité !..... Ma lettre est presque un adieu, car l'orage gronde de toutes parts, et Dieu sait sur quel point la tempête doit éclater. Adieu donc, mon ami, serrons-nous l'un contre l'autre sur le vaisseau qui nous porte, en tendant les bras vers le ciel. »

Voici l'ode annoncée dans ces lignes :

« Heureuse solitude,
Seule béatitude,
Que votre charme est doux !
De tous les biens du monde
Dans une paix profonde,
Je ne veux plus que vous !

> Qu'un vaste empire tombe,
> Qu'est-ce au loin pour ma tombe,
> Qu'un vain bruit qui se perd?
> Et les rois qui s'assemblent,
> Et leurs sceptres qui tremblent,
> Que les joncs du désert?
>
> Mon Dieu, ta croix que j'aime,
> En mourant à moi-même
> Me fait vivre pour toi;
> Ta force est ma puissance,
> Ta grâce ma défense,
> Ta volonté ma loi! »

L'année suivante, ajoute M. Baunard, 12 avril, Droz annonçait que Dieu venait de retirer doucement à lui le vénérable octogénaire, en ajoutant ces lignes : « Peu d'hommes ont aussi bien rempli leur carrière. C'était un modèle qui faisait honneur à l'humanité. »

Ducis était mort chez un de ses neveux, dans les sentiments de la plus fervente piété, léguant à son siècle l'exemple d'une grandeur morale, dont Droz ne pouvait pas plus méconnaître la source que perdre le souvenir.

DUCROT

GÉNÉRAL, DÉPUTÉ.

(1817-1882)

> « Ce n'est pas seulement un grand homme de guerre qui vient de disparaître, mais c'est aussi un grand cœur de patriote et de chrétien qui a cessé de battre. »
> (CORNÉLY.)

Le 16 août 1882, la France a perdu l'un de ses meilleurs enfants et de ses plus braves généraux dans la personne du général Ducrot, mort à Versailles.

Auguste-Alexandre *Ducrot*, né à Nevers, sortit de Saint-Cyr et fut promu lieutenant en 1840. Il servit longtemps en Algérie, notamment au 17e léger sous les ordres du duc d'Aumale; en 1859, il se distingua dans la campagne d'Italie. Commandant de la 6e division à Strasbourg en 1869, il avait écrit au général Froissard des lettres, depuis rendues publiques, qui signalaient, dès cette époque, les préparatifs de la Prusse. Mais l'Empire fit la sourde oreille.

Après la déclaration de guerre en 1870, le général Ducrot, qui commandait la 1re division sous les ordres du maréchal de Mac-Mahon, prit part à la fameuse bataille de Reischoffen. Revenu à Châlons avec quelques bataillons, sur l'ordre du maréchal, le général marcha le premier sur la Meuse à la tête d'une nouvelle armée pour rejoindre celle de Bazaine. Ducrot prit part à la bataille de Sedan, et reçut de Mac-Mahon grièvement blessé le commandement en chef de l'armée. Mais, remplacé presque immédiatement par le général de Wimpfenn qui signa la capitulation, le général Ducrot refusa d'accepter les conditions favorables faites aux officiers, qui engageraient leur liberté d'action pendant la durée de la guerre, et fut interné à Pont-à-Mousson; d'où il s'échappa déguisé en ouvrier, pour venir à Paris offrir ses services au général Trochu.

Le rôle si brillant du brave Ducrot à partir de ce moment est connu de tous. Il livra aux Prussiens, à Rueil, à Buzenval une bataille sanglante, qui n'eut pas de résultat. Il y avait cependant payé courageusement de sa personne.

Bientôt après, à la tête de la deuxième armée destinée à opérer sur la Marne, le général adressa le 28 novembre, à ses soldats, une proclamation qui fit battre les cœurs de tous les Français, et qui se terminait par ces paroles énergiques : « Pour moi, j'en fais le serment devant la nation tout entière, je ne rentrerai dans Paris, que mort ou victorieux. »

Avant le départ, le brave général se rendit à **Notre-Dame des Victoires, et là, il demanda à la**

Reine du ciel le secours de Dieu pour le succès de ces armes, la priant de le ramener du combat mort ou victorieux.

Le combat de Champigny dura trois jours et le général Ducrot coucha sur le champ de bataille. Un de ses aides de camp raconta ainsi dans le *Clairon* cette page de la vie d'un héros.

« Quelques soldats se débandaient, escortant les pauvres mutilés qui défilaient de plus en plus nombreux. C'est alors que le général sentant qu'avec une rivière à dos (la Marne) une déroute serait une débâcle, voulut par son exemple, électriser ceux qui faiblissaient. Nous le vîmes s'élancer au triple galop, l'épée à la main et dépasser la ligne de nos tirailleurs. Puis là, droit campé sur son cheval, passant son épée sous son bras et s'arrêtant au milieu de la mitraille qui pleuvait de toutes parts : « Quand vous voudrez ! » s'écria-t-il en se retournant vers ceux qui hésitaient à marcher en avant. Et il resta là, en attendant la mort qui ne voulut pas de lui. Mais son courage ranime les courages fléchissants; l'armée reprit l'offensive avec vigueur, et quand il descendit de cheval, le soir à six heures, sans avoir pris d'autre nourriture qu'une tablette de chocolat, nous avions repoussé les Prussiens et nous couchions sur les positions occupées le matin par leur avant-garde.....

Le lendemain, je l'entendais dire avec une sorte de rage :

« Je donnerais mon bras droit pour savoir où est l'armée de la Loire. »

Mais son armée ne fut pas soutenue. Les avocats du gouvernement oublièrent d'envoyer des renforts; les soldats de Ducrot manquant de vivres et de munition durent rentrer dans Paris.

Dans une autre sortie, tentée au mois de janvier sur Montretout et Buzenval, le général fit encore, mais inutilement, des prodiges de valeur et de science militaire.

Après la guerre, Ducrot élu député à l'Assemblée nationale, siégea à droite et manifesta hautement son aversion contre les hommes funestes qui, au 4 Septembre 1870, avaient profité de la présence de l'ennemi sur notre territoire pour s'emparer du gouvernement.

Aussi, ces farouches démocrates ne pardonnèrent jamais cette aversion pour eux et sa foi religieuse à ce vaillant soldat, à ce brave des braves, qui fut toujours en même temps un excellent chrétien. Le ministre de la guerre osa mettre à la retraite le général Ducrot.

« Méconnaissant ses services dit, *le Clairon*, on l'avait, au mépris de tous les droits, et avec une ingratitude en quelque sorte criminelle, relégué depuis peu dans la vie civile. La mort a été plus clémente et plus juste; elle l'a traité en soldat, elle l'a foudroyé.

« Ce n'est pas seulement un grand homme de guerre qui vient de disparaître; c'est aussi un grand cœur de patriote et de chrétien qui a cessé de battre.

« Ducrot n'aimait pas la garde nationale et les bataillons confus, qui arrivaient de Belleville et de Montmartre avec leurs femmes, leurs enfants, des cheminées à la prusienne, embarrassaient la défense, et bornaient parfois leur rôle militaire à d'interminables parties de bouchons sur le talus des fortifications. Il aborrait ces troupes fantaisistes qui ne valent quelque chose que pour l'émeute. Ah! si on l'eût écouté, le 31 octobre 1870, ont eût écrasé dans son œuf la Commune naissante. Il voulait prendre de force l'hôtel de ville, et passer tous « ces gredins », comme il disait, par les armes. »

Au surplus, ceux qui ont été témoins de son courage héroïque et qui l'ont vu, montrant l'exemple à ses troupes, brisé son épée de général en chef dans le corps d'un Prussien, savent s'il a dépendu de lui qu'il fût couché parmi les morts sur le champ de bataille.

C'est la retraite à laquelle on a forcé le général Ducrot qui l'a tué. A soixante-cinq ans, il paraissait aussi vert, qu'un capitaine de trente-cinq. Sur sa recommandation formelle, ses obsèques ont eu lieu sans aucun appareil militaire. Ce héros, ce grand chrétien que la France vient de perdre est mort presque sans fortune; mais il ne s'en plaignait pas, car il possédait un autre trésor, celui de sa foi religieuse à laquelle il fut toujours fidèle et qui fut seule capable de le consoler à son heure dernière.

L'aînée des filles du regretté général a épousé le colonel de l'Espée, qui lors de l'expulsion des religieux, prit au Havre la défense de deux prêtres insultés par la foule, et fut pour ce fait mis à la retraite.

DUFAURE

MINISTRE, SÉNATEUR, DE L'ACADÉMIE FRANÇAISE

(1798-1881)

> « Je suis heureux de m'en aller en paix avec Dieu et avec les hommes. »
> (DUFAURE.)

En 1881, la France perdait un homme politique qui a joué un rôle considérable pendant plus d'un demi-siècle, M. Jules-Armand Stanislas *Dufaure*. Né à Saujon (Charente-Inférieure), il étudia le droit à Paris, et dès 1834 fut élu député par les électeurs de Saintes. En 1839, ministre dans le cabinet Soult, il acquit promptement une grande influence à la Chambre.

En 1848, il se rallia à la République, et soutint la cause du général Cavaignac. En février 1871, élu député par quatre départements, il fut chargé par M. Thiers du ministère de la justice où il se montra, pendant la Commune, adversaire de la conciliation, et après le rétablissement de l'Ordre, il a présenté et soutenu la loi contre l'Internationale.

Renversé le 23 Mai 1873, M. Dufaure prit place au centre gauche, dont il devint un des chefs les plus ardents et les plus capables. Il a voté pour les préliminaires de la paix, les lois municipales, la proposition Cazenove de Pradines, l'abrogation des lois d'exil, la validation de l'élection des princes et la dissolution des gardes nationales.

M. Dufaure fut ministre sous trois gouvernements et membre de l'Académie française.

A la tribune, cet homme était un des orateurs les plus écoutés de la Chambre. Lorsqu'il intervenait dans une discussion c'était pour la dégager de ses broussailles, pour l'éclaircir et la résumer. Au début, sa parole avait peu de charme, mais bientôt la voix s'animant, les yeux d'abord éteints s'allumaient, et amis et ennemis faisaient silence, personne ne voulant rien perdre de ces syllogismes qui se croisent et s'entrecroisent, et qui finissent par emprisonner l'adversaire dans un filet dont il ne pouvait plus sortir. Malheureusement la vérité nous oblige d'ajouter que M. Dufaure a eu parfois le tort de mettre ses rares qualités au service des plus mauvaises causes, en s'alliant avec la gauche.

Mais nous ne voulons dire ici que sa passion du

devoir, sa probité et sa foi. Quelles qu'aient été ses aberrations politiques, M. Dufaure fut toujours dans la vie privée un homme de bien et de religion, et dans sa vie professionnelle un homme d'honneur.

*
* *

« Uni à une sainte par le mariage, dit *le Pèlerin*, il a aimé la foi de cette Clotilde, il l'a suivie. Son âme, profondément gangrénée par l'école libérale des Lafayette et consorts, cherchait la vérité; il avait trouvé la vérité religieuse et par elle il s'acheminait vers les idées d'une politique catholique.

Quand Mme Dufaure quitta ses bonnes œuvres et sa famille, qui était une de ses meilleures œuvres, elle obtint, pour l'âme de celui qu'elle laissait ici-bas, des grâces qui se manifestent dans la fin de sa vie d'homme d'État. Avant de perdre Mme Dufaure, il avait été célèbre avocat, sept fois ministre; il avait fait de grands discours, édifié la législation des chemins de fer, travaillé, depuis à établir a république, il avait déterminé la chute de Mac-Mahon dans la questions des grands commandements militaires, il avait applaudi aux invalidations et il était devenu sénateur et académicien : *tout cela n'est pas sa vie.*

En 1880, il commença à voir où conduisaient les vielles traditions parlementaires; son âme honnête, aidée par sa foi, en fut révoltée, et il se mit à la tête de la campagne contre l'article 7. Le premier, il porta un grand coup au ministère Ferry; le crochetage le trouva indigné, et il rédigea un projet de loi sur les associations, destiné à servir de remède au mal.

Dufaure devait désormais défendre les intérêts de l'Eglise, et s'il fût revenu au pouvoir, il eût compris autrement bien des choses. Dieu lui réservait mieux.

Après ces actes éclatants de réparation de son passé, il tomba malade à Rueil, près Paris, où il venait de s'installer pour travailler en paix, à l'âge de quatre-vingt-trois ans. Le lendemain de l'interpellation catholique de M. Lambert Sainte-Croix contre les projets d'expulsion des sœurs de nos hôpitaux, il écrivit une lettre de félicitation à l'orateur. Ce fut son dernier acte public qui pèsera lourd dans la balance de la justice divine.

Atteint de deux cruelles maladies, il souffrait énormément. Le 17 juin, il s'était alité, et le jour de la Fête-Dieu il demanda à recevoir la sainte communion aux religieuses qui le soignaient. M. l'abbé Marion, curé de Rueil, *qui lui avait apporté plusieurs fois déjà la sainte Eucharistie,* la lui apporta de nouveau. Au moment où M. le curé allait lui donner la sainte Hostie, M. Dufaure sur la demande du prêtre affirma sa foi entière à Jésus-Christ avec la plus ardente piété (1) ! Il s'unit

(1) « Croyez-vous? demanda le prêtre. — Oui, dit M. Dufaure, je crois à la parole de Celui qui étant mort pour nous sauver, n'a pas pu parler pour nous tromper. » Puis la cérémonie terminée, il récita à haute voix le *Pater noster* et l'*Ave Maria*.

aux prières du prêtre, et la cérémonie terminée, le remercia vivement : « *Je suis heureux*, monsieur l'abbé, *de m'en aller en paix avec Dieu et avec les hommes.* Quant à vous, soyez bien sûr de l'inaltérable affection que je vous ai vouée. » Sur le désir qu'il en avait exprimé, l'illustre malade avait auparavant reçu l'Extrême-Onction.

Son vieil ami, le P. Pététot, supérieur de l'Oratoire, le visitait souvent. Il reçut aussi la visite de Mgr. Richard. Puis, ayant réuni ses enfants et ses petits-enfants, il leur dit adieu avec l'énergie et le calme de la volonté qu'il avait dans les grandes occasions. Il les bénit et les embrassa : « Soyez toujours unis. » Il pria encore et expira vers les onze heures.

L'histoire dira à sa louange qu'il a défendu courageusement les congrégations religieuses persécutées, qu'il a vécu et est mort chrétiennement.

DU LAC

PUBLICISTE.

(1806-1872)

> « Nul n'aima plus la vérité et la sainte Église... Il était sur la brèche depuis quarante-six ans. »
> (J. CHANTREL.)

La presse catholique a fait, en 1872, une grande perte dans la personne de M. Jean-Melchior *Du*

Lac, comte de Montvert, le doyen des rédacteurs de l'*Univers*. Il était sur la brèche depuis quarante-six ans. Dès l'âge de vingt ans, il avait commencé d'écrire dans quelques recueils. Lorsque l'*Univers* fut fondé, en 1833, il eut un article dans le second numéro de ce journal, qu'il devait contribuer à rendre l'un des principaux organes de la presse catholique. Lorsque l'Empire eut supprimé l'*Univers*, il passa au *Monde*, et reprit plus tard sa place dans l'*Univers*, auprès de son ami Louis Veuillot.

Il avait songé à entrer dans l'état ecclésiastique et même dans l'ordre des Bénédictins. Si les circonstances l'en empêchèrent, il tira au moins, des études qu'il fit en vue de suivre cette vocation, une connaissance approfondie de la théologie, et se trouva ainsi plus prêt à soutenir la lutte contre des adversaires, qui ne purent jamais lui reprocher de dépasser les bornes d'une polémique courtoisie, mais qui furent toujours obligés de reconnaître la supériorité de sa dialectique.

Il avait, du reste, pour lui la vérité, qui donne une force invincible à ceux qui la soutiennent avec amour, et nul n'aima plus la vérité et la sainte Eglise que l'athlète vigoureux dont la mort vient de briser la plume, et que Dieu vient d'appeler à l'éternelle récompense. Cette récompense était la seule qu'il désirât : il vécut pauvre sans jamais songer à tirer profit de sa plume, n'ayant d'autre but que de défendre l'Eglise, de faire son devoir de chrétien, et consacrant au soutien de sa vénérable mère alors âgée de quatre-vingt-sept ans le modeste produit de son travail quotidien : « Il emporte avec lui, a dit l'*Union*, des regrets qui sont des hommages, et sa mémoire restera parmi nous comme un exemple. »

Il était sur la brèche depuis quarante-six ans.

DULAURIER

LITTÉRATEUR, PHILOLOGUE, DE L'ACADÉMIE DES INSCRIPTIONS ET BELLES-LETTRES.

(1807-1881)

> « Un jour il disait à un académicien tristement célèbre, et dont il fut le maître respecté : Brûlez ce que vous avez adoré et adorez ce que vous avez brûlé. »
> (J. CHANTREL)

Le 21 décembre 1881 est mort à Meudon un savant orientaliste, M. Dulaurier membre de l'Académie des inscriptions et belles-lettres, où il avait remplacé Ampère en 1864.

Né à Toulouse, M. Edouard *Dulaurier* cultiva de bonne heure les études philologiques et s'adonna à l'étude des langues pour laquelle il avait une très-grande facilité. Il avait commencé par celles de l'Egypte ancienne, le copte et les hiéroglyphes, puis l'arabe et l'arménien, et publié plusieurs mémoires et notices sur les découvertes égyptiennes. Il apporta au grand Recueil des historiens orientaux des Croisades une précieuse collaboration. A l'époque de sa mort, il était professeur d'arménien à l'Ecole des langues orientales vivantes. Sa mort laissa un grand vide dans la science.

M. Dulaurier était chrétien.

Quelques instants avant de dire un éternel adieu à la compagne de sa vie, s'adressant à M. l'abbé Baltus, vicaire de la paroisse, qu'il honorait de son amitié, et qui lui prodiguait les consolations de son ministère : « Cher ami, entendez bien, je meurs sans crainte, lui répéta-t-il plusieurs fois, mais *je ne meurs pas comme ceux qui affectent, hélas! de n'avoir point d'espérance* : je meurs en catholique romain. »

Ces paroles révèlent ce caractère et cette plénitude foi et de raison, qui distinguent les hommes supérieurs, et sur ses lèvres agonisantes, elles étaient comme le dernier écho fidèle de sa longue et laborieuse carrière. Conseiller chrétien, que de fois sous la coupole du palais Mazarin, appréciant à leur juste valeur ces renommées haineuses, hâtivement écloses au souffle de l'incrédulité moderne, il leur avait donné, avec une finesse empreinte d'une infinie charité, des conseils qui révélaient ses sentiments franchement catholiques.

Un jour, (et c'est le seul trait que nous voulons citer ici,) un jour il disait à un académicien tristement fameux et dont il fut le maître respecté : « Brûlez ce que vous adorez et adorez ce que vous avez brûlé, et je suis sûr que le Pape, heureux de vous voir abjurer vos erreurs, vous créera cardinal. Le Saint-Père, qui est bonté et miséricorde, ne croira rien faire de trop beau pour un prodigue repentant de votre taille. »

M. Dulaurier, dit l'*Univers*, doué d'un vaste et puissant esprit, avait embrassé et approfondi les sciences les plus diverses. La théologie, le droit canonique, la philosophie, l'histoire, les belles-lettres, la linguistique, etc... et cependant sa foi si éclairée et si bien entendue était pure et naïve comme celle d'un enfant. Prêchant par l'exemple, il assistait chaque dimanche aux offices religieux de sa paroisse avec autant de modestie que de dévotion. Imitateur rigide de l'humble publicain de l'Evangile, il choisissait à l'église la dernière place d'un bas-côté, et là, tantôt debout, et tantôt à genoux, il suivait et accompagnait le chant liturgique. Aussi, le retour du dimanche était pour lui le jour heureux de la semaine, et pendant les longues heures de sa dernière maladie, il éprouvait une véritable douleur de ne pouvoir se rendre à l'église le dimanche. Indulgent au possible pour nos chantres inexpérimentés, il regrettait sans cesse de ne pouvoir plus entendre les harmonies du véritable chant grégorien, dont les accords révèlent une si sublime poésie, et qui autrefois l'avaient tant charmé à la chapelle Sixtine, pendant son séjour à Rome, où il avait reçu du gouvernement français une mission historique.

Rome! voilà l'explication de ces paroles de son

testament : « Je meurs en catholique romain. »
Rome, où il avait retrempé sa robuste foi dans cette atmosphère dont tous les atomes sont chrétiens, Rome apparaissait à cette intelligence, qui eût honoré le siècle de Louis XIV, comme le cénacle de la vérité et le paradis de la dévotion, et provoquait en elle les plus doux souvenirs.

*
* *

Voici les dernières paroles des impressions de son séjour dans la Ville Eternelle :

« Espérons que la France se souviendra peut-être un jour, qu'elle ne fut jamais plus glorieuse et plus prospère que lorsque ses souverains s'honoraient du titre de rois très chrétiens, et qu'ils se montrèrent fidèles à la mission que ce noble titre leur imposait. C'est à elle qu'il appartient de rendre au Saint-Siège la donation de Charlemagne, et de faire revivre ainsi la tradition du grand empereur d'Occident. »

Ce savant, qui avait passé de longues semaines aux *Archives* du Vatican, avait surtout étudié et admiré l'immense ouvrage qui en fait la base, les *Regesta Pontifica*, c'est-à-dire la collection des lettres, bulles et décrets des Papes, qui commence à Grégoire VII (1073). C'est là que son esprit fut heureusement impressionné par l'action bienfaisante des souverains pontifes à toutes les époques de l'histoire. Aussi, comme il aime à montrer leur influence sur les hommes et les choses du passé !

« Souverains arbitres de la foi, les papes furent aussi les régulateurs inflexibles, mais toujours pacifiques de la morale, à une époque où la violence dominait sans frein, dans une société désordonnée.

« Qui aurait pu mieux qu'eux, et comme ils l'ont fait tant de fois, rappeler à un monarque ou à un prince, entraîné par une coupable passion et qui n'avait d'autre loi que son caprice, la sainteté du mariage? Qui aurait pu avec plus d'autorité leur dicter l'obligation de vivre en paix avec leurs voisins, et arrêter des guerres désastreuses provoquées par la cupidité ou l'ambition? Si l'Europe est sortie du chaos où l'avaient plongée les invasions des Barbares, si elle a marché depuis lors dans les voies de la civilisation, si elle s'est constituée en république chrétienne, régie par un droit international, en un mot, si la société moderne s'est formée telle qu'elle existe sous nos yeux et dans ce qu'elle a conservé de bon, c'est assurément aux papes qu'elle le doit. Infatigables promoteurs des croisades, ils nous ont sauvés de l'invasion musulmane, et sans eux nous serions sans doute courbés sous le joug avilissant du Coran. Y a-t-il une seule université en Europe dont ils n'aient été les créateurs ou les protecteurs? Combien d'établissements de bienfaisance ou de charité auxquels leur nom restera éternellement attaché!

« Un écrivain d'un esprit vif et ingénieux, mais faux et malsain, M. About, dans son livre de la *Question romaine*, prétend que les prêtres sont absolument inhabiles au maniement des choses de ce bas monde (1)... S'il avait seulement mis le pied dans une classe de septième ou de sixième, les enfants lui auraient appris ce que furent jadis les Suger, les Richelieu et les Mazarin.

« A notre époque, les peuples ont cessé d'entendre la voix du Souverain Pontife, ils ont repoussé sa paternelle intervention dans leurs affaires, et dès lors le règne de la force a été inauguré avec toutes les conséquences déplorables qui en sont le corollaire obligé : à l'extérieur, les guerres d'ambition, les conquêtes violentes; à l'intérieur, des insurrections sans cesse renaissantes, des luttes fratricides, et la ruine de tous. Ce n'est pas le seul enseignement que nous donne la lecture des *Regesta Pontificia*. Il y en a un autre qui s'en déduit avec une évidence non moins frappante, c'est que la Papauté, considérée au point de vue purement historique, et, abstraction faite de son origine divine, est la plus grande, la plus utile et la plus bienfaisante des institutions qui aient jamais été données à l'humanité. »

M. Dulaurier a donc été un exemple de plus de l'accord de la foi avec la science et le patriotisme.

---

(1) M. de Bismarck s'est chargé de prouver le contraire, quand, en 1885, il a pris le Pape pour arbitre entre l'Espagne et l'Allemagne dans la question des îles **Carolines**.

DULAURO-DUBEZ

MAGISTRAT.

(1747-1829)

> « Où est Dieu, là est la vérité ; il est au fond de notre cœur... Rentrez, rentrez en vous-même, vous y trouverez Celui qui vous a faits. »
>
> (Dulauro-Dubez)

Le 30 août 1829, mourait un savant magistrat très estimé de ses confrères et que l'aménité de son caractère et sa piété rendaient en effet très estimable. M. *Dulauro-Dubez* était revenu à Dieu dix-huit ans avant sa mort. Laissons-le raconter lui-même sa conversion.

« J'ai vécu sans religion jusqu'à ma soixante-quatrième année, quoique j'eusse sous les yeux, dans ma famille, des modèles de toutes les vertus chrétiennes, et grand nombre de mes proches qui menaient une vie exemplaire.

« Je fus fixé par ma place à Montpellier, dans un temps où les doctrines irréligieuses y étaient les opinions dominantes. Cette circonstance et ma position isolée, absolument indépendante, devaient naturellement me confirmer dans mes erreurs. Qui m'eût dit, que ma raison, si altière s'abaisserait bientôt jusqu'à adorer, avec une humble foi, des mystères d'une obscurité si impénétrable, si effrayante pour l'imagination, le scandale de la sagesse humaine, alors que j'avais vieilli dans l'habitude de les regarder comme des hochets de la superstition?

« Je me plaisais à faire fréquemment des promenades solitaires dans les environs de Montpellier. Pendant une de ces promenades, mes idées se portèrent, je ne sais pas comment, sur les jours de mon enfance et de ma première jeunesse. Je me rappelai avec délices ce temps d'innocence et de bonheur, les soins, les complaisances et l'affectueuse sollicitude de la plus tendre des mères pour éloigner de moi les funestes atteintes du mal.

« Oh! qu'il fut précieux à mon cœur, le souvenir des principaux traits de sa belle vie, consacrée jusqu'à sa quatre-vingt-quatrième année, à l'exercice constant des œuvres de charité et de bienfaisance! De quelle vive émotion j'étais pénétré, en rappelant dans ma mémoire, son humeur douce et toujours égale, son caractère ouvert, prévenant, plein de gaîté, si propre à donner de nouveaux charmes à la vertu. Je la voyais prodiguant à tous des consolations, essuyant leurs larmes, pourvoyant à leurs besoins, soulageant leurs douleurs. Je la voyais encore dans les rues, sur les places et jusque dans sa chambre, environnée de pauvres qui accouraient à elle comme à leur mère commune; elle s'oubliait pour les secourir, et leur distribuait ses vêtements et les provisions destinées à sa famille. Quelle modestie! quel recueillement céleste dans les églises! quelle piété solide, simple et constamment aimable!... Combien elles furent douces, ô ma mère bien-aimée, les larmes que me fit répandre le souvenir des vertus que vous aviez pratiquées sur la terre !

« Mais quand je fis un retour sur moi-même, quel affligeant contraste accabla mon âme! Les remords abreuvèrent mon cœur d'amertume; ils me révélaient qu'il y a une justice divine et souveraine hors de ce monde. Des pensées désolantes bouleversèrent mon esprit...

* *

« Entièrement absorbé dans ces réflexions, j'étais parvenu, sans m'en douter, à une distance très rapprochée de l'église du séminaire. Comme malgré moi, je tombe à genoux devant la grille qui sépare le vestibule de l'intérieur, et je m'écrie :

« O Dieu de ma mère! s'il est vrai que vous soyez, si comme elle me l'a assuré, vous êtes la vérité, la sagesse et la bonté suprême; que vous m'avez fait pour vous, que vous entendez les désirs sincères d'un cœur malheureux, je vous conjure et je vous supplie d'employer votre puissance à me secourir. Montrez-vous à votre créature; soyez sa lumière et sa vie; tracez-lui la route pour arriver jusqu'à vous. »

Mon agitation était extrême, mes larmes coulaient en abondance. Au bout de quelques instants je sens le calme renaître dans mon âme, et je me relève avec la résolution sincère de chercher la vérité de bonne foi.

Peu de jours après, je partis pour Rodez. J'employai la plus grande partie de mon temps à lire les *Pensées de Pascal*, celles de Bossuet, divers sermons de Bourdaloue et de Massillon, sur la vérité des dogmes de la religion chrétienne, et *les Confessions* de saint Augustin, où je trouvais des réflexions, aussi solides que consolantes, sur la grandeur et la bonté de la miséricorde de Dieu.

Je fis à mon état l'application de ce beau passage : « Où est Dieu, là est la vérité : il est au fond de votre cœur, mais votre cœur s'est éloigné de lui. Rentrez, rentrez en vous-même; vous y trouverez, n'en doutez pas, Celui qui vous a fait. Où courez-vous, à travers ces lieux âpres et désolés? Pourquoi passer et repasser sans cesse dans ces voies rudes et laborieuses? Vous cherchez la vie heureuse, elle n'est pas là : comment la vie heureuse serait-elle où il n'existe pas même de vie? ...*Vous nous avez fait pour vous, ô mon Dieu, et notre cœur est sans cesse agité jusqu'à ce qu'il se repose en vous!* »

Ces lectures réfléchies dissipèrent tous mes doutes et toutes mes erreurs. De retour à Montpellier, je m'adressai à un prêtre recommandable par son âge, ses vertus et ses lumières; il m'aida avec une bonté et un zèle apostoliques à débrouiller le chaos de ma vieille conscience ; et après avoir subi l'épreuve qu'il jugea convenable, j'eus le bonheur de remplir mon devoir pascal. Que de larmes j'ai versées alors, depuis ce beau jour, sur mes trop longs égarements ! Mais elles n'ont fait qu'accroître la paix, le calme et le bonheur dont je m'étais si longtemps privé. Durant les longues maladies que j'ai essuyées, la religion est venue calmer mes douleurs, soulager mes maux et me prodiguer les plus douces consolations. J'aimais alors à me pénétrer des paroles mémorables de Domat. »

M. Dulaure-Dubez, étendu sur son lit de mort, en proie aux souffrances aiguës de la plus douloureuse agonie, au milieu de ses nombreux amis émerveillés de la sérénité de son visage, leur disait : « Ce n'est pas assez pour un vrai chrétien de souffrir avec résignation : il doit encore le faire avec joie, en expiation de ses nombreuses infidélités. »

Ajoutons que, depuis le commencement de sa conversion jusqu'à sa mort, c'est-à-dire pendant les dix-huit dernières années de sa vie, cet honorable magistrat remplit constamment ses devoirs de chrétien avec le zèle et la dévotion du plus humble des fidèles. Sa piété, sévère pour lui seul, n'altérait point la douceur de ses mœurs, ni de son caractère. La plus aimable confraternité le rendait cher à ses collègues. Dans l'intimité, il ne craignait point de se livrer avec abandon à une gaîté douce, et il se faisait remarquer par ses bons mots et même part des couplets ingénieux que n'aurait pas dédaignés la muse de nos bons poètes.

C'est ainsi que la vraie vertu rend bon et aimable, elle fait le bonheur de la vie et le charme des relations sociales.

DUMAS (J. B.)

CHIMISTE, DÉPUTÉ, MINISTRE, SÉNATEUR, DE L'ACADÉMIE FRANÇAISE, DE L'INSTITUT, DE L'ACADÉMIE DE MÉDECINE.

(1800-1884)

> « Je tiens à dire que j'ai toujours vécu en chrétien et en bon catholique... C'est grâce à la Providence que j'ai pu commencer et mener à bonne fin tous mes travaux... »
>
> (J.-B. Dumas.)

Au mois d'avril 1885, mourait à Cannes un savant, illustre dans le monde entier, M. Jean-Baptiste *Dumas*, célèbre chimiste, secrétaire perpétuel de l'Académie des sciences. Le deuil de l'Académie a été partagé par toute la France, car M. Dumas était l'une de nos gloires les plus anciennes et les plus incontestées, et les catholiques s'y sont associés d'une manière toute particulière, ce savant s'étant fait à l'Académie le porte-étendard de la foi.

Né à Alais (Gard), le 14 janvier 1800, Jean-Baptiste *Dumas* débuta comme plusieurs chimistes célèbres par la pharmacie. Il acquit rapidement en botanique, en médecine et en chimie des connaissances étendues qui étonnèrent de Candole et Prévost, ces deux savants. Il conquit de bonne heure une haute position dans la science et dans l'enseignement. Il n'avait pas seulement la sécheresse de la science, mais le charme du style, la facilité de la parole, et une grande habileté à faire valoir ses expériences, et à les mettre à la portée du grand nombre ce qui est la marque du vrai talent. Il s'était formé lui-même, d'abord à Genève, puis à Paris, où l'on n'admirait pas moins l'éloquence et la clarté du professeur, que la beauté et l'intérêt de ses découvertes scientifiques.

Les honneurs vinrent le trouver. En 1849, il était membre de l'Assemblée législative; en 1850 il fut ministre de l'agriculture. L'Empire le fit sénateur, mais lui ne délaissa jamais la science, et revint toujours avec bonheur aux études qui faisaient sa gloire et le charme de sa vie. Dès 1832 il avait été élu membre de l'Académie de médecine, puis de celle des sciences, dont il est devenu en 1868 le secrétaire perpétuel, et en 1875 il entra à l'Académie française. Le ton chrétien de son discours de réception irrita la presse libre penseuse : ce fut un honneur pour lui.

Assurément les croyants ne manquent pas à l'Académie, dit un rédacteur du *Monde*, et ils y sont, nous osons le dire, en grand nombre. Quelques-uns même ne sont pas de simples croyants, mais des hommes profondément religieux et d'une édifiante piété; malheureusement leur action est peu étendue. Sur la tombe d'un confrère, ils exprimeront modestement le bonheur qu'ils ont eu de le voir mourir dans les sentiments religieux qu'ils ui connaissaient. Mais en dehors de là, ils remplissent humblement leurs devoirs.

M. Dumas, au contraire dont les efforts s'étaient concentrés sur des questions transcendantes de philosophie naturelle, était constamment porté à s'élever du domaine de la matière dans les régions supérieures, et il était à l'Académie le représentant de la foi catholique.

*
* *

Aussi, lorsqu'en 1876, M. Saint-René Taillandier, alors directeur de l'Académie fut chargé de recevoir l'illustre chimiste qui venait s'asseoir au fauteuil de M. Guizot, il lui dit :

« De l'aveu de tous, c'est vous qui êtes le vrai continuateur de Lavoisier, » puis il ajouta : « Au-delà de ce cosmos où rien ne se crée, où rien ne se perd, vous apercevez toujours le Créateur, comme Cuvier, comme Geoffroy-Saint-Hilaire, et l'on pourrait inscrire en tête de tous vos ouvrages ces poétiques paroles que Linnée traçait à la première page de son *Systema naturæ* : « Eveillé soudain, j'ai vu passer le Dieu éternel, infini, tout-sachant, tout-puissant; je l'ai vu passer, et je suis tombé en extase : *Deum sempiternum, immensum, omniscium, onnipotentem, experge factum à tergo transeuntem vidi et obstupui.* »

A l'époque de la mort de M. Dumas les revues et les journaux de la libre pensée, tout en louant le savant, ne dirent pas un mot de ses sentiments chrétiens. Ils espéraient qu'ainsi ce côté si beau de la vie du grand savant resterait dans l'ombre et le silence. Mais Jean-Baptiste Dumas déjoua ce calcul impie par la déclaration qu'il fit sur son lit de mort. Le 10 avril, après que le prêtre l'eut confessé et lui eût administré les sacrements de l'Eglise, Dumas adressant la parole au prêtre, à sa famille et à ceux qui entouraient sa couche, dit :

« Je vous remercie des secours de la religion que vous m'avez donnés, et qui sont pour moi une consolation suprême. Mais je tiens à dire que j'ai toujours vécu en chrétien et en bon catholique. Mes enfants savent, et je le leur ai souvent répété que c'est grâce à la Providence que j'ai pu commencer et mener à bonne fin tous mes travaux. D'ailleurs, ils trouveront dans mes papiers les derniers conseils où je les exhorte, pour vivre heureux, à vivre en paix avec Dieu. »

Donc la science proclame Dieu, elle vient de Dieu, n'en déplaise à l'incrédulité! M. Dumas, avec raison, s'estime heureux de n'être pas de ceux qui pensent que la destinée de l'homme est de naître sans voir, de vivre sans but, de mourir sans espérances. » Ses derniers moments furent dignes de ces sentiments. Il expira le jeudi saint, après avoir communié.

*
* *

Ce grand savant, nous l'avons dit, était le représentant de la foi catholique à l'Académie. Il l'a prouvé en plusieurs circonstances.

Il avait dit déjà : « Sous l'influence du Christianisme, le droit n'a plus abdiqué devant la force, la justice s'est étendue sur toutes les nationalités, la sympathie n'a plus tenu compte de la couleur des hommes, la liberté a relevé les castes et les races déchues, le plus humble s'est vu protégé par son origine divine, et le plus grand s'est senti responsable devant l'éternité. »

Dans la même séance, M. J. B. Dumas a prononcé aussi ces nobles et solennelles paroles, couvertes des applaudissements enthousiastes de l'auditoire choisi et éclairé qui les écoutait, mais qui dans le camp de la libre pensée, ont excité, dit l'abbé Moigno, de grandes et de bruyantes colères.

« De grandes découvertes ont enrichi les sciences ; on a dit même qu'elles touchaient enfin aux limites qui ont séparé jusqu'ici la matière et l'esprit.

« Il n'en est rien.

« L'astronomie, il est vrai, ne représente plus le firmament comme une voûte solide sur laquelle seraient fixées les étoiles, ses instruments et ses calculs plongent dans le vaste univers, la mécanique ouvre, à travers les isthmes et les montagnes, des chemins au commerce des nations ; la physique transporte la pensée sur les ailes de l'électricité, d'un hémisphère à l'autre, avec la vitesse de l'éclair ; la chimie pénètre par son analyse jusqu'aux profondeurs extrêmes des cieux, et reproduit les parfums les plus suaves ou les nuances les plus délicates des fleurs qui ornent la terre ! Cependant l'espace, le temps, le mouvement, la force, la matière, la création de la matière brute et le néant demeurent autant de notions primordiales dont la conception nous échappe.

« La physiologie, de son côté, nous montre les plantes préparant, sous l'influence du soleil, les aliments des animaux ; la destruction des animaux restituant aux plantes les principes dont elles se nourrissent ; la matière minérale formant la trame des matières organiques sous l'influence de la vie !

« Mais elle ne sait rien de la nature et de l'origine de cette vie, qui se transmet mystérieusement de génération en génération depuis son apparition sur terre ! *D'où vient la vie? la science l'ignore;* où va la vie? la science ne le sait pas, et quand on affirme le contraire en son nom, on lui prête un langage qu'elle a le devoir de désavouer. »

DUNGAN

GÉNÉRAL, SÉNATEUR.

(1815-1882)

> « La vérité entre dans un esprit de bonne foi comme une douce lumière dans les yeux délicats. »
>
> (De Genoude.)

Le général *Dungan* né en Amérique au commencement de ce siècle a eu le bonheur de renoncer à l'erreur protestante et d'être reçu dans l'Église catholique.

Sénateur pour le comté d'Anson, c'est un des hommes les plus considérés de la Caroline du Nord. Il descend d'une mère française calviniste, et son père était ministre baptiste. Possesseur d'une immense fortune, il fut presque ruiné par la guerre du Sud. Il habitait dans une contrée de l'Etat, où la religion catholique est peu connue : son comté est presque entièrement baptiste. Il y a quelques années, dans la Caroline du Nord, le catholicisme semblait encore au berceau. Aujourd'hui la moisson parait mûre et les conversions se préparent.

Esprit droit, cœur honnête, le général au milieu des camps et du tracas de la guerre aspirait à la vérité, car il se doutait qu'il ne la possédait pas. C'est bien pour lui que M. de Genoude a écrit : « La vérité entre dans un esprit de bonne foi comme une douce lumière dans les yeux délicats. » Cette vérité il la chercha avec ardeur, et Dieu, qui ne se refuse jamais à ceux qui la demandent avec sincérité, l'a illuminé de sa grâce. Le brillant officier ne fut sollicité par personne pour entrer dans le sein de l'Eglise, il est venu lui-même demander le baptême. Le jour de cette cérémonie, la petite congrégation était en fête. Deux autres protestants firent leur abjuration et vinrent augmenter le nombre si restreint des catholiques dans cette contrée.

Le général a toujours persévéré dans ces heureuses dispositions eo ct a ntinué d'édifier le pays par la pratique de toutes les vertus chrétiennes.

DUPUYTREN

CHIRURGIEN, DE L'ACADÉMIE DES SCIENCES.

(1777-1835.)

> « Oui, je crois que c'est réellement mon Dieu que je vais recevoir. »
> (DUFUYTREN.)

Le baron Guillaume *Dupuytren*, né à Pierre-Buffière, (H.-Vienne) est un des chirurgiens les plus célèbres qu'ait eus la France en ce siècle. On l'appelait le célèbre Dupuytren, le fameux Dupuytren. Son jugement était sans appel. Il avait la confiance des grands et des rois.

Issu de parents pauvres, il fit ses études au collège de La Marche à Paris, et étonna bientôt ses professeurs et ses collègues par ses progrès en médecine et en chirurgie. Avare de son temps chez les riches, prodigue de soins près des pauvres, il fut cependant en butte à la malignité de l'envie et à la calomnie, car son caractère froid et dur n'inspira jamais de sympathie ni à ses malades, ni à ses nombreux élèves. Il paraissait n'avoir que du mépris pour l'humanité et manquer de ces sentiments privés qui font le charme de la vie. « L'orgueil et aussi la dévorante activité de sa vie, dit l'abbé Saillard, ses préjugés, son indifférence ou même son hostilité avaient tenu l'illustre chirurgien éloigné de toute pratique religieuse. Mais enfin, il vint un jour où d'autres pensées, nouvelles, inattendues, étonnèrent tout à coup et inquiétèrent ce grand esprit, des sentiments, qu'il n'avait pas connus jusque-là émurent son cœur et l'ouvrirent à Dieu. » Au reste, il fut toujours spiritualiste (1).

Le P. Lacordaire a rapporté les circonstances de la conversion du docteur Dupuytren; nous analyserons son récit un peu trop étendu pour le cadre de cet ouvrage.

Un jour, Dupuytren, épuisé de fatigue à la fin

---

(1) Un jour, Dupuytren disait à un de ses confrères qui se vantait d'être matérialiste : « Alors, Monsieur, vous n'êtes pas médecin, vous n'êtes que vétérinaire. »

d'une journée de travail allait prendre quelque repos, lorsqu'un petit vieillard, un prêtre en tenue poudreuse et négligée se présente dans son cabinet.

— Qu'avez-vous ? lui dit-il durement.

L'étranger lui montre une grosseur purulente qu'il avait sur le cou. Le docteur l'examina longtemps : la plaie était si effrayante qu'il s'étonnait que le malade pût encore se tenir debout.

« — Je dois vous dire, monsieur l'abbé, qu'il n'y a point de remède à un tel mal. Avec cela, il faut mourir ! »

Le pauvre prêtre n'eut pas l'air d'en être troublé. Il enveloppa son cou, retira de sa poche une pièce de cinq francs enfermée dans un morceau de papier, et la posa sur la cheminée en s'excusant de ne pouvoir donner davantage. Puis il ajouta avec un sourire d'une ineffable douceur : « Je suis heureux d'être venu vous trouver, au moins j'ai la certitude du sort qui m'attend. Peut-être auriez-vous pu m'annoncer cette nouvelle avec plus de précaution. Mais je ne vous en veux pas, j'étais préparé depuis longtemps... Adieu, monsieur le docteur, je retourne à mon presbytère pour y attendre la mort. »

Et il sortit.

***

Dupuytren resta pensif. Cette nature de fer, ce génie puissant était venu se briser contre ces paroles d'un pauvre vieillard malade, dont la vie n'avait pour lui aucun prix ; dans ce corps faible et souffreteux il avait rencontré un cœur et une volonté plus ferme encore que la sienne ; il avait trouvé son maître dans ce prêtre campagnard.

Celui-ci était parti, le docteur s'élance vers l'escalier. Le prêtre descendait lentement les degrés en s'appuyant sur la rampe.

« — Monsieur l'abbé, cria-t-il, voulez-vous remonter !

L'abbé remonta.

« — Il y a peut-être un moyen de vous sauver, si vous voulez que je vous opère ?

« — Mon Dieu, monsieur le docteur, je suis venu à Paris pour cela; coupez, taillez, je vous en prie, comme vous voudrez.

« — Mais peut-être ferons-nous une tentative inutile, et ce sera long et douloureux.

« — Opérez toujours, monsieur; coupez autant qu'il le faudra, j'endurerai tous les tourments ! Mes pauvres paroissiens seraient si contents?

« — Eh bien! vous allez vous rendre à l'Hôtel-Dieu, salle Sainte-Agnès. Vous serez là parfaitement, et les bonnes Sœurs vous prodigueront les soins les plus attentifs.... après-demain de bonne heure nous commencerons l'opération.

« — C'est entendu, dit le prêtre; monsieur le docteur, je vous remercie.

Dupuytren écrivit à la hâte quelques mots et remit le papier au prêtre qui se rendit à l'hospice.

Le troisième jour, les cinq à six cents élèves qui suivaient les leçons du maître étaient à peine rassemblés que Dupuytren arriva. Il se dirigea vers le lit du prêtre suivi de cet imposant cortège, et l'opération commença. Elle dura vingt-cinq minutes, et détermina une perte de sang considérable. Mais le prêtre soutint ces cruelles épreuves avec une héroïque patience; il ne fronça pas le sourcil. Seulement, quand les poitrines qui l'entouraient se dégagèrent toutes ensemble, haletantes d'attention et de caintes, Dupuytren dit avec joie au patient :

« — Je crois que tout ira bien maintenant : vous avez bien souffert, n'est-ce pas?

« — Un peu, mais j'ai cherché à penser à autre chose; maintenant je me trouve bien mieux.

Dupuytren l'examina un instant, avec une profonde attention, jusqu'au moment où le malade s'assoupit.

A partir de ce jour, lorsque Dupuytren arrivait, par une étrange infraction à ses habitudes, il passait devant les lits des autres malades et courait au lit de son malade favori. Plus tard, lorsque celui-ci commença à se lever, il allait à lui, prenait son bras sous le sien, et harmonisant son pas avec celui du convalescent, faisait avec lui le tour de la salle. Pour qui connaissait l'insouciante dureté du médecin, ce changement de conduite était inexplicable.

Lorsque l'abbé fut rétabli il retourna vers ses chers paroissiens.

*
* *

Le docteur ne revit le prêtre qu'à l'anniversaire

du jour où il l'avait opéré. Celui-ci plein de reconnaissance, revenait offrir à son sauveur deux beaux poulets et des poires de son jardin. Dupuytren fut touché jusqu'au fond de son âme de cet acte de grande simplicité et de profonde gratitude, il engagea le prêtre à dîner avec lui. Le prêtre n'accepta pas, il lui fallait retourner aussitôt dans sa paroisse.

Deux ans après, le bon vieillard revenait avec son panier contenant des poulets et des poires, et le chirurgien le recevait toujours avec émotion.

Enfin, arriva le moment cruel où Dupuytren ressentit les premières atteintes de la maladie qui mit fin à une existence si précieuse. Il partit pour l'Italie, mais sans espoir d'être sauvé par ce voyage que la Faculté réunie lui avait conseillé d'entreprendre. Revenu en France au mois de mars 1834, il se portait moins mal, mais cette amélioration n'était qu'apparente, et Dupuytren le sentait bien. Il se voyait près du tombeau, et son caractère devenait plus sombre dans cette triste solitude que son cœur, froid et dur, lui avait depuis longtemps préparée.

Alors il fit un sérieux retour sur lui-même.

Il avait senti déjà, et il comprit mieux en ce moment que la mort n'est pas l'anéantissement de l'homme, et que, au-delà du tombeau, il y a une autre vie. Ne voulant pas courir les chances d'une éternité malheureuse, dont sa raison aussi bien que la foi lui affirmait l'existence, il se tourna du côté de Dieu, et se rappela l'humble curé de campagne, dont la force d'âme, la reconnaissance simple et affectueuse avait brisé son cœur insensible, et pour lequel il avait ressenti une secrète mais sincère amitié.

Un soir, comme il était seul sur son lit de souffrance, il appela son fils adoptif qui veillait dans un cabinet voisin et lui dicta cette lettre :

« *A Monsieur le curé de la paroisse de X...
près Nemours.*

(Seine-et-Marne.)

Mon cher abbé,

Le docteur a besoin de vous à son tour. Venez vite, peut-être arrivez-vous trop tard,

Votre ami,

Dupuytren. »

Le prêtre accourut aussitôt.

Arrivé près du malade, le bon curé, comme accablé sous le poids de la réputation de cet homme célèbre, était embarrassé. Le docteur qui s'en aperçut lui dit simplement.

« Ne craignez pas, monsieur l'abbé, agissez avec moi comme avec un enfant qui en est aux premiers éléments de la religion ; je ne la connais plus, je l'ai presque totalement oubliée. Tout entier à mon art, au monde, aux applaudissements que j'en recevais, je l'ai complètement perdue de vue. Veuillez bien,

4.

comme si vous faisiez le catéchisme à un enfant, me rappeler ce que je n'aurais pas dû oublier. » Dupuytren se confessa ensuite à ce prêtre et demanda les derniers sacrements. Interrogé s'il croyait à la présence de Dieu dans l'Eucharistie :

« Oui, dit-il avec ce ton de conviction et de dignité qui tenait de la solennité du serment, *oui, je crois que c'est réellement mon Dieu que je vais recevoir.*» Il le reçut en effet et demanda à voir l'archevêque de Paris. Il mourut le 8 avril 1834. Une foule immense suivit le cercueil du grand praticien.

Après le service funèbre, ses élèves portèrent à bras ses restes mortels jusqu'au cimetière.

Le bon petit vieillard suivait le convoi en pleurant.

« La sainteté, dit le P. Lacordaire, avait vaincu un cœur dont aucune autre puissance n'avait pu amollir la dureté. Armé de la seule force religieuse, le pieux vieillard, nouveau David, avait triomphé du Goliath de la science médicale. Il n'avait fallu pour cela ni ruse, ni stratagème : la vertu et la grâce étaient les seuls instruments dont il s'était servi pour gagner le cœur du célèbre médecin et en faire la conquête. »

DURAND

AVOCAT.

(1822-1876)

> « Il ne se serait jamais douté que le clergé enseignait une semblable morale. »
>
> (*Son biographe.*)

Paul-Louis *Durand*, avocat, né en 1822 de parents chrétiens, avait manifesté dès l'âge le plus tendre une horreur singulière pour les prêtres. Il fit sa première communion comme tout le monde, et depuis lors, comme tant d'autres, ne mit les pieds à l'église que pour les mariages et les sépultures de ses plus proches parents. Encore conseillait-il à ces derniers de se passer des ministres du culte à la naissance, pendant la vie et à la mort. Il devint, dans tout le département, le chef des solidaires, c'est-à-dire de ceux qui éloignent de leur lit de mort les secours de la religion, et de leur cercueil les prières de l'Eglise.

C'était une prêtrophobie bien caractérisée, compliquée de fanatisme.

Huit jours après Pâques de l'année 1869, Louis Durand s'entendit demander par son domestique s'il voulait recevoir M. le curé de la paroisse.

On lui eût annoncé la visite du Grand-Turc qu'il n'aurait pas été plus étonné, et celle du général des Jésuites qu'il n'eût pas paru effrayé davantage.

Un prêtre chez lui ! quelle audace !

— Monsieur le curé attend, dit le domestique.

— Mets-le à la porte.

Il se ravisa pourtant, la curiosité l'emportant sur la haine.

— Allons, dit-il, fais monter ce calotin ; mais ne t'éloigne pas trop : un assassinat est bientôt commis.

Le calotin était un vieillard qui avait des cheveux blancs et pas de calotte. Il salua et dit simplement qu'il était chargé, de la part d'une personne qui désirait rester inconnue, de rendre à M. Durand une somme de quinze cents francs à titre de restitution.

Quinze cents francs, sur lesquels on ne compte pas, font toujours plaisir lorsqu'on n'est pas riche.

M. Durand resta un instant stupéfait. Ses connaissances religieuses étaient telles, qu'il voyait un acte de suprême délicatesse dans une chose toute simple pour un chrétien, qui sait ce que sont la confession, la restitution et la discrétion d'un confesseur.

Le curé dut entrer dans des détails qui émerveillèrent cet ignorant. Des écailles tombèrent des yeux de l'impie à chacune des explications données par le prêtre. Il avoua ingénument qu'il ne se serait jamais douté que le clergé enseignât une semblable morale, et qu'il prenait tous les prêtres pour autant de Jésuites. Le curé sourit, et jugea qu'il serait trop long d'expliquer à M. Durand, qu'un jésuite valait un autre prêtre, quand il ne valait pas davantage.

Bref, on se quitta enchantés l'un de l'autre. Dès le lendemain, le prêtrophobe rendit la visite qu'il avait reçue, s'attarda aux presbytère, visita le jardin, offrit des oignons de tulipe, des greffes de rosier, commença enfin une liaison intime qui dura jusqu'à sa mort.

Il fit plus.

Comme le vieillard avait de temps à autre quelques accès de goutte, au premier accès un peu sérieux, il demanda le curé pour qu'il entendît sa confession. S'étant rétabli, il persévéra dans ses bons sentiments, devint un modèle de fidélité à ses devoirs religieux, et mourut dans ces dispositions, après avoir renoncé à ses engagements avec les solidaires.

ERDAN

PUBLICISTE.

(1826-1878)

> « Je ne puis m'intéresser qu'aux questions d'Eglise : la vie est là. Que m'importe la Révolution italienne ? C'est un orage qui passe. Mes journaux ne me demandent que des nouvelles du Vatican. »
>
> (ERDAN.)

Le 25 septembre 1878 est mort à Rome, d'une façon très édifiante, un homme qui avait donné plus d'un scandale dans sa vie publique, consacrée au journalisme, et qui affectait d'appartenir à la libre pensée, M. *Erdan* (anagramme de son nom d'André), correspondant du journal protestant *Le Temps*.

Il appartint jeune encore à l'école démocratique et révolutionnaire, et la défendit dans l'*Evénement* que venaient de fonder ses oncles MM. Paul et Froment Meurice. Mais surtout depuis qu'il était entré au *Temps*, on remarquait que, tout en jugeant les choses de la religion en libre penseur, il respectait la papauté et savait blâmer certains actes révolutionnaires.

En 1855, il avait publié un ouvrage en deux volumes, dont les hardiesses, pour ne pas dire plus, lui valurent une condamnation à l'amende et à la prison. Devenu très riche, il était bon pour les pauvres. C'est peut-être ce qui lui valut, de la part de Dieu, sa conversion, au sujet de laquelle un correspondant de l'*Univers*, qui l'a beaucoup connu à Rome, donne ces détails si intéressants pour les catholiques.

« Je ne le connus qu'à son retour à Rome. Il avait le goût des lettres et des arts; son langage était d'un homme parfaitement poli, plein de respect pour les choses de l'Eglise, dont il louait et admirait, disait-il, la constitution.

— « Je ne crois pas et je ne puis pas croire : sans cette maladie de mon intelligence, je n'aurais point quitté Saint-Sulpice, et je serais prêtre. »

Un jour, il me montra sur sa table une *Imitation de Jésus-Christ* : « C'est le livre par excellence : *il me consolerait, si j'étais consolable.* »

J'ouvris l'*Imitation* au chap. 21 du livre III et nous lûmes ensemble : *Super omnia et in omnibus requiesces, anima mea, in Domino semper, qui ipse est sanctorum œterna requies. Da mihi dulcissime Jesu, in te super omnem creaturam requiescere... etc.*

Ses traits s'éclairèrent d'un enthousiasme pieux; d'anciens souvenirs semblèrent passer devant son regard. Sa maladie d'incrédulité était imaginaire. En réalité, il croyait à ce qu'il ne disait pas, et ne croyait pas à ce qu'il écrivait (1). Comme il avait

---

(1) Combien d'autres, qui ont la réputation d'incrédules, agissent comme lui!

lu les Allemands, il se piquait d'une certaine connaissance philosophique. Mis au pied du mur, il confessait qu'il n'y avait d'autre philosophie que celle de l'Eglise si marveilleusement commentée par saint Paul, par les saints Pères et les Docteurs.

Tel est le premier fait.

...

D'un tempérament nerveux, ruiné par le travail et peut-être aussi par les passions de sa vie, il céda aux médecins qui lui conseillaient l'air pur des montagnes, et alla se fixer sur les hauteurs de Frascati, presque aux portes de Rome.

Certes, ni lui, ni ses amis du *Temps* et du *Siècle* ne se doutaient guère que la Providence l'attendait sous les ombrages de la villa Falconieri. Il loua pour neuf ans cette habitation seigneuriale et les terres qui l'entouraient, et se mit à vivre en prince, partageant ses journées entre la lecture, la correspondances, les promenades et les visites. Très hospitalier de son naturel, d'une intelligence aimable et friande des choses de l'esprit, il s'arrangea de façon à recevoir des hommes divers. Ceux de la Révolution et de l'Eglise y allaient et ne se rencontraient pas. Il voyait fréquemment les PP. Jésuites et les PP. Basiliens. Son commerce plaisait aux religieux; on l'invitait aux distributions de prix.

« Je ne puis, disait-il, m'intéresser qu'aux

questions d'Eglise : la vie est là. Que m'importe la révolution italienne? c'est un orage qui passe. Mes journaux ne me demandent que des nouvelles du Vatican. Pour eux, comme pour moi, le Parlement de Monte-Citorio a juste la valeur d'un conseil municipal. »

Tel est le second fait.

*
* *

La crise qui devait le conduire à la mort est venue le surprendre, il y a six mois, dans ces dispositions d'esprit... J'allai le voir, je le trouvai très amaigri, d'une pâleur anémique, mais l'œil vivant et la parole claire et facile. Il retint longtemps ma main dans la sienne, et quand nous fûmes seuls, il me dit avec tendresse :

— Que vous aviez raison ! Tout est fait, je suis réconcilié avec Dieu, et je puis mourir... En mon état, mourir n'est point une peine, cela devient un plaisir. *Je n'eus jamais tant de calme.*

Depuis plusieurs mois, il ne se nourrissait que de lait :

« Ce sont les bons pères de Mondragone, chaque matin qui me l'envoient, et je le bois comme je bois le lait de leurs paroles évangéliques. »

Peu de jours avant ma visite, il avait dit à peu près les mêmes choses à un secrétaire de l'ambassade de France près le Saint-Siège :

« Je me suis confessé et je contemple avec calme l'approche de la mort. »

Le *Monde* complète ainsi ces détails :

« La dernière crise survint dans la journée du 24 septembre. Il se confessa une deuxième fois et reçut le saint Viatique et l'Extrême-Onction avec une piété attendrissante. Avant de mourir, et comme il conservait encore l'usage de ses facultés, M. Erdan dicta une lettre de rétractation, où il déclare, tout d'abord, qu'il tient à ce que sa conversion soit connue et divulguée.

J'ai la joie de remplir sur ce point sa dernière volonté, et de montrer par ce nouveau fait la divinité de notre sainte religion. Il n'est jamais arrivé, en effet, qu'un catholique, une âme vertueuse, ait eu à se repentir au lit de mort de ses principes et de ses vertus ; mais il arrive tous les jours que des pécheurs et des impies tiennent à mourir en bons catholiques. »

EUDEVILLE (D')

GÉNÉRAL, COMMANDANT SUPÉRIEUR DU GÉNIE.

(1804-1877)

> « Ce n'était ni un petit esprit, ni un esprit vulgaire que celui qui commandait à l'arme savante de l'armée d'Afrique. Il n'a trouvé son assurance que dans la foi qui avait réglé sa vie. »
> (Card. Lavigerie.)

Le général Eudes d'*Eudeville*, commandant supérieur du génie en Algérie est mort en 1877, offrant à notre colonie et à nos troupes le spectacle fortifiant d'une mort courageuse et très chrétienne.

Le langage de tous les officiers et amis du général a été empreint des sentiments loyaux et catholiques qui font la force de notre armée. Ce fut un grand exemple donné à la population coloniale sur cette terre, où le scandale des enterrements civils est trop habituel, et que le radicalisme considère comme la plus assurée de ses conquêtes.

L'armée d'Afrique devait cette leçon à nos colons, cette réhabilitation de la France aux indigènes, auxquels l'athéisme de leurs vainqueurs inspire un véritable éloignement.

Voici le témoignage des amis du regretté général sur sa vie et sa mort.

M. le colonel Servet, directeur du génie a dit :

« J'admire la vie du général *accomplie et terminée sous le regard de Dieu*; j'admire sa fin si pieuse et si touchante, et je demande à Dieu la grâce de vivre, les quelques jours qui me restent, comme le général d'Eudeville a vécu, et de mourir comme il est mort. »

Le général Wolff, commandant la division d'Alger, a adressé à son vieux camarade l'adieu suivant :

« Adieu, cher général, que votre âme repose en paix. Vos enfants grandiront entourés d'une affectueuse et pieuse mère, qui puisera dans son cœur et ses sentiments religieux la force de suffire à sa tâche; et guidés par les beaux sentiments de votre carrière, ils perpétueront certainement le vieil honneur de votre famille. »

Et le général Chanzy, gouverneur d'Algérie, a fait ressortir ce qu'il y a d'édifiant dans une vie dévouée à la patrie, couronnée par une mort si chrétienne, puis a ajouté :

« Il était de ceux qui ont le cœur trop haut placé pour jamais faillir : sa mort chrétienne est le digne couronnement d'une carrière toute de dévouement au pays.

.•.

Voici maintenant l'éloge qu'en a fait le premier pasteur de ce pays, l'éminent cardinal d'Alger :

« Jamais une mort plus admirable, plus touchante, plus chrétienne, ne termina une vie plus noble et plus pure. C'est avec le calme du juste qu'il a vu venir sa dernière heure ; c'est avec le courage ferme et simple du soldat chrétien qu'il a écarté lui-même toutes les illusions, qu'il a réglé les affaires de sa charge, de sa famille, de son âme, et jusqu'au détail même de ses funérailles.

Avec quelle foi, lorsqu'il vit que sa maladie prenait une apparence de gravité, il demanda lui-même à recevoir les secours et les consolations de la religion ! On lui opposait qu'il n'y avait pas de danger dans son état, il répondait avec fermeté et douceur qu'il n'est jamais trop tôt pour régler les affaires de sa conscience ; et quand il les eut réglées, et qu'il eut reçu, au milieu de sa famille éplorée, les sacrements de l'Eglise, avec quelle force, avec quel esprit lumineux et calme il parlait aux siens, à son admirable et digne compagne, à ses petits enfants, qui pouvaient à peine le comprendre, de leur séparation dernière et de ses vœux pour leur avenir, et de ses regrets de les laisser ainsi seuls dans le monde, et de la reconnaissance qu'il emportait pour tout le bonheur qu'ils lui avaient donné !...

« Je l'ai vu, et ce souvenir ne s'effacera plus de ma mémoire, j'ai vu ce père mourant, appeler auprès de son lit de mort, tous ceux qu'il aimait, me demander de les bénir pour que Dieu leur donnât du courage, me prier de le bénir lui-même pour que sa mort fût sainte : « Je suis chrétien, disait-il, je meurs en chrétien! O Dieu, je vais vers vous! soyez le père de mes enfants, le consolateur de ma compagne bien-aimée. »

« Et s'adressant à elle, il lui disait : « Nous étions si heureux! Jamais un nuage n'est venu, durant de si longues années, ternir notre paix et notre bonheur! Je te remercie de ce bonheur que tu m'as donné. Je ne te demande qu'une chose, c'est de rester maintenant près de moi jusqu'à la fin... Après, tu me verras dans le sein de Dieu. Je continuerai de là-haut, à penser à toi, à veiller sur toi, sur nos enfants bien-aimés. »

« Et nous tirons aussi du spectacle de cette mort une leçon suprême. Il vient, il approche, il se précipite le moment où nous aurons à quitter ce monde, à rendre au juste Juge le compte de notre vie. Que ce grand et salutaire exemple nous serve à tous!

« Ce n'était ni un petit esprit, ni un esprit vulgaire que celui qui commandait à l'arme savante de l'armée d'Afrique. Il n'a trouvé son assurance que dans la foi, et la foi, qui avait réglé sa vie, a donné à sa mort un caractère de calme, de force, de sainteté, de vraie grandeur qui la rend pour tous enviable. »

Ces dernières paroles de Mgr Lavigerie résument toute la leçon que notre armée, et que tout bon catholique doivent tirer de la mort d'un soldat chrétien tel que le général d'Eudeville.

EVERS (Dr)

PASTEUR LUTHÉRIEN CONVERTI.

> « C'est ainsi qu'aujourd'hui je rends grâces à Dieu dont la miséricorde m'a reconduit à la maison de ma mère. »
>
> (Dr Evers.)

Un savant pasteur du Hanovre, le docteur *Evers*, né dans le protestantisme, s'appliqua, il y a quelques années, à l'étude des fondements du Luthéranisme. Doué d'un esprit avide de vérité et d'un cœur droit, il arriva enfin à la vraie lumière, et entré dans le Catholicisme, il a publié les motifs de sa conversion dans un ouvrage intitulé : *Catholique ou Protestant*.

Il y étudie la vie de Luther d'après les sources les plus authentiques, et constate que cet homme, livré à ses passions ne pouvait être envoyé de Dieu, et que son intention n'a jamais été d'abolir les abus.

La lecture du bréviaire romain lui a fait entrevoir les richesses spirituelles et la beauté du cœur maternel de l'Eglise. « Quelle ne fut pas ma surprise, dit-il, lorsque je commençai à l'étudier, de trouver une telle richesse de la parole de Dieu, et cela dans un arrangement si admirable! C'était donc là le livre officiel de l'Eglise, que tous les ecclésiastiques sont obligés de s'assimiler, depuis le Pape jusqu'au dernier vicaire, ce même livre que Luther a ridiculisé, souillé de sa boue et rejeté comme un fardeau insupportable. Le lecteur peut facilement se figurer que, dès ce moment les écailles me tombèrent des yeux et que je dus me dire à part moi :

« Comment une Eglise qui met ce livre dans les mains de son clergé et qui lui impose la récitation de telles prières, serait-elle la Grande Prostituée de Babylone? Cette Eglise ne connaîtrait pas la parole de Dieu, et elle serait cette « Rome qui n'a pas de promesses »?..

« Le bréviaire est l'endroit où je vis, pour la première fois, l'étoile dont la lumière me conduisit là où je pus déposer mes préjugés, reconnaître la fausseté des caricatures par lesquelles les protestants se plaisent à représenter l'Eglise catholique, et comprendre qu'il est de la nature du protestantisme *de voir à l'envers tout ce qui est catholique.*

« C'est ainsi qu'aujourd'hui je rends grâces à Dieu dont la miséricorde m'a reconduit à la maison de ma mère. »

FALLOUX (de)

LITTÉRATEUR, MINISTRE, DE L'ACADÉMIE FRANÇAISE

(1811-1886)

> « C'est un grand, un fidèle serviteur de l'Eglise. »
> (LÉON XIII).

M. *de Falloux* né dans l'Anjou, remontait par ses ancêtres au temps d'Henri IV, d'après le savant généalogiste, M. Borel d'Hauterive. Il fit ses études au collège Bourbon. De même que de Montalembert, qui fréquentait alors le collège Henri IV, le jeune angevin sut, dans ce milieu peu chrétien, préserver sa foi de toute atteinte. Non moins intrépide que fervent, il ne craignait point d'affirmer ses croyances, dédaigneux des lazzis de ses camarades et des boutades de ses maîtres.

Elevé par une mère qui lui avait appris à ne point céder aux lâchetés du respect humain, il disait le chapelet à l'étude. Un jour, un de ses voisins, qui appartenait à la religion protestante, voulut interrompre le pieux exercice par une phrase agressive. Alfred n'y fit pas attention d'abord ; mais le voisin huguenot revint à la charge avec une persistance tellement agaçante, que le jeune angevin n'y tint plus, et lui lança son encrier à la tête, juste au moment où, le doigt sur un des gros grains du rosaire, il adressait à Dieu ces paroles: *et dimitte nobis debita nostra sicut et nos dimittimus debitoribus nostris*. Le projectile était à peine parti que le jeune gentilhomme pris de remords, embrassait son camarade et lui demandait pardon avec larmes. L'agresseur, touché à son tour, reconnut sa faute et fit la paix.

Ses études classique terminées, Alfred de Falloux n'eut garde de s'abandonner aux frivoles distractions que se permettaient à cette époque les jeunes gens de son rang et de sa fortune. Les questions théologiques l'accaparèrent. Il lut les Pères de l'Eglise, médita les grands problèmes religieux, et peu s'en fallut qu'il ne suivit l'exemple de son frère, et n'entrât comme lui dans les ordres. Mais M. de Falloux père s'y opposa. Ne pouvant servir l'Eglise dans la milice sacrée, le jeune homme prit la résolution de défendre au sein de la société laïque la cause religieuse.

« De concert avec Charles et Henry de Riancey, il fonda sous le nom d'*Institut catholique* une sorte de conférence, où furent discutées la plupart des thèses politiques et religieuses, qui, sous la Restauration, commençaient à préoccuper les esprits. La liberté de l'enseignement recruta notamment parmi les membres de la Conférence de jeunes et ardents champions. C'est là que furent établis les principes de la loi qui devait triompher vingt ans plus tard (1). »

(1) O. Havard, dans *Le Monde*.

M. de Falloux se fit connaître d'abord par deux livres qu'il publia : l'*Histoire de Louis XVI*, et l'*Histoire de saint Pie V.*

.•.

Lié avec de Montalembert, Berryer, Pastoret, de La Rochejaquelein, M. de Falloux se décida, sur leurs conseils, à entrer dans la politique.

Elu en 1846 député de Segré, il ne monta que deux fois à la tribune, mais aussitôt il fut rangé parmi les orateurs dont la parole élégante et spirituelle sait s'imposer aux auditoires les plus rebelles. Ce talent grandit encore à la tribune de l'Assemblée constituante. Nommé représentant du département de Maine-et-Loire, M. le comte de Falloux prit une part prépondérante à la plupart des discussions.

A la suite des événements de 1848, le député s'associa au vote qui déclarait que le général Cavaignac avait bien mérité de la patrie. « Le général avait pour lui la plus haute estime, et sa mère témoignait à M. de Falloux une affection qu'expliquait le caractère chevaleresque de l'orateur catholique.

M. Cavaignac, on l'a su depuis, ne prenait aucune décision où les intérêts religieux pouvaient se trouver engagés, sans consulter le P. de Ravignan. Ce fut sur les conseils de l'éminent religieux que le général confia, le 20 décembre 1848, le portefeuille de l'instruction publique et des cultes au comte de Falloux.

A peine installé, le nouveau ministre s'occupait de réaliser le rêve de toute sa vie (1). Deux commissions qui comptaient dans leurs rangs les abbés Dupanloup et Sibour, MM. Cousin, Thiers, de Montalembert, Cochin, de Corcelles, de Riancey, Saint-Marc Girardin, Buchez, Fresneau, Laurenttie, etc., furent chargés d'élaborer un projet de loi sur l'enseignement secondaire, et un autre sur l'enseignement primaire. Le 18 juin 1849, M. de Falloux déposait sur le bureau de l'Assemblée la charte qui devait pendant trente ans régir l'enseignement public. La loi fut promulguée le 15 mars 1850, M. de Falloux n'était plus ministre : il avait été remplacé par M. de Parieu. »

Nommé membre de l'Académie française en 1856, il y remplaçait le comte Molé. En 1865, il prenait part aux travaux du congrès de Malines, et aux élections législatives de 1869, porté comme candi-

---

(1) « Aucun ministère ne fut plus fécond que celui-là. Un traité de paix entre l'Eglise et l'Université fut signé; ce sera l'impérissable gloire de M. de Falloux, d'avoir accordé à la France cet édit de Nantes, que le jacobinisme fanatique devait révoquer après 30 ans de concorde. Sorti du ministère le 31 octobre 1849, M. de Falloux fut empoigné dans la nuit du 2 décembre et conduit au mont Valérien. Elargi quelques jours après, il rencontra, rue du Bac, l'ex-président Dupin qui s'empressait de lui dire, avec un cynisme de paysan parvenu : « Eh bien ! *Novus rerum nascitur ordo.* — « Le latin dans les mots brave l'honnêteté, » réplique M. de Falloux en lui tournant le dos. *France Illustrée).*

dat catholique en Vendée, il échouait contre le candidat officiel.

A dater de cette époque, M. de Falloux rentra dans la vie privée, il n'en sortit qu'au mois de mai 1880, pour venir à Paris; prononcer un éloquent discours sur la liberté religieuse et contre les décrets du 29 mars.

Ce fut son dernier discours.

Sous l'empire, il avait publié la correspondance de Mad. Swetchine, et le journal de sa conversion; en 1871, la vie de M. Augustin Cochin, et dans ces derniers temps il donna au public plusieurs volumes de *Discours et mélanges politiques*, *Etudes et souvenirs*.

Quand la mort le surprit, M. de Falloux travaillait à la rédaction de ses *Mémoires*.

***

Sa mort arrivée au commencement du mois de janvier 1886, fut religieuse comme sa vie.

« La rapidité foudroyante de la mort de notre éminent maître et ami, lisons-nous dans un journal de cette époque, nous rend plus vive la douleur de la séparation sans troubler notre confiance en la bonté de Dieu. Nous, qui avons pu voir de près M. de Falloux, nous savons qu'il n'a pas été surpris par la mort; son âme se tenait prête à paraître devant le Juge souverain. Devant ce lit funèbre et dans notre indicible douleur, nous évoquons comme un gage d'espoir qui ne sera pas trompé, le souvenir de cette parole du Vicaire de Jésus-Christ qui fut pour notre ami la suprême consolation de sa vie vaillante et généreuse : « C'est un grand et fidèle serviteur de l'Eglise. »

Nous admirerons dans cet homme politique l'esprit de simplicité chrétienne avec lequel il a rédigé la partie de son testament qui concerne sa sépulture :

« J'interdis, pour mon enterrement, et service immédiat ou anniversaire toute autre cérémonie qu'une messe, sans tentures, ni décorations, ni discours quelconque, ne tenant plus dans la profonde sincérité de mon cœur, à aucun autre témoignage de souvenir ou d affection que la prière. »

La prière! c'est le seul bonheur de ce grand chrétien, la seule récompense de ce « fidèle serviteur de l'Eglise », la seule chose précieuse pour lui à la fin de sa carrière, selon cette belle parole d'un autre académicien, M. Legouvé : « *Si j'avais à choisir, je préférerais un homme qui prie et ne sait rien, à un homme instruit et niant Dieu.*

Quelques temps avant sa mort, M. de Falloux avait dit déjà : « Je veux être enterré comme un métayer angevin. »

Il a reçu la satisfaction de ses désirs, et les cultivateurs de l'Ouest, qu'il n'avait cessé de servir par ses écrits comme par ses exemples, se sont rouvés fidèles, en foule, au rendez-vous qui leur était donné le 11 janvier, pour les obsèques au Bourg d'Iré.

*
* *

La vie publique du Comte de Falloux *n'a pu être approuvée par tous les catholiques*. Engagé dès sa jeunesse dans les luttes ardentes et passionnées de la vie politique, il est resté mêlé jusqu'à la fin aux polémiques irritantes qui les ont divisés.

On a dû regretter, en particulier, que dans une circonstance récente, il n'ait cru pouvoir défendre la mémoire de l'illustre évêque d'Orléans qu'en renouvelant lui-même contre ses adversaires des attaques trop semblables à celles dont il dénonçait, avec raison, la violence et parfois l'injustice.

« De la vie et de l'œuvre du comte de Falloux, dirons-nous avec M. Oscar Havard, nous ne voulons plus retenir que ce qui le désigne au respect, à l'admiration, à la reconnaissance des enfants de l'Eglise et de la France.

« Français il demeura constamment fidèle à la cause française par excellence, celle de la monarchie traditionnelle.

« Catholique, il a aimé l'Eglise, il a gardé la foi, il a servi avec passion la liberté des âmes, il a attaché son nom à la loi la plus bienfaisante qui soit sortie de nos assemblées législatives depuis cent ans. Certes, il n'en a jamais revendiqué l'honneur pour lui seul; mais il est également injuste de contester qu'il n'ait joué le rôle principal et décisif dans toute œuvre collective, celui qui implique la responsabilité. Quand on lui reproche son libéralisme, on oublie que la loi de 1850, à côté de la liberté de l'enseignement, proclamait l'obligation universelle de l'instruction religieuse, faisant ainsi pénétrer les salutaires influences de la religion dans l'enseignement général de la société, selon les propres paroles de son auteur. Si lui-même dans l'entrainement des controverses a paru parfois mettre au premier rang les intérêts de la liberté, l'équité oblige de se souvenir que, dans l'œuvre capitale, l'œuvre la plus réfléchie de sa vie, il a fait passer avant tout les droits de la vérité.

« D'ailleurs, la haine de nos ennemis a rendu au législateur de 1850, le plus bel hommage qu'il pût obtenir. « Encore quinze ans de la loi Falloux, a dit M. Challemel-Lacour, et la France nous échappait. » Les législateurs de 1882 y ont mis bon ordre, mais les catholiques doivent apprendre par là le devoir de gratitude, qui les lie envers l'homme d'Etat que nous avons perdu.

M. de Falloux avait les grandes qualités de l'écrivain, clarté, noblesse, élégance, et les grands dons du polémiste, promptitude, véhémence, ironie. Jusqu'à la fin ses amis l'ont applaudi, ses adversaires l'ont redouté, tous l'ont respecté. »

FÉBURIER

LITTÉRATEUR

(1807-1873)

> « Il était riche, intelligent, instruit des choses de l'esprit et de l'art... Un jour, je lui dis : cela vous ferait donc plaisir si je me convertissais ?... Ses yeux se remplirent de larmes. »
> (L. Veuillot.)

Né en 1807, cet homme d'intelligence et de foi a fait beaucoup de bien partout où il a passé, de sorte qu'on peut lui appliquer ces paroles dites du Sauveur : *Pertransiit benefaciendo*, il a passé en faisant le bien. Son principal mérite est que son aumône ne se bornait pas aux besoins matériels, mais surtout à ceux de l'âme. C'est l'une de ces âmes, qui lui a dû en partie sa conversion, qui va nous faire connaître cet homme de bien.

L. Veuillot a écrit à son sujet la délicieuse page que voici :

« Mardi dernier, 28 octobre, a été enterré au milieu des regrets, des bénédictions et des larmes, un homme qui n'a pas eu d'emploi, ni de grade, ni de décoration d'aucun genre; dont on pourrait dire qu'il n'a rien fait et qu'il n'a pas eu de nom, mais qui laissera pourtant une estime et une affection impérissable à ceux qui l'ont connu.

Il était riche, intelligent, instruit dans les choses de l'esprit et de l'art, d'une sérénité charmante, d'un cœur élevé, d'une grande et généreuse sagesse. Il n'a jamais caché qu'il était honnête homme, et il est arrivé à soixante-dix-ans sans se faire un ennemi; il s'est préservé des affaires et de l'oisiveté; il a trouvé le secret de vivre pour lui-même en se donnant aux autres.

Il se nommait Féburier; ses intimes disaient : le *bon Féburier*. Le secret de sa vie heureuse et utile a été d'aimer Dieu, d'être humble et de se dévouer aux pauvres, c'est-à-dire à ceux qui ignorent ou qui oublient la vérité. Il y a des pauvres plus pauvres que ceux qui manquent de pain. Le bon Féburier était un frère à ceux-là comme aux autres. Aux uns il donnait les soins de l'amitié, aux autres il partageait sa fortune. Tout à tous, et à Dieu et à l'Eglise toute sa vie et tout son cœur. *Pertransiit benefaciendo*; rien ne le peint mieux que cette parole, et sa belle et douce vie en était le commentaire plein de lumière. Partout où l'on rencontrait Féburier, on sentait que cet homme était sur son chemin céleste; il le sentait lui-même, avec une sereine allégresse il portait la bonne odeur de Jésus-Christ.

« Je l'ai connu : je suis de ceux à qui Féburier a donné plus que du pain. J'étais encore enfant; il venait de faire un premier voyage de Rome, qu'il renouvela à peu près chaque année de sa vie. Son compagnon en avait écrit une relation, et il me la donna à copier. Je pense bien qu'il voulait me faire gagner quelque chose, car ma pauvreté était grande. Ce fut la première peinture que j'eus de l'Italie et le premier rayon de cette étoile de Rome, qui devait tant luire dans mon esprit et dans mon cœur. Cependant alors ni le compagnon de Féburier, ni lui-même n'avaient vu la vraie beauté de Rome. Il n'était qu'un jeune homme riche, bien fait et bien né, occupé de ses honnêtes plaisirs.

Mais il avait une sœur plus âgée que lui, qui le voyant libre et sans Dieu, s'était enfermée à la Visitation pour obtenir qu'il ne se perdît pas. Elle lui laissa son bien, ne parla qu'à Dieu, et Dieu lui donna l'âme de son frère. Beaucoup sont chrétiens, et je suis du nombre, par le sacrifice de cette femme inconnue.

*
* *

« Quand je revis Féburier quelques années plus tard, il était converti. Alors, avec un ami qu'il avait déjà convaincu, il me dit quelques mots. Hélas! je n'écoutai guère, et pourtant je n'oubliai pas.

« Cette germination de la parole de foi est lente mais qu'elle est puissante!

« Enfin, un coup de providence tout à fait inattendu me conduisit à Rome, ou plutôt m'y jeta. Féburier s'y trouvait. Nous demeurions sous le même toit, avec l'ami commun qui nous avait liés.

C'est toujours un bonheur de demeurer à Rome. Dans ce temps-là, à mon âge, dans cette compagnie c'était un ravissement.

« Mon incrédulité déjà bien ébranlée et qui ne se sentait pas forte, combattit peu. Elle disputait encore, vaille que vaille, contre l'argumentation ardente de mon ami, le premier vaincu de Féburier; elle ne pouvait rien contre la douceur de celui-ci et contre le silence affectueux de sa jeune femme. Ils nous conduisaient dans les églises de Rome, dont il me contaient les souvenirs; que de flèches je recevais partout sans songer à me défendre ! Je voyais leur prière et je savais qu'ils priaient pour moi.

« Un jour à Saint-Pierre, je m'agenouillai pour mon compte, et je dis en sortant à Féburier :

« Cela vous ferait donc bien plaisir si je me convertissais ?

« Ses yeux se remplirent de larmes. Après trente-cinq ans, je vois encore ces larmes; elles m'ont éclairé la beauté de l'âme chrétienne. Que ne leur dois-je pas ?

« Féburier a toujours mené cette vie de prière et de bienfaits délicieux : il était un exemple rare de la paix même extérieure et du bonheur sans nuage et sans ennui de la vie chrétienne, par la grande sagesse que lui communiquaient les lois de Dieu fidèlement observées. Cet état de force constante et de constante allégresse était le fruit d'une vigilance soutenue. Il ne se proposait pas d'être heureux, mais d'être chrétien, et il a été heureux parcequ'il *a été chrétien*. Il voulait qu'on fût heureux autour de lui, heureux dans ce monde et dans l'autre.

« A Rome, il avait ses pauvres des deux espèes et il ne les perdait pas de vue. Il en avait ailleurs encore. Il faisait des charités intelligentes, il en faisait de royales; mais je veux me taire de cela. Quand il donnait si largement, et au-delà de sa situation, il croyait ne rien faire ; il semblait considérer que c'était seulement ayer de ses mains et non de sa personne et de son cœur. Je me sens plus disposé à le louer d'avoir été heureux par sa vertu. Je dirais volontiers que cette éminente vertu a été d'être heureux et estimé, pour son compte, que les roses ici-bas sont plus précieuses que les pommes de terre.

« C'est pourquoi il était si constant pèlerin de Rome et de l'Italie, mais de Rome surtout. Quand le temps lui manquait, il allait et revenait par le chemin le plus court, pour rester davantage à Rome.

« Rome était à lui plus parfaitement peut-être qu'à aucun de ceux qui ont pu y faire de longs et amoureux séjours. Aucune beauté religieuse, ou historique, ou des arts ou du sol ne lui était ignorée. Il en jouissait délicieusement. Il savait les voir, les découvrir et les montrer ; il montait de là aux beautés éternelles; il est arrivé sans cesser d'être ravi du chemin, surpris par la mort, mais ne l'ayant jamais perdue de vue.

« Rien n'a manqué des félicités de la terre à ce sage aimable et pieux. Une compagne, une aide semblable à lui, digne de le pleurer et assez généreuse chrétienne pour subir, sans murmurer, la douleur de la séparation, reste pour une courte veille auprès de sa tombe. Elle élève pour lui la prière qui accomplit les bonnes œuvres et répare les omissions possibles de la plus droite et innocente vie. »

FERRONNAYS (de La)

PAIR DE FRANCE, AMBASSADEUR, MINISTRE.

(1783-1842)

> « Ma raison, soumise par la grâce, ne demande plus compte de ce que je crois ; je crois tout simplement et je trouve qu'il est doux et bon de croire ce qui ne commande que le bien et ne permet que le bonheur. »
> (De La Ferronays)

M. A. Rio, dans son *Epilogue de l'art chrétien*, nous a fait connaître le comte Auguste de La Ferronnays. Nous lui empruntons les détails suivants sur cet homme politique.

Le comte Auguste de *La Ferronnays*, descendant d'un compagnon d'armes de Bertrand Duguesclin avait dans sa personne, dans son âme et dans son caractère tout ce qu'il fallait pour justifier cette descendance et cette origine bretonne. Forcé d'émigrer pendant la Révolution française en Allemagne, son séjour à l'étranger ne fut favorable ni à son progrès intellectuel, ni à son progrès moral. Mais au point de vue de l'honneur militaire, l'émigration française en ce pays avait été pour lui une excellente école, et il en avait rapporté des aspirations belliqueuses, qu'il fut plus d'une fois sur le point de satisfaire. Beau, brillant, brave et intelligent, il portait dans son cœur, à son front, et dans toute sa personne les qualités du vrai gentilhomme français.

Jusque vers 1837 son bagage religieux était assez léger. Sa dévotion se bornait à répéter chaque jour une courte prière à la sainte Vierge, que sa mère lui avait apprise à balbutier sur ses genoux et qu'il avait redite à travers toutes les distractions de la guerre et des plaisirs, et en dépit de tous les obstacles. Mais il y avait d'autres âmes plus familiarisées avec Dieu que la sienne qui priaient pour lui, et auxquelles leur sublime résignation donnait presque le droit d'être exaucées.

M. de La Ferronnays fut, en 1828, ministre des affaires étrangères, puis ambassadeur en Russie, où il eut occasion de faire apprécier ses qualités. Sa loyauté et ses bonnes manières avaient triomphé du caractère de l'empereur Nicolas, qui le traitait en ami. Mais la révolution de Juillet l'obligea à rentrer dans la vie privée, quoique sans fortune et chargé de plusieurs enfants.

Il répondait alors à une personne qui le félicitait à cette occasion de son noble désintéressement :

« Votre admiration pour ma conduite est sans motif..... Mon premier besoin est toujours de marcher tête levée, même devant nos ennemis ; je mourrais s'il se pouvait trouver un seul homme dans le monde qui se crût en droit de me faire baisser les yeux. »

Ces fières paroles donnent une idée de son beau caractère.

Il se retira avec sa femme près de Naples, à Castellamare, où le calme et la solitude si favorables aux réflexions sérieuses, loin des préoccupations diplomatiques, produisirent de salutaires impressions sur une âme naturellement chrétienne. On pouvait remarquer déjà, dans ses conversations, le travail de la grâce sur ses sentiments qui se modifiaient chaque jour.

C'est ainsi que Dieu se sert souvent de l'épreuve pour ramener à lui les âmes fortes. D'autres malheurs, et surtout la mort de son fils Albert, vinrent encore perfectionner sa résignation, et y ajouter ce je ne sais quoi d'achevé que le malheur donne à la vertu.

A Castellamare, la prière se faisait chaque soir en commun dans sa maison. On la terminait parfois par un cantique composé par l'abbé Gerbert. Voici celui que M. Rio entendit chanter par la voix pure des trois filles de La Ferronnays et dont l'impression ne s'est jamais effacée de lui :

La nuit, la sombre nuit s'étend sur nos demeures,
Mais pour un cœur qui prie est-il de sombres heures?
   Venez, amis, pleins d'un céleste espoir,
   Faire avec nous la prière du soir.

Dans cette triste vie où tout se décolore,
Si de quelque bonheur vous espérez l'aurore ;
   Venez encore, pour garder cet espoir,
   Faire avec nous la prière du soir.

Quand, aux jours douleureux, la nuit se fait dans l'âme,
Quand la joie en vos cœurs laisse mourir sa flamme,
   Ah! revenez, pour retrouver l'espoir,
   Faire avec nous la prière du soir.

Quand votre dernier jour s'éteindra sur la terre,
Ne regrettez pas trop la céleste lumière,
   Et ne songez, pleins d'un meilleur espoir,
   Qu'à bien finir la prière du soir.

            * *
             *

Ecoutons maintenant le comte de La Ferronnays confesser à Dieu sa longue indifférence de près de cinquante ans :

« Pendant près d'un demi-siècle, j'ai volontairement fermé les yeux, pour ne pas voir, et bouché les oreilles pour ne pas entendre. Esclave du démon, je sacrifiais à cet esprit de ténèbres, je lui livrais mon repos, ma vie, ma conscience, mon âme, mon salut. Méconnaissant vos bontés, ô mon Dieu, repoussant la main qui voulait me sauver, et comme acharné à ma propre ruine, je me plaisais à entasser offenses sur offenses, outrages sur outrages; la masse de mes iniquités, s'élevant comme une montagne immense jusqu'au trône de votre justice, semblait la braver et provoquer vos vengeances. O mon Dieu, jamais, non jamais, aucun de vos enfants ne fut aussi ingrat ni plus coupable que je ne le fus envers vous. Et lorsqu'enfin, rassasié des jouissances empoisonnées du monde, épuisé de lassitude et de dégoût, les glaces de l'âge sont venues me donner un premier avertissement des approches de la vieillesse et de la mort; lorsque des pensées sérieuses et un commencement d'inquiétude sont venus agiter mon âme, alors, mon Dieu, épouvanté de moi-même, j'ai cru que l'heure du pardon était passée, que des remords, si tardifs et nécessairement si incomplets, ne pouvaient plus désarmer votre colère; j'allais ajouter à mes offenses celle de douter de votre miséricorde, si, prenant pitié de ma misère, vous n'aviez envoyé à mon secours un guide, un consolateur, qui, soutenant mon courage, m'a précipité à vos pieds, m'a appris à mieux vous connaître, à demander grâce et à espérer. »

Ne croirait-on pas lire quelque page des *Confessions de saint Augustin*? Mais nous avons d'autres détails sur sa conversion et le combat intérieur qui la précéda.

« Les réflexions que j'ai eu le temps de faire, dit-il, pendant la durée de mon long et solitaire voyage ont enfin porté quelques fruits. En arrivant à Paris j'étais convaincu, décidé; cette résolution, cette conviction ne sont pas l'effet de l'entrainement ni de la précipitation. Ce n'est pas non plus l'éclat d'une lumière capable de m'éblouir qui m'a ouvert les yeux... Toutes les vives émotions que j'ai successivement éprouvées sont venues de moi, je n'y ai cédé qu'après les avoir combattues; le vieil homme a voulu se défendre, et la lutte a été vive et longue... J'ai passé plusieurs jours dans un état violent et pénible; puis tout à coup, sans que je sache vous dire ni comment ni pourquoi, je me suis senti tranquille, presque heureux, comme si quelque chose de doux et de calme était descendu dans mon âme : c'était sans doute l'espérance. Je me suis rappelé qu'elle était permise, qu'elle était même prescrite comme devoir, et que le pardon était promis au coupable repentant. J'ai béni, j'ai remercié le Ciel de m'avoir envoyé le remords, et avec lui l'espérance de la foi... J'ai eu ensuite une longue entrevue avec votre *ami*. J'ai voulu que l'homme connût l'homme avant que le juge écoutât le coupable; je lui ai raconté toute l'histoire de ma criminelle vie, et je vous jure que je l'ai fait avec sincérité et sans aucune envie de me disculper. J'éprouvai une sorte de bien-être à faire ces confidences sans les mettre sous la garantie du secret : en me livrant ainsi, il me semble que j'expiais quelque chose. Après ces aveux faits à l'homme, il ne m'a été ni pénible ni difficile de les répéter aux pieds du juge qui a reçu la noble mission, le consolant pouvoir d'absoudre et de pardonner. Ma vanité habituelle a voulu cependant un moment se révolter ; un meilleur sentiment l'a surmontée, et j'ai l'espoir que Dieu, qui lisait au fond de mon cœur, a vu mon repentir sincère. Voilà, mon ami, où j'en suis, depuis dix jours. Ma raison, soumise sans doute par la grâce, ne me demande plus compte de rien de ce que je crois, mon esprit ne se perd plus en de vaines analyses, je crois tout simplement, et je trouve qu'il est doux et bon de croire ce qui ne commande que le bien et ne permet que le bonheur. »

.˙.

Ce fut là, continue un de ses amis, une grande et solennelle époque dans la vie du comte de La Ferronnays.

Cette résolution prise une fois, il la suivit, il poussa jusqu'au bout, en ligne droite : rien ne put l'arrêter, ni faire fléchir son courage.

Il crut, et dès ce jour, toutes les actions de sa vie s'élevèrent à la hauteur de sa foi. Les terreurs du respect humain, d'ordinaire si fatalement puissantes sur les hommes qui se sont trouvés mêlés aux grands mouvements des affaires publiques, n'approchèrent jamais de son noble cœur.

Il y avait trop de bonheur et, selon lui, trop

d'honneur à posséder la vérité catholique pour ne pas marcher la tête haute à sa divine lumière. Certes, c'était une grande et noble nature que celle du comte de La Ferronnays, mais le christianisme pratique, en le pénétrant de sa vie puissante, en avait doublé la noblesse et la grandeur.

Comme il sait apprécier le rôle de la religion dans le malheur ! « Que demander aux hommes et que peut-on attendre d'eux dans les grandes crises de l'âme? La religion seule, et toujours elle, sait dire les mots que le cœur déchiré a besoin d'entendre; seule, elle a le droit et le pouvoir de faire couler les larmes sans trop d'amertume; seule, elle peut oser parler d'espérance à côté du désespoir; seule, aussi, elle peut promettre l'avenir à ceux qui n'ont plus de passé ni de présent... Oh! que je plains ceux qui souffrent, et sont assez malheureux pour conserver des doutes sur ces grandes et consolantes vérités! Chaque fois qu'une douleur nouvelle vient assaillir le cœur, qu'il doit être triste de ne savoir de quel côté tourner ses regards, et d'être obligé de rester seul aux prises avec le malheur et le désespoir! L'âme chrétienne, au contraire, trouve toujours un sûr refuge au pied de la croix; elle vient y répandre ses larmes, raconter ses douleurs, puiser la force et le courage de la résignation, qui serait impossible sans la foi qui donne l'espérance... »

6.

.

Quelles sublimes paroles il laisse tomber sur un grand personnage arrivé, chargé de honte, aux dernières limites d'une vie de désordres :

« Cette tête autrefois si haute, si insolente, maintenant courbée sur la tombe ; ce grand spirituel, méchant et toujours libertin, aujourd'hui morne, éteint, hébété ; toute cette lente et humiliante décomposition d'une organisation dont on fut si fier et dont ont abusa si effrontément : voilà des leçons! Eh bien! mon ami, cette décrépitude, cette mort morale, cette fin presque rebutante d'une vie scandaleuse, le monde s'en dégoûte, s'en écarte avec horreur, avec mépris ou pitié!

« *Mais Dieu est là*! Il ne juge pas comme le monde! d'un mot, d'un regard, il relève, il régénère, il sanctifie cette âme égarée; et celui que nous regardons avec tant de dédain, avec une pitié si souvent insultante, s'il a pu élever une fois son cœur et ses yeux vers le ciel, cet homme si fini a peut-être déjà sa place marquée là-haut. Encore quelques jours de souffrances et d'humiliations, et peut-être ce sera lui qui nous regardera en pitié!

« Voilà pourtant ce que notre sublime religion nous oblige de croire; et ces gens vous disent que c'est une niaiserie! Ils tuent, ils flétrissent et vous livrent au néant! Voilà ce qu'on nomme philosophie, amour de la sagesse! »

En aucun temps, l'éclat des grandeurs, ni la gloire

d'un rôle important dans les conseils où s'agitaient les destinées de la France et de l'Europe n'avaient tenté l'ambition de M. de La Ferronnays.

Le jour même de sa nomination au ministère des affaires étrangères, il écrivait : « Mon ami, je suis bien triste et bien malheureux ! Malgré toutes mes résolutions, j'ai accepté cette terrible place. J'aurais résisté peut-être aux ordres du roi ; j'ai cédé à sa tristesse, à sa bonté, et me voilà enchaîné. Vous lirez ce matin ma sentence dans le *Moniteur*, et vous pourrez dire que dans ma nouvelle position qui sera si enviée par tant de monde, il n'y a pas d'homme en France qui se trouve plus à plaindre et plus malheureux... Si jamais on vous dit que je suis un ambitieux, que j'aime ce qu'on nomme les honneurs, l'importance des places, enfin toutes ces niaiseries humaines pour lesquelles on se bat et l'on bouleverse les empires, pressez-vous bien vite de dire que l'on a menti. »

Jamais il n'a mieux compris le prix du temps que depuis sa conversion : « A mon âge et avec un terrible passé, les minutes sont d'un prix immense, on redoute tout ce qui peut détourner ou dénaturer l'emploi d'une seule de ces minutes précieuses. J'ai perdu tant de temps, que tout ce qui peut m'arrêter ou me faire reculer peut me mettre dans le cas d'être surpris avant d'être arrivé. Tout cela n'est sérieux que pour moi ; les politiques de salon et les rédacteurs de journaux n'y pensent guère, et en me poussant comme ils le font, il leur importe peu où je tomberai. *Mais il m'importe, à moi!* Aussi ils peuvent être sûrs qu'à moins que je ne me sente convaincu de la volonté de Dieu, aucune considération ne me fera céder. »

.*.

C'est à Rome que devait finir cette noble existence, à Rome dont La Ferronnays avait écrit :
« Pour une âme catholique, Rome n'est que Rome catholique ; c'est le pays des souvenirs catholiques, des miracles catholiques, des méditations, des inspirations, des espérances catholiques. Ici, la foi se raffermit ; ici, le catholique soulève en quelque sorte un coin du voile qui couvre les sublimes mystères de notre admirable religion ; ici, l'âme catholique pénètre d'une vue claire et distincte le néant de toutes les grandeurs du monde, le vide de toutes ses gloires : elle respire l'air calme et pur de l'immuable éternité ! J'ai vu Rome trois fois, lorsque mon cœur était encore glacé par les ténèbres de l'indifférence religieuse ; et comme d'ailleurs je n'étais ni artiste, ni poète, trois fois je me suis mortellement ennuyé, comme je me serais ennuyé d'écouter un discours dans une langue que je ne comprends pas. Cette fois, j'ai le sens qui fait voir, entendre, comprendre, pressentir. Mes journées sont trop courtes ; je suis avide de voir et de savoir ; mon âme est pleine d'émotions religieuses et d'autant plus vives qu'elles sont toutes nouvelles pour moi. Je demande à Dieu qu'il m'accorde la

grâce d'y revenir. Oh! oui, c'est à Rome que je voudrais vivre et *mourir*! »

Et Dieu lui a fait cette grâce. Il est revenu à Rome pour y vivre quelque temps et y mourir.

Le soir d'une brillante fête à l'ambassade d'Autriche, M. de La Ferronnays se disposait à s'y rendre quand tout à coup il se trouve mal. L'abbé Gerbet vient à la hâte, et à quelques questions que lui fait le prêtre, le malade répond : « Oh! oui, je me repens de tous mes péchés. Oh! oui, j'aime Dieu de tout mon cœur! » Et prenant le crucifix, il le presse contre ses lèvres et répète cette simple invocation : « Mon Dieu, ayez pitié de moi ! Sainte Vierge, priez pour moi; venez à mon aide!. »

Il avait eu le bonheur de communier la veille. Après avoir reçu de nouveau l'absolution, son regard calme et serein n'exprime plus que le calme, la paix divine, la joie céleste de son âme : « Comme je suis heureux maintenant, répète-t-il d'une voix éteinte, comme je suis heureux! » Et quelques minutes après, cette âme si belle et si chrétienne paraissait devant Dieu.

Sa mort a fait répandre bien des larmes! Il était si universellement estimé et aimé! Plusieurs prélats, des amis nombreux, d'illustres étrangers, les ambassadeurs de France et d'Autriche, tout ce que Rome comptait de grands personnages ont formé le cortège de ses funérailles.

Mgr Dupanloup a dit de lui : « M. de La Ferronnays est mort au milieu d'un acte d'amour parfait, qui l'a amené à l'instant dans le sein de Dieu. » Il avait épousé une femme protestante : il échangea sa vie contre la conversion de cette âme, et Dieu agréa le sacrifice.

FEUGÈRES

LITTÉRATEUR, MAITRE DE CONFÉRENCES A LA SORBONNE.

(1877)

> « Je crois, j'aime, j'espère. »
> (*Ses dernières paroles.*)

Voici un bon chrétien comme l'Université en produit peu aujourd'hui, Anatole *Feugères*, ancien professeur de rhétorique au collège Stanislas et suppléant de M. de Loménie dans la chaire de littérature française, mort le 2 août 1877, maître de conférences à la Sorbonne.

C'était une belle intelligence, un noble caractère que la mort a ravi trop tôt aux lettres et à la religion.

Un de ses amis, M. Blanchemain a fait sur sa vie un beau livre dont nous le félicitons et auquel nous renvoyons le lecteur (1). Nous lui empruntons l'édifiant récit de ses derniers moments.

(1) Chez Puttois-Cretté, 90, rue de Rennes. Paris.

« C'était la nuit du 1ᵉʳ au 2 août. Tout à coup, vers minuit, le malade s'éveille ; puis doucement, bien doucement, il dit à sa femme : « Ma chère femme, il faut faire ton sacrifice, je vais mourir... vite, envoie chercher le prêtre. »

Et comme la pauvre femme interdite, écrasée, faisait un dernier effort pour le rassurer : « Le médecin, si tu veux, reprit A. Fougère, mais le prêtre, le prêtre d'abord », et il désigna l'ami qu'il fallait appeler.

« Sa femme était rentrée. Il lui fit signe de s'asseoir au pied du lit : « Reste, reste près de moi ; » et ses beaux yeux se fixaient sur elle avec une douceur triste et résignée. Puis l'attirant près de lui : « Je t'ai bien aimée, lui dit-il, et nous avons été bien heureux ensemble. »

Et l'on devinait à ces mots brefs et rapides que tour-à-tour il donnait une pensée affectueuse à tous ceux qui l'aimaient, à tous ceux qui retenus loin de lui, et ignorant encore l'imminence d'un danger que rien n'avait fait prévoir, allaient fléchir sous cette écrasante nouvelle!

Il ne pouvait non plus oublier le petit être déjà chéri que son berceau attendait, et avec ce sentiment paternel qui a le droit en ce moment de s'élever jusqu'à la dignité du prêtre : « Je bénis, dit-il, ce fils que je ne connaitrai pas. »

..... Dieu avait permis que son serviteur, pour ne perdre aucun mérite d'une sainte mort, eût la pleine conscience de son état : « *Oh! ce passage est si terrible, si terrible,* » murmurait-il ; puis presque aussitôt, fixant les yeux sur l'image de la Vierge et lui souriant : « Mais ce ciel, ajoutait-il, est si beau, si beau ! »

Au moment de recevoir le saint viatique, il frappe sa poitrine avec une force qui contraste avec sa faiblesse : « Je crois, j'aime, j'espère ! » s'écrie-t-il avec un accent de foi admirable.

Ce furent à peu près ses dernières paroles, et quelques heures plus tard, il rendait son âme à **Dieu**.

FLANDRIN

PEINTRE DE L'INSTITUT.

(1809-1864)

> « La foi en l'art n'eût pas suffi à soutenir et à inspirer son courage, il fallait aussi la foi en Dieu. »
> (V. FOURNEL.)

Jean-Hippolyte *Flandrin*, né à Lyon, fit ses premières études sous un excellent maître, le peintre Magnin ; il remporta de bonne heure de grands succès et mérita d'être admis à l'Académie de Lyon.

Venu à Paris en 1829, Flandrin avait fréquenté l'école de M. Ingres dont il fut un des meilleurs élèves. En dehors de ses travaux d'atelier, le jeune artiste dut se livrer à de fréquentes études pour acquérir l'instruction dont son enfance avait été privée. Sans parler des Livres saints, il étudiait les poëmes antiques, et se familiarisait avec l'histoire.

Trois années d'étude s'écoulèrent ainsi à Paris, durant lesquelles Hippolyte Flandrin avait épuisé dans son art, tout ce qui pouvait s'apprendre.

A l'école des Beaux-Arts, où il avait été admis dès le mois d'octobre 1829, plusieurs médailles récompensèrent et constatèrent ses progrès. En 1832, pressé par M. Ingres, qui, sûr du talent de son élève, s'était promis cette victoire prochaine, il se présenta au concours du grand prix : reçu le cinquième, il entra en loge.

Le choléra sévissait alors cruellement. Un des concurrents fut emporté. Flandrin lui-même, affaibli par les privations et le travail, fut atteint par l'influence épidémique. A bout de forces, il dut s'arrêter, mais il se roidit, et un suprême effort de courage lui permit de continuer son tableau. Sa pureté de conscience, si rare à cet âge et dans un tel milieu, aidée de sa confiance en Dieu, contribua certainement à soutenir ce courage, ce mépris de toute crainte.

On le voyait chaque jour se traîner, appuyé sur le bras de son frère jusqu'au seuil de l'école, d'où il devait, après tant d'énergiques efforts, sortir enfin vainqueur des autres comme de lui-même : il obtint le grand prix de Rome.

Le voilà donc pensionnaire de France dans la

Ville éternelle, habitant un palais et se perfectionnant à l'école des grands maîtres de l'art chrétien. On pourrait ajouter des choses touchantes, magnifiques sur son séjour à Rome et les impressions religieuses qu'il exprime dans ses lettres. C'est toujours le même cœur, le même amour du travail et la même piété.

« Dans ses grands travaux, dit M. Victor Fournel, Flandrin avait deux inspirations : l'une qui lui venait de ses études et de son talent, l'autre, plus haute encore, qui lui venait de son âme et de ses croyances. Quoi qu'en puisse penser cette école éclectique qu'on voit chaque année, exposer au Salon, des Bacchantes et des saintes Familles côte à côte, il n'est pas inutile de savoir son catéchisme et de lire l'Evangile de temps en temps pour peindre Dieu, la Vierge et les Saints. Pourquoi Flandrin se meut-il si à l'aise dans ces hautes régions de l'art religieux? D'où vient cette émotion si communicative, quoique si continue, cet attendrissement contagieux que le talent seul est impuissant à produire?

« C'est qu'on se sent en présence d'un autre Fra Angélico qui s'est agenouillé devant son œuvre pour demander à Dieu de le rendre digne de lui et qui a éprouvé lui-même les sentiments qu'il inspire...

« Oui, le fils qui écrivait en toute simplicité à sa mère : « Paul et moi nous avons fait hier nos Pâques ensemble; » le frère qui écrivait à son frère : «Souviens-toi que nous sommes convenus de prier tous les soirs les uns pour les autres ; » le père qui écrivait à son fils, en se séparant de lui pour la première fois, ces simples mots que je défie les plus sceptiques de lire sans être touchés d'une émotion secrète : « Mon cher Auguste, mon cher enfant, lorsque tu sentiras quelque tristesse, quelque découragement, ou si, par malheur, quelques mauvais exemples t'étaient donnés, pour prendre courage ou pour fuir le mal, pense à Dieu qui t'a déjà fait tant de grâces, à la sainte Vierge qui te protége, à ta bonne et tendre mère, à ton père dont la bonne conduite et tes succès peuvent faire le bonheur ; » l'artiste, qui avait inscrit à Rome, sur les murailles de son atelier, cette citation du Prophète : « Seigneur, vous m'avez inondé de joie, par le spectacle de vos ouvrages, je serai heureux en chantant les œuvres de vos mains, » et qui plus tard, en décorant l'église St-Paul à Nîmes, plaçait sur le cœur du Christ, en les cachant dans un pli de la draperie les noms de ce qu'il avait de plus cher au monde, Hyppolite Flandrin en un mot était un chrétien que l'éducation de son âme, comme celle de son esprit avait préparé à devenir le régénérateur de la peinture religieuse en France. Même en se bornant à l'appréciation de son talent, il importe d'appuyer sur ce point qui a une grande signification. »

.*.

Il passa cinq années dans la capitale du monde catholique. C'est là que son talent a acquis tout son développement.

Désormais regardé à juste titre, comme le restaurateur de l'art chrétien en France, il épanche dans ses compositions le feu sacré dont il est embrasé. Son tableau de *Jésus et les petits enfants*, est un chef-d'œuvre qui fonda sa haute réputation.

Il la soutint dignement.

Pour s'en convaincre, il faut voir surtout les nombreuses peintures murales qu'il exécuta à St-Germain-des-Prés, à St-Vincent de Paul, à la chapelle St-Jean, dans l'église St-Séverin à Paris, ainsi que dans des églises de Lyon et de Nimes. Sa vie, dit un historien, s'est usée à orner des temples, car il était chrétien avant tout.

« Flandrin, écrit Victor Fournel, va pour ainsi dire passer le reste de son existence sous les voûtes de ces églises transformées par lui en musées de l'art chrétien, sur ces échafaudages où il prolongera souvent le travail du jour jusqu'au milieu de la nuit, à la lueur d'une lampe qui était digne de veiller à côté de celle du sanctuaire, et où, par un miracle d'énergie, il forcera son corps débile à se faire quelquefois pendant quinze heures de suite l'instrument soumis de sa pensée.

Quand l'architecte de la cathédrale de Cologne mourut, épuisé par sa tâche avant d'avoir pu l'achever, il demanda en grâce, raconte la légende, qu'on l'enterrât dans son église pour la voir encore du fond de son tombeau. A la dernière heure, l'âme de Flandrin dut se tourner de même vers ce sanctuaire de St-Germain-des-Prés, dont il n'a pas eu la joie de terminer la décoration, et le monument qu'on lui a élevé sous ces voûtes animées de son pinceau, lui était doublement dû, car si c'est là qu'il a écrit son plus beau titre de gloire, c'est là aussi qu'il a dépensé, en un suprême effort, tout ce qu[l]ui restait de force et de vie. »

Les principales œuvres du grand artiste sont aussi : *Dante conduit par Virgile, St-Clair guérissant des aveugles, St Louis prenant la croix, Napoléon législateur,* tableau commandé pour le Conseil d'Etat. Flandrin a peint également de beaux portraits.

Dans l'intervalle de ses grands travaux, il a fait un *Voyage en Perse* et un *Voyage à Ninive* dans lesquels il a décrit et dessiné des ruines assyriennes et persanes. Son dessin est toujours très pur, sa composition savante et son expression élevée mais contenue. D'autres raconteront plus longuement ses œuvres si remarquables, pour nous, nous ne voulons qu'esquisser son caractère chrétien et sa physionomie religieuse.

*
* *

Deux traits distinctifs brillent surtout dans la

figure de cet artiste : l'esprit chrétien et l'énergie de la volonté appuyée sur la foi.

« Tout l'effort de son génie, a écrit M. de Beaulieu, tendait à fixer sur la toile ses propres aspirations vers le beau et vers le bien, dans la forme comme dans la pensée. L'ardeur de sa foi donnait la vie à ses figures, nimbait ses prophètes et ses martyrs du rayonnement intérieur de son âme et drapait chastement ses vierges dans les longs plis gracieux de leur robe. »

Pendant le terrible hiver de 1829 à 1830, où la Seine rappela la Néva, Flandrin habita sans feu une chambre sous les toits, à peine éclairée par une lampe allumée pour le travail. Sa religion l'empêchait de se plaindre à sa famille: son frère seul fut le dépositaire de ses peines et de sa confiance en Dieu, la prière était sa consolation.

Souviens-toi, écrivait-il, que tous les soirs nous sommes convenus de prier les uns pour les autres. C'est à quoi je ne manque jamais ; je suis bien sûr que notre pauvre maman n'y manque guère. »

Lors de son séjour à Rome, à la villa Médicis, l'artiste chrétien partagea son temps entre ses études de peinture, la lecture et la prière. « Flandrin, dit un biographe, comme tous les esprits supérieurs, possédait la compréhension des vérités abstractives et des vérités rationnelles; la méditation des Livres saints, dans laquelle il cherchait ses inspirations d'artiste et retrempait sa foi de chrétien, développa la perception et le sentiment qui se transformèrent peu à peu et devinrent certitude et délicatesse.

« Sa maladie seule interrompit souvent l'œuvre commencée; tantôt l'excès du travail, tantôt la fièvre, surtout pendant la dernière année, condamnèrent à l'inaction le peintre laborieux. Mais quelle que fût l'acuité de ses souffrances, la main de Flandrin ne trahit jamais sa volonté. L'œil le plus malignement exercé ne put reconnaître aucune défaillance sur tel morceau abandonné, repris, repris encore après les accès de fièvre et de névralgies...

« Souvent blessé, jamais abattu, Flandrin reprenait aux sources fécondes de la famille et de religion de nouvelles forces pour chaque œuvre nouvelle. Sa foi de chrétien pénétrait sa foi d'artiste, et ne s'affirmait jamais que par la mansuétude et le désir d'être utile. Lui, si avare de son temps, le dépensait sans songer lorsqu'il s'agissait de s'employer pour ceux qui s'adressaient à lui pour solliciter des travaux, et comme *Celui* qu'il ne peignit si bien que parce qu'il vivait de son esprit, on peut dire que Flandrin passa *en bien faisant*...

« Suivant les paroles éloquentes de l'évêque de Nimes dans sa lettre circulaire sur la mort du peintre :

« Flandrin contemplait dans la lumière éternelle ce Christ, ces anges, ces martyrs, ces vierges dont sa palette a laissé de si belles et de si chastes images. »

Ame angélique et cœur fort, il est la dernière et lumineuse expression de l'art chrétien dans notre siècle athée. Frère de Giotto et de Cimabué, il les surpassa par la science, comme il surpassa Raphaël lui-même dans l'expression de la pureté et de l'idéal séraphique, parce qu'il les portait en lui comme Eustache Lesueur et Fra Angelico. Son talent fut une vocation, et tout ce qui porte en soi l'amour du beau salue dans le peintre des cathédrales le dernier maître de l'art religieux des temps modernes, art qui va maintenant détournant les yeux d'en haut pour chercher au plus bas des foules un modèle pour son christ humain et pour ses vierges naturalistes (1). » — Sur la fin de sa vie, Rome qu'il avait tant aimée le rappela dans ses murs. Il y retourna avec sa jeune famille que le Pape bénit d'une bénédiction spéciale. C'est là que Flandrin termina dignement sa belle et laborieuse carrière le 24 mars 1864.

(1) C. de Beaulieu.

FLEURY (Rohault de)

ARCHITECTE DE L'ÉTAT, ARCHÉOLOGUE

(1801-1875)

> « Comme on le suppliait pendant sa dernière maladie de prendre quelque repos, il répondit · Jamais sur la terre; nous sommes ici-bas pour travailler. J'aurai le ciel et l'eternité pour me reposer. »
>
> (J. CHANTREL).

Au mois de septembre 1875, la France catholique et artistique a fait une grande perte en la personne de M. Charles Rohault *de Fleury*. Né à Paris, il entra en 1820 à l'école polytechnique, et à sa sortie dans un rang distingué, il s'essaya à la sculpture. Son père artiste de goût et de talent, grand prix de Rome lui avait légué la passion des beaux-arts. Il abandonna de bonne heure la sculpture pour se livrer à l'architecture où il excella. Ses sentiments religieux excercèrent une heureuse influence sur son génie et ses travaux.

C'était un de ces chrétiens de grande race, en qui la haute culture de l'esprit, les fermes qualités du caractère s'associent à une profonde et solide piété.

Parmi les œuvres d'art et d'érudition chrétienne

(1) C. de Beaulieu. *Illustrations du XIXe siècle*.

auxquelles M. Rohault de Fleury consacra les dernières années de sa vie, se place au premier rang son ouvrage si remarquable sur les *Reliques de la Passion* de Notre-Seigneur, in 4°, publié en 1870 et approuvé par le Saint-Père. L'aimable et doux Pie IX, trouvant cette œuvre vraiment magistrale à l'Exposition des objets d'arts de Rome, la feuilleta devant tout le monde en disant qu'il l'avait déjà lue. Il loua l'esprit de critique qui avait présidé au travail, et ajouta : « *Il démontre tout cela à la façon d'Arago.* »

Cette première œuvre fut bientôt suivie d'une seconde, d'une portée plus générale. M. Rohault de Fleury, dans une étude archéologique sur l'Evangile, démontra par les monuments que nos croyances actuelles sont conformes à celles des âges apostoliques. Il joignit aux recherches historiques une concordance, œuvre de patience et d'humilité.

Ardent, infatigable, comme toutes les grandes âmes, M. Rohault de Fleury poursuivait ses études favorites au milieu même des cruelles épreuves dont la divine Providence se servait pour embellir la couronne de son serviteur. C'est ainsi qu'il a recueilli et laissé un grand nombre de notes précieuses sur l'histoire archéologique de la messe, et surtout il se dévouait à un immense *Recueil historique* sur la sainte Vierge. Il a laissé ce dernier ouvrage presque terminé lequel renferme plus de 150 planches, où l'on trouve réunis les plus anciens monuments dédiés à Marie dans les douze premiers siècles. Pour lui, cette œuvre était une prière. Depuis cinq heures du matin jusqu'au soir il ne l'abandonnait jamais. Les derniers jours de sa maladie, il y faisait encore travailler devant lui toute la journée. « Quelques heures seulement avant de mourir, dit M. J. Chantrel, il a cessé de s'en occuper, pour se préparer à continuer au ciel son hymne à la Mère de Dieu. Lorsqu'on le suppliait de prendre un peu de repos il se plaisait à répondre : « Jamais sur la terre; nous sommes ici pour travailler. J'aurai le ciel et l'éternité pour me reposer. »

C'est dans ces sentiments de religion qu'il quitta cette terre.

FOISSET

MAGISTRAT, LITTÉRATEUR

(1800-1873)

> « Il fut l'ami et l'historien d'Ozanam, du Père Lacordaire, et de Montalembert. »

En 1873, la mort enlevait aux lettres chrétiennes M. Foisset, magistrat, littérateur et historien. Né à Bligny-sous-Beaune (Côte-d'Or), le 5 mars 1800, il étudia le droit et devint conseiller à la cour impériale de Dijon en 1850. Il remplit dignement ses honorables fonctions, mais se sentant du goût pour les lettres, il se retira de la magistrature, et s'adonna à l'étude des questions historiques dans leur rapport avec la religion.

Il a publié d'abord : *Eloge historique de Louis de Bourbon* couronné par l'Académie de Dijon, puis une *Etude sur le président de Brosses*, une *Histoire de Jésus-Christ* et plusieurs autres livres fort goûtés des hommes religieux et intelligents. Collaborateur de la *Biographie Michaud*, il fut un des signataires de la réplique à M. Dupin, intitulée : *De l'Eglise et de l'Etat*.

Admis dans l'intimité des hommes célèbres de son temps, M. Foisset a consacré la dernière partie de sa vie à faire connaître les grands caractères qu'il a connus si parfaitement; Ozanam, le P. Lacordaire, de Montalembert ont eu en lui un historien digne de l'amitié qu'ils lui avaient vouée. Il avait achevé la vie du P. Lacordaire et allait terminer celle de Montalembert lorsque la mort le surprit la plume à la main.

Il a terminé sa vie dans les plus beaux sentiments de piété.

FONSSAGRIVES (D^r)

MÉDECIN EN CHEF DE LA MARINE,
MEMBRE CORRESPONDANT DE L'ACADÉMIE,
DE MÉDECINE.

(1884)

> « C'était un savant, doublé d'un solide chrétien ; il a su toujours affirmer et faire respecter sa foi. »
> (*Cosmos*)

L'éminent professeur de la faculté de médecine de Montpellier, le docteur *Fonssagrives*, est mort subitement près d'Auray, en Bretagne, au mois de novembre 1884.

« C'était un homme d'une grande valeur, un savant doublé d'un solide chrétien qui sut toujours affirmer et faire respecter sa foi (1). »

D'abord médecin de la marine, il avait été nommé, en 1853, médecin professeur à Brest. Il était premier médecin en chef depuis 1856, et fut maintenu comme tel, quand, en 1864, il fut nommé à la chaire d'hygiène de la faculté de Montpellier, et bientôt chargé de la chaire de thérapeutique et de matière médicale.

Avant son arrivée à Montpellier, son livre sur l'hygiène navale avait attiré déjà sur lui l'attention du monde savant et rendu son nom populaire dans toute la marine. Ses nombreuses publications sur

(1) *Cosmos.*

toutes les questions qui intéressent la santé publique, lui avaient ouvert les portes de l'Académie de médecine. Les mères de famille n'oublieront pas ses conseils si bien résumés dans son *Dictionnaire d'hygiène*.

Mais le renom, que ce maître consommé dans l'art de guérir s'était acquis, ne tenait pas seulement au succès de ses publications, mais à l'incessante sollicitude que son ardente charité lui faisait apporter dans l'exercice de sa noble profession. Il donnait à ses malades toutes les ressources de sa haute intelligence, de sa religion et de son cœur. De quels soins délicats, vigilants, il savait les entourer! Comme il s'entendait à relever, à soutenir leur moral! Souvent même, si la gravité du mal était extrême, il passait la nuit entière à leur chevet, et dans ce duel palpitant qu'il engageait en quelque sorte avec la mort, il forçait parfois son terrible adversaire à abandonner une proie imminente; et quand il devait s'avouer vaincu, il ne croyait avoir accompli tout son devoir qu'en assurant les secours religieux à ceux qui n'avaient plus rien à espérer de la science humaine.

Ainsi sa religion ne restait pas inactive et il savait être apôtre au besoin auprès de ses malades indifférents ou impies. Les pauvres eux-mêmes avaient une grande part dans son zèle. On le voyait franchir, d'un pas alerte, les étages les plus élevés pour visiter la mansarde, et y apporter, avec l'aumône matérielle, des paroles d'affectueuse sympathie qui en rehaussaient la valeur. Ce lettré si érudit, si éloquent, qui savait captiver l'attention des plus doctes assemblées, ne dédaignait pas de communiquer les fruits de ses labeurs à de simples ouvriers.

Mais c'est surtout dans son intérieur, que se révélait toute la bonté que sa piété avait déposée dans son âme. Associé à une compagne digne de lui, telle que la femme forte et gracieuse louée par l'Ecriture, et dont d'Aguesseau disait qu'elle est *la plus haute récompense qu'un homme de bien puisse recevoir ici-bas*, il y avait trouvé les joies les plus douces et les plus durables. Il aimait à y recevoir les amis que le charme de son commerce, la sûreté de ses relations, et la reconnaissance des services rendus lui avaient attirés dans les diverses étapes de sa laborieuse carrière.

Dieu lui avait accordé des enfants dont la culture intellectuelle et morale était le principal objet de ses sollicitudes, et dont les regrets devraient être inconsolables si la tombe était le dernier terme de nos destinées. Mais cette séparation deviendra moins cruelle par le ferme espoir qu'un père si plein de charité pour Dieu et pour ses semblables est allé recevoir du souverain Rémunérateur la récompense de ses œuvres et de ses vertus

FONTANES (de)

GRAND-MAITRE DE L'UNIVERSITÉ, DÉPUTÉ, SÉNATEUR.

(1757-1821)

> « Toutes les pensées irréligieuses sont des pensées impolitiques ; tout attentat contre le christianisme est un attentat contre la société. »
>
> (DE FONTANES).

Louis *de Fontanes*, poète et homme d'Etat, né à Niort, se rendit, jeune encore, à Paris, où il publia quelques poésies.

Adoptant les principes de la Révolution, il en repoussa les conséquences et prit part à la rédaction du journal *le Modérateur*. Après le 18 brumaire, il fut chargé par le premier consul de prononcer dans l'église des Invalides, alors temple de Mars, l'éloge funèbre de Washington, et y déploya un talent qui lui valut la bienveillance de Bonaparte. Dès ce moment s'ouvrit pour lui la carrière des dignités. Membre du Corps législatif en 1801, il en devint président, et quand l'Université fut reconstituée en 1808, l'Empereur l'en nomma grand-maître. Il fut appelé au Sénat en 1810. Il fit refleurir les bonnes études et favorisa la religion. De Fontanes fut un orateur plein d'élégance, un poète remarquable surtout par la pureté et l'harmonie du style, quelquefois aussi par la grâce mélancolique du sentiment. A défaut de génie, il excella dans l'imitation et on l'a nommé ingénieusement le dernier parent de Racine.

« Dans sa jeunesse, dit l'abbé Saillard, Fontanes avait connu d'Alembert. Il alla le voir un jour, le trouvant malade et sans espérance, il adressa ces mots au philosophe incrédule :

« Actuellement, Monsieur, que pensez-vous d'une autre vie? D'Alembert, laissant tomber sa tête sur sa poitrine, et mettant en même temps la main sur le bras de Fontanes, lui répondit :

« — Jeune homme, je n'en sais trop rien. »

Deux jours après, revenant chez d'Alembert, Fontanes rencontra Naigeon (autre philosophe) qui lui dit : « Il est mort, et il en était temps, car il aurait fait le plongeon. »

« Ces étranges paroles, dit Roger, frappèrent vivement Fontanes et ranimèrent en lui les sentiments religieux que sa première éducation avait déposés dans son âme. Emporté par le tourbillon du monde, il avait une foi peu agissante et pourtant une foi sincère. Il affectionnait singulièrement ceux de ses amis qui avaient le plus de religion. Il avait dit à Pie VII dans l'audience de Fontainebleau : « Toutes les pensées irréligieuses sont des pensées impolitiques ; tout attentat contre le christianisme est un attentat contre la société. »

Lorsque l'abbé Duvoisin (depuis évêque de Nantes) publia vers 1802, sa *Démonstration évangélique :* « Je conçois, dit Fontanes, qu'on puisse rester incrédule après avoir lu les pensées de Pascal, mais non après avoir lu Duvoisin. »

Les saintes Ecritures qui lui inspirèrent de si beaux vers, faisaient le sujet habituel de sa lecture surtout dans ses moments d'abattement : « On ne peut trouver, disait-il, quelques consolations que là. »

Ces consolations, il en eut grandement besoin dans ses dernières années, car il fut éprouvé par une cruelle douleur, la perte de son fils adoptif, M. de Saint-Marcellin, dont la fin tragique fut sans doute cause de sa propre mort.

Dès la première atteinte de la maladie qui devait l'emporter, Mme de Fontanes donna l'ordre d'aller chercher le médecin :

« — Commencez, dit le malade, par aller chercher le curé. » Ce qui fut fait. Il reçut avec une grande ferveur les secours de la religion.

Le 17 mars 1821, il avait cessé de vivre.

Sa mort rappelle cette belle strophe de son *Ode sur la vieillesse* :

> Ainsi sur notre vieillesse
> Luit un astre aux doux rayons,
> Dont le calme éteint l'ivresse
> Des bruyantes passions.
> Je te suis, phare céleste !
> Le court chemin qui me reste
> N'est pas éloigné du port ;
> Et j'accepte les présages
> De ce long jour sans nuages
> Qui commence après la mort.

La foi, cet *astre aux doux rayons*, ajoute l'abbé Saillard, avait lui, en effet, sur sa vieillesse, et plein d'espérance, il est allé dans *ce long jour sans nuages*, l'éternté bienheureuse.

FOURICHON

VICE-AMIRAL, MINISTRE, DÉPUTÉ, SÉNATEUR.

(1809-1884)

> « Le soldat doit entrer à l'église, escorter le cercueil du vieux camarade; la présence des troupes au seuil de l'église est inutile. »
> (Amiral FOURICHON)

L'amiral *Fourichon*, né à Viviers (Ardèche), fut élève de l'école navale en 1824. En 1848, il était capitaine de vaisseau et fut envoyé en Algérie, puis nommé gouverneur de Cayenne.

Promu contre-amiral en 1853, il fut chargé du commandement de la station du Pacifique et, en 1870, il était commandant en chef de l'escadre d'évolution. Pendant la guerre contre la Prusse, M. Fourichon fut mis à la tête de la deuxième escadre, chargée d'opérer dans la mer du Nord, où il eut la douleur de voir ses efforts devenir à peu près stériles pour la défense de la patrie. Au 4 septembre, on lui confia le ministère de la marine, et, membre de la défense nationale, il travailla à l'organisation de l'armée de la Loire.

En 1871, il fut nommé député et siégea au centre droit. Elu sénateur inamovible en 1875, il entra de ouveau au ministère de la marine l'année suivante. Il était grand-croix de la Légion d'honneur.

L'amiral a succombé subitement à une attaque d'apoplexie foudroyante. Il n'a donc pu recevoir les sacrements, mais nous savons qu'il était préparé à mourir, car il vivait chrétiennement depuis de longues années, et de même que tous les actes publics de ce grand serviteur de son pays furent inspirés par le patriotisme, de même sa vie privée le fut par la religion.

Aussi quelques jours avant sa mort, le brave amiral avait dit à Mme Fourichon : « A ma mort, je ne veux pas qu'on convoque l'armée à mes funérailles, car je ne veux pas, moi mort, être cause d'un scandale; le soldat doit entrer à l'église, escorter le cercueil du vieux camarade. La présence des troupes au seuil de l'église seulement est inutile, je n'en veux pas. »

Si l'armée n'était pas convoquée aux funérailles de ce fervent chrétien, de ce vieux serviteur de la France, elle était du moins représentée par tous les amiraux, les généraux et les deux Chambres.

GRANT

AVOCAT,

(1809-1884.)

> « J'ai longtemps combattu, mais après une lutte longue et pénible, je m'avoue vaincu!... La grâce triomphe!.. Oui, la religion catholique m'apparaît dans toute sa splendeur!... »
> (Arthur GRANT)

Imbu dès sa jeunesse des maximes de l'école voltairienne, Arthur *Grant* était impie ; mais son impiété n'avait rien du cynisme des libres-penseurs du siècle. C'était un impie de bon ton.

Son éducation aristocratique, l'aménité de son caractère, la distinction de ses manières le rendaient agréable dans le commerce du monde, et le venin de son irréligion se cachait sous des dehors attrayants et des formes polies. C'était un majestueux vieillard à la figure noble, dont la barbe blanche tombait à flots d'argent sur sa poitrine. Initié, jeune encore aux mystères absurdes de la franc-maçonnerie, après en avoir subi les épreuves ridicules, il avait été promu au grade de chevalier kadosch. C'était un aimable viveur qui se faisait chérir dans son village, dont il était le plus riche propriétaire et en quelque sorte le seigneur. Il secourait les indigents et se faisait gloire d'être philanthrope. La corruption du cœur avait perverti son intelligence.

Cependant sa fille gémissait en secret sur les déréglements et l'irréligion de son vieux père. On la voyait souvent répandre des larmes abondantes sur les marches de l'autel de Marie, à laquelle elle adressait de ferventes prières pour sa conversion.

Un zélé missionnaire étant venu prêcher une retraite dans le village qu'habitait Arthur, la jeune fille redoubla de ferveur et de supplications pour obtenir la conversion de celui qu'elle aimait de l'amour le plus tendre, et résolut de tenter un effort suprême pour l'arracher à l'enfer. Elle consulta, les yeux humides de larmes, le missionnaire sur les moyens à prendre pour convertir son vieux père.

« — Il faut prier, mon enfant, et prier sans cesse, lui dit le saint prêtre ; ne désespérez pas, Dieu est plus fort que le diable. Voyons, quelles sont les habitudes de M. votre père? quel est son genre de vie?

« — Il se lève tous les jours à neuf heures, répond la jeune fille, déjeune à dix, se rend ensuite à un kiosque situé à un kilomètre au couchant du village, au pied d'une riante colline. C'est là qu'il passe le reste de sa journée, se promenant dans son jardin ou s'enfermant dans son cabinet de travail.

« — J'en sais assez, mon enfant, pendant trois jours, à onze heures et quart vous réciterez un chapelet pour la conversion de votre père. »

Le lendemain, après s'être livré aux occupations

de son ministère le saint prêtre s'acheminait vers le kiosque, sur les onze heures. Il se dirigeait vers le village, quand il aperçut Arthur Grant se rendant à sa villa. Quand il fut à quelques pas du vieillard, après l'avoir salué gracieusement, il s'arrêta pour le contempler.

« — Que signifie tout ceci? dit Arthur étonné et presque fâché.

« — Monsieur, je vous demande pardon si je vous ai offensé, répond le missionnaire ; mais votre vue m'a vivement impressionné ; j'admire votre magnifique barbe ; permettez-moi de vous le dire, vous avez une barbe de patriarche ; et je doute que Melchisédech, Aaron et Abraham en aient eu une aussi belle que la vôtre.

Ce compliment adoucit le vieillard qui lui dit

« — Si je ne suis pas trop indiscret ; monsieur l'abbé, puisse-je vous inviter à m'accompagner à mon kiosque qui n'est pas éloigné?

« — Avec plaisir », répondit le prêtre.

* *

Et chemin faisant, en parlant de la pluie et du beau temps, on arriva au kiosque. On entra dans le jardin, on admira les fleurs, les ombrages, les bassins, les berceaux de verdure, les cascades, et on pénétra dans le pavillon dont les murs étaient tapissés de tableaux de prix, mais où les yeux du prêtre ne pouvaient s'arrêter, car ils étalaient des scènes licencieuses.

Le missionnaire, que les travaux de son ministère appelaient au village prend congé du vieillard ; celui-ci charmé de la simplicité, de l'esprit et des manières polies du prêtre, lui fait promettre de se retrouver le lendemain à la même heure dans son pavillon.

La jeune fille avait récité son premier chapelet, à l'heure prescrite, avec une ferveur extraordinaire. Tout allait bien.

Le lendemain le prêtre était fidèle au rendez-vous. Quelle ne fut pas sa surprise, en entrant dans le pavillon, quand il s'aperçut que les tableaux étaient retournés !

On parla encore de la pluie et du beau temps, et l'abbé regarda comme un heureux augure la singulière disposition des tableaux. A l'heure prescrite et pendant l'entretien, la pieuse enfant récitait son second chapelet avec une ferveur extraordinaire, et adressait avec confiance ses paroles brûlantes à Celle que l'Eglise appelle, à si juste titre, le *Refuge des pécheurs*.

Arthur et l'abbé se promenèrent dans le labyrinthe, sous les berceaux de noisetiers et les larges avenues de platane, parlèrent longuement de la littérature contemporaine, des nouvelles politiques du jour, et le prêtre, en se séparant du vieillard fut encore invité pour le lendemain.

Le troisième jour, la fille du vieux pêcheur, à l'heure fixée, récitait avec une ardeur toujours croissante, son troisième chapelet aux pieds de la

Madone, levant vers elle des yeux pleins de pleurs, à travers lesquels brillait l'espérance. Le missionnaire, à l'heure accoutumée, se dirige vers le kiosque, où il fut accueilli par Arthur avec une amabilité charmante et des marques de déférence tout à fait exceptionnelles.

On entra dans le pavillon, ensuite dans le cabinet de travail. Ce qui frappa les regards du missionnaire ce fut un prie-Dieu surmonté d'un magnifique crucifix d'ivoire, près duquel était un tabouret.

Le vieillard sourit.

« — Vous comprenez, monsieur l'abbé ?

« — Oui, mon ami, répond le prêtre, heureux de voir que Marie avait favorablement accueilli les prières d'une âme pure et innocente.

« — Monsieur l'abbé, dit Arthur d'une voix vibrante, *j'ai longtemps combattu;* mais après une lutte longue et terrible, *je m'avoue vaincu.* La grâce triomphe : vous avez devant vous un vieux pécheur qui renonce à ses égarements, un impie qui reconnait et abjure les erreurs d'une philosophie menteuse. Oui, la divinité de la religion catholique m'apparait dans toute sa splendeur. Comme Augustin, j'ai cherché le bonheur dans les vaines jouissances de la terre, et comme lui je n'ai trouvé le repos que lorsque je les ai eu foulées aux pieds, et que les aspirations de mon cœur se sont dirigées vers le ciel. *Tout n'est que vanité et affliction d'esprit,* dit avec raison l'auteur du livre de la *Sa-*

gesse. Mon père, je me jette dans vos bras : aidez un pauvre pécheur à regagner le port : ramenez dans le bercail de l'Eglise une brebis errante, purifiez-moi de mes souillures.

Le prêtre et le vieillard restèrent longtemps embrassés, des larmes coulèrent de leurs yeux...

Quelques jours après, quand fut clôturée la retraite, on voyait agenouillé à la Table-Sainte, à côté d'une jeune fille rayonnante de bonheur, un vénérable vieillard, dont le maintien noble, pieux et modeste réjouissait une population chrétienne attristée de ses écarts.

Arthur Grand vécut encore une année dans ces beaux sentiments et mourut en 1884, plein d'espérance dans le Dieu qui pardonne.

GAILLARDIN

PROFESSEUR AU LYCÉE LOUIS-LE-GRAND, AGRÉGÉ ET DOCTEUR ÈS LETTRES.

(1803-1881)

> « Voilà un homme qui aime la vérité et honore la vertu. »
> (P. COLOMBIER)

Un des membres les plus distingués de l'Université de France, des plus honorables par sa science, sa probité et sa foi religieuse, M. Casimir *Gaillardin* professeur au lycée Louis-le-Grand est mort en 1881. *Sa vie et sa mort,* dit M. J. Chantrel, *ont été celles d'un excellent chrétien.* Il était entré à l'Ecole Normale en 1824, et reçu agrégé et docteur ès lettres en 1830 il entra au lycée Louis-le-Grand, où il n'a pas cessé d'occuper la chaire d'histoire. Sollicité plusieurs fois d'accepter une chaire de même ordre dans les Facultés, il a toujours refusé par pur désintéressement. Tous les élèves qui depuis 1830, c'est-à-dire pendant cinquante ans, sont passés par le lycée Louis-le-Grand avant d'entrer à l'Ecole Normale, ont été ses élèves. Ils ont pu apprécier, jusqu'au dernier moment, le charme de ses cours, dont l'âge n'excluait ni la verve ni la bonne humeur. Il a été le professeur de la plus grande partie des professeurs d'histoire de province qui ont passé par l'Ecole Normale.

Travailleur infatigable, M. Gaillardin consacrait à faire des livres les loisirs que lui laissait sa classe. Il a attaché son nom à une *Histoire du règne de Louis XIV* en cinq forts volumes, ouvrage remarquable à plus d'un titre, qui a obtenu deux fois le grand prix Gobert.

Chez lui, la simplicité du style n'avait d'égale que la simplicité de sa vie.

En parlant du livre, le P. Colombier nous fait connaître l'auteur savant et aimable autant que religieux.

« L'Académie, écrit-il, a décerné à M. Gaillardin le grand prix Gobert pour son Histoire de Louis XIV en le faisant, elle a accompli un acte juste et honnête, car elle a récompensé le mérite et la probité.

Dès qu'on ouvre les volumes de M. Gaillardin, on est frappé du sentiment qui les anime. Voilà un homme qui aime la vérité, et qui honore la vertu. Chez lui, le crime ne cesse pas d'être un crime, parce qu'il est triomphant ; une femme n'est pas justifiée dans ses désordres parce qu'elle a de nombreux et puissants adorateurs ; un homme ne l'est point parce qu'il est illustre, parce qu'il est roi.

La trahison de Condé, les infamies de Ninon de Lenclos, les désordres de Louis XIV sont flétris comme ils le méritent.

Malgré cette sévère justice, on ne sent pas le parti pris de rabaisser les grands hommes, et surtout ceux auxquels Dieu et leur naissance ont donné l'autorité sur les autres hommes. M. Gaillardin n'appartient pas à cette race qui hait les rois par la grâce de Dieu, les princes par droit d'hérédité, qui essaie de les dégrader, de les avilir pour les ramener à peu près à la taille de ces avocats dictateurs qui n'ont de grand que leur ignorance, leur présomption et leur désir de fortune. Il ne flatte pas Louis XIV, il révèle ses crimes et ses fautes; et cependant, quand on a lu son ouvrage, Louis XIV reste encore le grand roi. C'est justice, car les petits génies auront beau faire, Louis XIV demeurera toujours le plus beau type de la royauté. Il lui a manqué la sainteté pour devenir un héros incomparable.

A ces hautes qualités morales, M. Gaillardin joint la science des faits et la rectitude des jugements. La vérité qu'il a vue, il a le courage de l'exprimer..... Après cela, on comprend que nous désirions voir ce livre entre toutes les mains, assuré qu'on y puisera le goût littéraire, la vraie manière d'écrire l'histoire, la connaissance des faits, et par-dessus tout, l'amour de la vertu et *de la religion.* »

GALITZIN (Amélie)

PRINCESSE, PHILOSOPHE.

(1755-1806)

> « Tout n'est-il pas vanité ici-bas, hors servir et aimer Dieu? Il me semble que l'univers entier le crie à haute voix en ces temps de révolution. »
> (Amélie GALITZIN)

C'est une intéressante histoire que celle de la princesse Amélie *Galitzin.* Le récit d'une conversion est toujours dramatique, car si Dieu intervient avec sa puissance infinie, il respect cependant la liberté de l'homme et ne s'empare pas ordinairement de lui sans son consentement. Le drame a ici quelque chose de particulièrement émouvant : c'est que les instruments de la grâce sont de *ces ouvriers inconscients*, dont parle Mgr Dupanloup, qui sans le savoir, travaillent à l'œuvre divine.

La princesse Amélie, née à Berlin dans un milieu sceptique et frivole, suit les cours d'un disciple de

La Mettrie, l'athée Prémonval, et, avide de savoir, elle se remplit l'esprit des idées creuses qu'on appelait alors philosophie, regardant la religion comme une superstition surannée, déplorable dans une femme de mérite. Le prince, son époux, lui permet de vivre dans une espèce de retraite, où elle peut se livrer à l'étude et s'appliquer à l'éducation de ses deux enfants, qu'elle élève d'après les principes des Stoïciens, avec défense de leur parler de religion.

Devenue matérialiste avec Helvétius, elle se dégoûte de ce système en discutant avec Diderot, embrasse les idées platoniciennes, les abandonne pour se laisser conduire jusqu'au seuil de l'Eglise par Jacobi, qui n'a pas le courage d'aller plus loin et meurt dans le doute; tandis que son élève, stimulée par Haman, éclairée par Fustenberg et Overberg va rentrer dans la communion des fidèles pour devenir apôtre à son tour.

Voici l'occasion qui détermina son retour à Dieu.

En 1783, Amélie Galitzin tomba malade. Un saint prêtre, le docteur Overberg, à la prière de Furstenberg, dont il était le confesseur, vint voir la princesse et lui représenta le danger de son âme. Il ne put gagner à Dieu ce cœur endurci, cet esprit blasé par tous les systèmes possibles de philosophie; tout ce qu'il put enfin obtenir d'elle, c'est qu'elle s'instruirait sérieusement de la religion, si la santé lui était rendue.

Dieu lui fit cette grâce.

Lorsqu'elle fut guérie elle n'oublia pas sa promesse, et après trois années d'études sérieuses qui lui firent rejeter tous les vains principes de la philosophie antique, et qui marquent les étapes de sa marche ascendante vers la lumière, elle adora Jésus-Christ, revint à la pratique de la religion, et fit sa première communion le 28 août 1786, jour de la fête de St Augustin.

*
* *

Alors elle se reprocha amèrement la faute qu'elle avait commise en élevant ses enfants en dehors de tout principe religieux et s'efforça de réparer ce grave désordre.

Si elle n'y réussit pas par elle-même, Dieu travailla pour elle en son fils, le prince Dmitri Galitzin, comme nous pourrons en juger dans la notice suivante qui lui est consacrée. Elle eut même la joie, la plus grande de sa vie après celle de sa conversion, de voir ce fils devenir prêtre et missionnaire en Amérique, après s'être alarmée d'abord à la pensée qu'il serait peut-être indigne de cette redoutable dignité.

Une fois en possession de la vérité catholique, la princesse Galitzin devint le centre d'un cercle d'hommes éminents, qui sous son inspiration exercèrent en Allemagne une influence considérable à la fin du siècle dernier. Nous y rencontrons Goethe, le comte de Stolberg, Wiggerman, Claudius, les Droste, etc. Le cercle de la princesse est bien allemand et n'a rien du salon parisien de Mme Récamier ; nous le comparerions plutôt à celui de Mme Schwetchine, avec cette différence qu'il y avait ici plus de grâces, là-bas plus de raideur.

Après la mort du prince Galitzin son époux, ambassadeur de Russie, qui arriva en 1803, la princesse Amélie pressa son fils de venir en Europe réclamer son héritage. Mais celui-ci ne voulut pas quitter sa mission, de peur que le bien spirituel en souffrît, et sa mère, digne d'avoir un apôtre pour fils, lui répondit : « Quelque déchirant qu'il soit pour mon cœur de renoncer à la joie d'embrasser mon enfant bien aimé, votre lettre en détruisant cette espérance m'a remplie de la plus grande consolation que je puisse éprouver sur cette terre ; il n'y a pas une seule de ces lignes qui ne corresponde au plus intime de mes sentiments. Comme je n'ai pas la certitude que votre présence puisse sauver notre fortune, et comme vous avez celle que votre voyage peut nuire à votre mission, eh bien! loué soit le Seigneur qui m'impose encore ce terrible sacrifice! Sûrement il pourvoira lui-même à nos besoins dans l'avenir, si nous ne cherchons en toute chose que son honneur et sa gloire. Tout n'est-il pas vanité ici-bas, hors servir et aimer Dieu ? Il me semble que l'univers entier le crie à haute voix en ces temps de révolution. »

Cette généreuse chrétienne alla bientôt recevoir sa récompense. Une mort édifiante termina en 1806 une vie consacrée dans sa dernière partie, au culte de la vérité et à la pratique des œuvres de zèle et de foi. C'est, après Dieu, à la princesse Amélie que l'Eglise est redevable de la conversion du comte Léopold de Stolberg, le célèbre auteur de *l'Histoire de la religion chrétienne*.

C'est ainsi que se vérifia pour elle et quelques-uns des siens ce vœu d'un ancêtre de Galitzin qui mourut pour sa foi vers 1740 sous le règne de la cruelle Anne Ivanowna. Etendu pendant une nuit d'hiver sur un lit de glace le prince fut trouvé mort le lendemain. Avant d'expirer, il fit au Dieu pour lequel il avait tout sacrifié cette touchante prière : « *O Jésus! daignez m'accorder une grâce, c'est que les conversions au catholicisme ne cessent jamais dans la famille des Galitzin!* » — Ce vœu d'un martyr a fait des apôtres.

GALITZIN

PRINCE RUSSE, MISSIONNAIRE.

(1770-1840)

> « L Eglise romaine s'élevait devant lui comme un arbre vigoureux planté dans le sol ferme de l'Ecriture et de la Tradition. »
> (*Son historien*)

L'héritier d'une famille princière de Russie élevé dans le schisme et converti à la fleur de sa jeunesse à la vraie religion, une carrière et toutes les espérances du monde sacrifiées pour les labeurs inconnus d'un obscur apostolat au fond des forêts d'Amérique, une fervente et nombreuse communauté catholique fondée et développée au milieu de difficultés sans nombre par l'énergie de cet homme intrépide, c'est le sujet d'un livre plein d'intérêt que la fille d'un publiciste distingué des Etats-Unis a publié, il y a dix ans, et que nous voulons résumer ici, pour présenter son héros à l'admiration du lecteur.

Dmitri *Galitzin* naquit à la Haye le vingt-deux décembre 1770. Le prince Galitzin son père, ambassadeur de Russie en Hollande, avait rempli ces mêmes fonctions à Paris où il s'était lié d'amitié avec Diderot, Voltaire et d'Alembert. Sa mère était catholique par son baptême, mais elle n'avait pas fait même sa première communion. Elle éleva ses enfants en dehors de tout principe religieux et à la manière de Socrate qu'elle admirait. Le jeune Dmitri était obligé de se servir lui-même, de se baigner chaque matin dans l'eau froide, et rendait compte de sa conduite à sa mère chaque jour d'après la méthode de Socrate. Plus tard il alla faire ses classes à Genève : il étudia avec succès les langues, les sciences, la philosophie, et se prépara à la carrière militaire en s'exerçant à manier les armes. Ses maîtres qui étaient catholiques avaient défense de lui parler de religion.

Cependant après s'être convertie, sa mère pensa

à son cher Dmitri élevé jusque-là sans religion.

Mais hélas! comme sainte Monique elle n'avait que ses larmes pour toucher Dieu et vaincre son fils.

Le jeune prince qui voyait ses parents et ses amis, les uns schismatiques ou protestants, les autres catholiques, réfléchissait en silence sur cette diversité de croyances. Déjà la grâce agissait en lui. L'Eglise romaine s'élevait devant lui comme un arbre vigoureux planté dans le sol ferme de l'Ecriture et de la Tradition, au lieu que la prétendue Réforme et l'orthodoxie russe, branches détachées du tronc à une époque de l'histoire, ne vivent plus que d'un reste de sève et n'ont point de racines.

Il fut vite éclairé, parce qu'il cherchait sincèrement la lumière, et dès lors, sourd à la voix de l'ambition et à toute considération humaine, il suivit l'exemple de sa mère. Il songea même à se faire prêtre, mais cette pensée ayant indigné son père, il se décida à prendre du service dans l'armée autrichienne. Peu de temps après, sur les conseils de son oncle, le général de Schmettau, il fut envoyé en Amérique en compagnie d'un jeune prêtre qui se rendait aux Etats-Unis comme missionnaire.

*
* *

La traversée dura plus de deux mois. Que se passa-t-il dans le cœur du jeune Galitzin alors âgé de vingt-deux ans? Quelles réflexions fit-il pendant ces longues journées de mer? Nous ne savons, mais lorsqu'il aborda à Baltimore, c'était un homme entièrement nouveau : dès son arrivée, il entra au grand séminaire de cette ville.

Cette nouvelle, parvenue en Europe, étonna tous les parents et les amis des Galitzin. Sa mère s'en alarma dans la crainte qu'il était indigne de cette sublime fonction; son père s'irrita d'abord à la pensée que tous ses projets d'ambition et ses espérances d'avenir étaient ruinés; enfin, apaisé par les princes et les princesses de la famille qui étaient catholiques, il se résigna et plus tard félicita son fils. Les études de théologie terminées et ordonné prêtre, Dmitri Galitzin entra dans la société de St-Sulpice qui l'appliqua au saint ministère à Baltimore.

Puis, par des circonstances providentielles, il fut amené à évangéliser des peuplades presque sauvages en plusieurs parties du nouveau monde, dans la Pensylvanie, la Virginie et le Maryland.

Il eut souvent à lutter contre son propre esprit de rigorisme et de dureté qui était le fruit des exigences de sa mère et de sa première éducation : son évêque le rappela même à la modération et à la douceur. Le jeune prêtre après de grands efforts de volonté, réussit enfin à se contenir dans une certaine mesure, et son ministère devint plus fructueux. Il fut chargé d'une paroisse nouvelle qui venait d'être créée sur le penchant d'une colline. On lui construisit une cabane de bois : c'était le manoir du prince Dmitri, héritier de tant de terres et de châteaux.

Son premier soin fut de bâtir une église. Ses paroissiens le secondèrent avec tant d'ardeur qu'il put y célébrer à Noël la messe de minuit le vingt-cinq décembre 1799 : « La neige couvrait au loin la terre, écrit un de ses biographes, les étoiles scintillaient dans le ciel froid et pur, les gens accourus de vingt ou trente milles de distance n'étaient point à l'étroit dans cette petite chapelle. C'étaient de vieux chasseurs, des trafiquants de marchandises indiennes, qui n'en savaient pas beaucoup plus sur Dieu, que les sauvages avec qui ils avaient affaire. Ils admiraient ces murs grossiers, ornés de branches vertes à travers lesquelles étincelaient de nombreux flambeaux. A minuit l'heureux pasteur de ce petit troupeau monta à l'autel; de sa voix magnifique il entonna la grand-messe et chanta le triomphant *Gloria in excelsis* si convenable en cette solennité, dans cette nouvelle étable de Bethléem. Comme les muettes créatures qu'on représente auprès de la crèche où fut déposé le Sauveur nouveau-né, les assistants, revêtus des dépouilles des bêtes fauves qu'ils avaient tuées, regardaient en silence, sans comprendre ce qu'ils voyaient, lorsque enfin le prêtre, s'étant retourné leur annonça que Dieu était descendu petit enfant sur la terre, que nos cœurs doivent être son berceau, que sa lumière pénètre en nos âmes comme dans une grotte obscure pour dissiper la nuit de notre ignorance. — La haute contenance du prince missionnaire, le feu de ses yeux, ses accents vibrants et sonores sortis d'une poitrine émue, faisaient sur tous les assistants une impression profonde. »

.

Le généreux prêtre dépensait en œuvres de **religion** et de bienfaisance tout l'argent que sa mère lui envoyait et qu'il recevait difficilement, à cause de la guerre entre l'Angleterre et la France.

Son père étant mort en 1803, sa mère lui écrivit de venir réclamer son héritage paternel. Mais cet homme de zèle craignait de voir son œuvre d'apostolat compromise par son absence, et il écrivit à sa mère : « Je conviens que ma rentrée peut être utile au point de vue temporel, mais *je ne saurais mettre cet avantage en balance avec la perte d'une seule âme* que mon absence pourrait occasionner. »

Et la mère heureuse d'avoir un tel fils pour apôtre l'en félicita vivement. Elle mourut en 1866. Le prince en fut profondément affecté et la pleura toute sa vie.

Voyant tarir avec elle la source de ses bonnes œuvres, il restait sans fortune, car en devenant prêtre, il avait perdu tous ses droits à l'héritage paternel. Ce fut pour lui, et pour ses paroissiens qui en profitaient de mille manières, une grande et continuelle épreuve.

Un autre genre d'épreuves plus pénibles pour l'âme délicate et élevée de Galitzin ce furent les accusations calomnieuses dont il fut l'objet. L'âpreté de son caractère les avait fait naître. Il avait beau combattre les vivacités de son fougueux caractère, sa réputation en devenait souvent la victime. Heureusement il put obtenir justice des bruits les plus calomnieux. Ses persécuteurs ne s'arrêtèrent pas là.

Voyant que la ruse et la calomnie étaient inutiles, ils eurent recours à la violence. Une fois, trois misérables armés vinrent pour l'arracher à l'autel ; une autre fois, ils attaquèrent son presbytère, mais grâce à Dieu il échappa à tous ces dangers, et le démon furieux suscita contre lui les ministres protestants de la contrée. Les principaux d'entre eux se répandirent en attaques contre l'Eglise catholique et son ministre, soit par des discours, soit par des pamphlets ou par des journaux. Le prince-apôtre répondit à tout et à tous. Sa réfutation consista dans une suite de lettres qui firent sensation et éclairèrent les esprits de bonne foi. Des protestants notables, des avocats et des magistrats se laissèrent persuader par la force de ses raisons autant que par la dignité de ses manières et les grâces de son esprit. Il en convertit un grand nombre.

Ces succès attirèrent les yeux sur lui et plusieurs

fois on lui offrit l'épiscopat, mais il ne put se résoudre à accepter, soit par humilité, soit parce-qu'il croyait se rendre plus utile à l'Eglise dans sa paroisse de Loretto. Il accepta seulement les pouvoirs de vicaire-général qui lui furent confiés par ses évêques. Voici le témoignage que lui a rendu l'évêque de Philadelphie : « Loretto est la demeure du célèbre missionnaire, comte Galitzin, au milieu d'une population catholique fort nombreuse. Il y a plus de trente ans que cet homme vénérable a choisi le sommet des montagnes Alléghany pour sa retraite, ou plutôt pour le centre de sa mission. De là il allait de temps en temps donner les secours de la religion aux catholiques épars sur son immense territoire, où cinq prêtres maintenant sont occupés. Le nombre des fidèles était peu considérable à son arrivée, mais sa persévérance a été couronnée des bénédictions célestes : les montagnes sont devenues fertiles et les forêts florissantes. Beaucoup de protestants ont suivi son exemple en renonçant à l'erreur, et les catholiques sont venus de tous côtés pour se confier aux soins paternels d'un prêtre dont la vie humble et pure les excite à la vertu. »

Son nom est resté célèbre dans ce pays où passe aujourd'hui le chemin de fer central de Pensylvanie : sa paroisse de Loretto s'étend au-dessus du plus long tunnel de cette voie ferrée, et la compagnie qui l'a construit lui a donné le nom du prince-pasteur de l'Alleghany : *Galitzin*.

GARCIA MORENO

SÉNATEUR, PRÉSIDENT DE LA RÉPUBLIQUE DE L'ÉQUATEUR.

(1821-1875)

> « Le saint est mort ! » s'écriait-on de toutes parts. Le saint, voilà le mot qui explique tout. Garcia Moreno était un chrétien complet. »
>
> (J. Chantrel)

Garcia Moreno était un de ces chrétiens de forte race qui ne transigent jamais avec leur devoir, et qui, convaincus que la religion est la vie des sociétés et des empires comme elle l'est des individus, veulent que le pouvoir s'inspire de ses sentiments et se fasse le défenseur de ses droits.

Garcia Moreno naquit en 1821 à Guayaquil. Son père était espagnol, sa mère était tante du cardinal Moreno. Le jeune Garcia fut élevé au collège de Quito ; il y fit de brillantes études et se distingua par-dessus tous ses condisciples. Il excellait dans toutes les sciences, surtout dans les mathématiques. En 1850, Garcia avait parcouru la France, l'Angleterre et l'Allemagne. A son retour en Amérique il rencontra sur les côtes de la Nouvelle-Grenade les Jésuites que cette république venait d'expulser, et s'aperçut qu'ils n'étaient pas tels qu'on les lui avait dépeints. Il les emmena dans sa patrie, et obtint du chef de l'Etat de l'Equateur qu'ils pussent s'y établir.

Mais le général Urbina suscita peu après une révolution et proscrivit les Jésuites. Ce fut alors dans l'Equateur le règne d'abus révoltants. Garcia Moreno fonda un journal pour protester : Urbina répondit à la façon des révolutionnaires qui prêchent la liberté et ne la pratiquent point, il fit arrêter Moreno; puis, sans procès, le jeta brutalement dans l'exil.

En 1854, l'exilé vint en France et y continua ses chères études, que les révolutions ne lui faisaient point négliger. On le vit longtemps à Paris suivre régulièrement tous les cours. Le dimanche, il ne manquait pas les offices de Saint-Sulpice, sa paroisse. Jamais il ne fréquentait les théâtres : ce n'est pas à cette école que se forment les grandes âmes.

Il quitta la France en 1857. Urbina était tombé du pouvoir : Moreno pouvait retourner dans sa patrie. A peine arrivé, Quito le choisit pour alcade, et le corps des docteurs pour recteur de l'Université. Il fonda alors un cours de chimie qu'il voulut lui-même professer.

Quito le nomma bientôt sénateur. Comme il s'était rendu à Guayaquil pour assister au congrès, ses ennemis le saisirent et le proscrivirent pour la troisième fois. Mais l'indignation contre ces révolutionnaires était à son comble. Un mouvement se fit par la seule force des choses, et le gouvernement croula sous le mépris public. Trois consuls furent nommés pour le remplacer : Garcia Moreno fut le premier. Quand la pacification fut complète, le premier consul gouverna sous le nom de dictateur jusqu'à la réunion de la Convention de 1861. C'est cette Convention qui le nomma président de la République de l'Equateur.

.˙.

En 1861, les affaires de ce petit Etat, qui compte à peine un million d'habitants, étaient misérables. Le désordre se retrouvait dans toutes les administrations : l'armée, ramassis de nègres et de mulâtres, faisait l'effroi des populations paisibles; l'instruction était presque nulle, celle des filles complètement négligée; les mœurs offraient le mélange de la cruauté et de la corruption ; le trésor public réduit à emprunter à vingt pour cent.

Sous le gouvernement de Garcia Moreno tout fut changé. Les intérêts se rassurèrent, le commerce prit de l'essor, les sources de la richesse publique se rouvrirent de toutes parts. Un concordat fut conclu avec le Saint-Siège, les couvents furent rouverts, des collèges furent établis sous la direction des Jésuites dans plusieurs centres populeux, les hôpitaux furent dotés et leur service assuré pour les plus pauvres.

Un jour, on dit à Garcia Moreno que le directeur

de l'hôpital de Quito refuse de donner un lit à un malade indigent. La grande âme de Garcia s'indigne. Il destitue ce directeur indigne et se fait nommer à sa place. Depuis ce temps on put voir chaque jour le président de la République visiter humblement son hôpital, et veiller aux plus petits détails.

L'armée lui donna plus de mal. Composée, comme elle l'était, elle fut rude à discipliner. Il fallut réprimer plusieurs mouvements de révolte ; mais il le furent toujours promptement, énergiquement.

Garcia apprend un jour que le général Urbina vient de s'emparer du seul vaisseau de guerre que possédait l'Equateur. Aussitôt le plan de Moreno est fait; il dicte quelques ordres et part. Il arrive au port de Jambelli, requiert un navire anglais qui s'y trouvait, l'arme en guerre, fait monter à bord des hommes choisis, *entend la messe*, *communie et ra droit à l'ennemi*.

Quand les rebelles vinrent à sa rencontre, ils amenaient cinq vaisseaux contre le sien. Garcia, avec son navire de guerre improvisé, se jeta sur le plus fort et l'enleva à l'abordage : ce fut rapide et terrible comme la foudre. Les autres vaisseaux épouvantés n'osèrent pas même s'enfuir ; ils furent pris avec les 1.200 hommes qui les montaient.

Une autre fois, une ville s'était révoltée à l'instigation d'un chef militaire. A cette nouvelle, Garcia Moreno part seul, pénètre seul dans la ville et se présente seul encore devant le traître déconcerté ! C'était assez : le rebelle se rendit en prison sans résistance. Etonnant empire de cet énergique caractère !

Garcia Moreno quitta le pouvoir en 1863 comme le voulait la Constitution. Mais sa présence dans les conseils du gouvernement suffit à la continuation de son œuvre. En 1869, il fut réélu président : il voulait décliner cet honneur, mais l'assemblée s'étant transportée tout entière près de lui pour le supplier d'accepter, il dut céder.

Alors, sous son énergique impulsion, s'acheva la transformation de l'Equateur. Les revenus publics, autrefois si modiques, atteignirent jusqu'à 15 millions de francs. Des travaux considérables furent exécutés. Ecole polytechnique, école des beaux-arts, conservatoire de musique, observatoire, écoles, orphelinats, hôpitaux, prisons, tout s'éleva avec une rapidité extraordinaire. Un chemin de fer, des routes carrossables, des ponts nombreux furent construits. Les écoles surtout devinrent de plus en plus florissantes. En 1857, presque aucun élève ne les fréquentait ; en 1867, le nombre des élèves était de 13.000 et en 1875 de 32.000.

Pour gouverner, Garcia Moreno ne recherchait qu'un appui, le plus sûr : Dieu. Il était avant tout et partout, dans sa vie publique comme dans sa vie privée, un catholique sincèrement dévoué à l'Eglise et au Pape, et il ne craignait pas de le montrer dans la gestion des affaires de l'Etat. Seul, parmi tous les hommes politiques, il avait protesté contre l'envahissement de Rome, et après avoir consacré solennellement sa République au Cœur de Jésus, il payait la dîme des impôts au Souverain Pontife. Un article de la Constitution refusait même le titre de citoyen de l'Equateur à tous ceux qui ne pratiquaient pas la religion catholique. Toutes les lois, les mœurs, les institutions de ce pays privilégié étaient vivifiées par ces doctrines surnaturelles. Les plus beaux exemples de piété étaient donnés par le Président, par les plus hauts fonctionnaires et les hommes les plus influents, et ainsi la République voyait s'écouler ses jours au milieu d'une prospérité toujours croissante.

La Révolution ne pouvait laisser en paix plus longtemps un Etat fondé sur des doctrines si opposées aux siennes. Elle essaya de fomenter des révoltes; Moreno, aussi habile qu'intrépide, les réprima aussitôt avec vigueur. Pour la troisième fois, le Président vit renouveler ses pouvoirs par un vote unanime. La Révolution n'avait d'autres moyens de se défaire de lui que l'assassinat : elle résolut de l'employer.

Moreno le savait, et disait quelquefois : « On me tuera. » Mais cette prévision ne le détournait pas de son devoir : seulement elle déconcertait les traîtres, ils n'osaient rien en face, ils soudoyèrent des assassins.

C'était le 6 août 1875. Le Président venait d'écrire son dernier message au congrès de la République. Il était sorti du palais : les assassins le suivaient.

En passant devant la cathédrale, Garcia, voyant les portes ouvertes, y entra et s'agenouilla pour prier. Comme il tardait à sortir, les assassins s'impatientèrent ; ils lui firent dire qu'on était à sa recherche pour affaires pressantes. Il sortit donc en toute hâte, quand un des sicaires bondit sur lui, le frappa d'un large coutelas, avec la furie d'une bête féroce, et lui brisa le crâne.

Garcia Moreno était blessé à mort.

Lorsqu'on le releva, il respirait encore. On le porta dans la cathédrale. Il reprit un moment connaissance, balbutia une prière et dit à ceux qui se désespéraient autour de lui cette parole significative : *Dios no se muere !* (Dieu ne meurt pas).

Il expira quelques minutes après.

Alors on entendait, dans la foule qui s'était amassée autour du cadavre, les larmes et les cris des Equatoriens pleurant leur cher Président comme un père : « Nous n'étions pas dignes de lui, s'écriait-on de toutes parts ; il n'a fait que du bien, *le saint est mort !* »

Le *saint* ! voilà le mot qui explique tout. Don Garcia Moreno, dit M. J. Chantrel, était le chrétien complet, le chrétien qui vise à la sainteté. C'était pour son Dieu qu'il travaillait, et c'est pourquoi il faisait tout pour le bien de son peuple.

C'est, au reste, ce qu'a tenu à constater le Congrès réuni aussitôt sa mort, en réponse au message que le regretté Président venait de rédiger. Après avoir rappelé à la louange de Garcia Moreno tout ce que son intelligence et son activité avaient fait pour les travaux publics, l'instruction et la morale, le Congrès ajoute :

« Rien ne le caractérise davantage et ne brille plus dans son auréole que cette protection franche et décidée, efficace et constante accordée par don Garcia Moreno à la religion, dont la vérité s'était présentée à cette vaste intelligence avec le sceau de l'infaillibilité de la parole divine.

« Concitoyens ! contemplez votre éminent Président, seul debout au milieu de la tempête déchainée contre l'Eglise !

« Tandis que l'on prend parmi tant de peuples de la terre, au nom d'une malheureuse civilisation païenne, la hache sanglante de la révolution sauvage et barbare pour frapper sur la croix rédemptrice, il arbore dans ses fortes mains l'étendard de la régénération du monde, en donnant aux nations et aux rois un noble exemple. Il présente sa vaillante poitrine au torrent de l'impiété qui inonde la terre. L'iniquité, la médisance, la calomnie le poursuivent ; la rage féroce des ennemis de la vérité en font autant ; mais c'est en vain.

« Le monde n'a pu oublier le noble courage avec lequel notre célèbre chef a élevé la voix, et protesté au milieu de l'indigne silence des monarques et des puissants de la terre, lorsque des mains sacrilèges arrachaient la couronne de l'auguste et vénérable tête du Père universel de tous les fidèles, et lorsqu'on usurpait ses domaines. Le monde n'a pas no plus oublié qu'il a fait cause commune avec le Saint-Pontife tombé, tourmenté, prisonnier et dépouillé ; qu'il a compati à ses douleurs et outrages, qu'il était à ses côtés quand il a fallu boire le calice amer de la plus affligeante tribulation.

« Les ennemis de Dieu ont ri de cette protestation filiale, lancée à la face du siècle au nom d'une faible république ! Insensés ! Est-ce que l'on raille un faible enfant quand il pleure sur le malheur de son tendre père, et proteste contre les malfaiteurs qui l'outragent, le dépossèdent et l'oppriment ? Non, le monde catholique l'a exalté et applaudi pour cette noble protestation, et l'a présenté comme un brillant exemple aux chefs des plus grandes nations.

« Pourtant, citoyens, le poignard criminel l'a atteint... Ces iniques assassins cherchaient la ruine de la religion et de la morale, le changement de nos institutions, la ruine du bien. Ils voulaient étouffer dans le sang les espérances de notre patrie, barrer le chemin à notre progrès, en y jetant le corps du célèbre régénérateur de la nation équatorienne.

« Ils se sont trompés. Au-dessus de celui que le peuple arrose de ses larmes, se lèvera la glorieuse et resplendissante croix rédemptrice que les assassins n'ont pu abattre. Le sang versé a été versé pour la sainte cause de la religion, de la morale, de l'ordre, de la paix et du progrès. »

GAUTIER (Théophile)

LITTÉRATEUR, POÈTE.

(1811-1872)

« Toutes les âmes ont devant Dieu une égale valeur. »
(Théophile Gautier).

« Théophile Gautier n'a jamais joué à l'esprit-fort : Sa mère lui avait mis au cou une médaille de la sainte Vierge. Cette médaille est restée éternellement sur ce brave cœur. »
(Ars. Houssaye)

Théophile *Gautier* est mort à Neuilly, près Paris, le 23 octobre 1872. Né à Tarbes et amené à Paris dès l'âge de trois ans, c'est dans cette dernière ville qu'il passa la plus grande partie de sa vie.

Il s'était cru d'abord la vocation de peintre, mais il reconnut bientôt que la littérature et la poésie lui allaient mieux. On sait que pendant des années il fut le feuilletoniste officiel du *Moniteur*, journal officiel de l'Empire; il fut aussi l'un des premiers et des plus dévoués tenants de l'école romantique, dont il restait, avec Victor Hugo, l'un des derniers et des plus brillants représentants.

Pendant les jours qui ont suivi sa mort, toute la presse retentit de ses louanges : c'était le littérateur incomparable, le grand écrivain, l'illustre immortel, bien qu'il ne fût pas académicien. Personne **n'a dit s'il a fait une mort chrétienne.** Nous aimons à croire qu'il s'est souvenu, à ses derniers moments, de sa foi religieuse qui lui a inspiré de belles pages; car Théophile Gautier, qui a eu le malheur de parler trop aux sens et de se complaire trop souvent dans des descriptions voluptueuses et malsaines, n'était pas un impie : il était chrétien, seulement il n'agit pas assez chrétiennement.

« Il n'affichait pas l'impiété, a écrit M. J. Chantrel, mais il se laissait aller au courant et travaillait pour la gloire; comme poëte il écrivait de beaux vers sur l'immortalité, sur les aspirations légitimes de l'âme; il demanda des ailes pour s'envoler aux cieux, mais il restait attaché à la terre. Dieu a des miséricordes et des justices dont nous ne connaissons pas la mesure. Près d'une tombe à peine fermée, nous aimons à penser plutôt à la miséricorde divine, qu'à la justice, et c'est pourquoi nous transcrivons avec plaisir ces lignes, extraites d'un article consacré à Théop. Gautier, par M. Arsène Houssaye qui l'a connu intimement.

« Théophile Gautier connaissait bien Dieu. Il n'a jamais joué à l'esprit-fort. Il a dîné avec des athées, il a souvent montré le sourire d'un sceptique, mais il n'en a jamais montré la grimace. Il cachait d'ailleurs sa religion comme sa bonté. Plus d'une fois, dans l'enivrement de l'esprit, il risquait des mots qui trompaient les amis du dehors; mais moi, son plus ancien ami, je n'y ai jamais été trompé. Sa mère lui avait mis au cou, dès sa naissance, une médaille de la sainte Vierge. Cette médaille est restée *éternellement* sur ce brave cœur. Elle y restera dans le tombeau. »

Ce célèbre romancier a connu plusieurs fois l'émotion religieuse, particulièrement en présence du cercueil d'une artiste distinguée, au sujet de laquelle il a écrit : « Si quelque chose peut consoler les regrets d'une mère, c'est ce convoi si grave, si attendri, d'un recueillement si religieux, que suivaient dans une voiture de deuil, parmi les célébrités de l'Opéra, les deux sœurs de charité, qui avaient soigné la méritoire et chrétienne agonie de la pauvre fille. »

Théophile Gautier a écrit les : *Portraits contemporains*, publiés par l'éditeur de ses œuvres posthumes. Ces portraits sont une galerie éblouissante de littérateurs, de peintres, de sculpteurs et d'artistes dramatiques. « Quelques-uns sont irréprochables, dit M. Firmin Boissin, surtout les notices sur Brizeux, de Cormenin, Jules Janin, Ingres, Paul Delaroche, Ary Scheffer, Delacroix, Horace Vernet, et Hippolyte Flandrin. »

Terminons ces quelques lignes par un *Noël* de ce poète publié par le *Pèlerin*.

>Le ciel est noir, la terre est blanche ;
>—Cloches, carillonnez gaiement !
>Jésus est né : la Vierge penche
>Sur lui son visage charmant.
>
>Pas de courtines festonnées,
>Pour préserver l'Enfant du froid ;
>Rien que les toiles d'araignées
>Qui pendent des poutres du toit.

Il tremble sur la paille fraîche,
Ce cher petit Enfant Jésus,
Et pour l'échauffer dans sa crèche,
L'âne et le bœuf soufflent dessus.

La neige au chaume coud ses franges,
Mais sur le toit s'ouvre le ciel,
Et tout en blanc le chœur des anges
Chante aux bergers : Noël ! Noël !

Ce ne sont pas là les paroles d'un incrédule.

GÉMEAU

GÉNÉRAL, SÉNATEUR.

(1790-1871)

« La religion est la première puissance pour parvenir à moraliser les masses...

« Faites-nous des soldats chrétiens et le monde est sauvé. »

(Général GÉMEAU)

Auguste Pierre *Gémeau*, sorti de l'Ecole militaire en 1808 comme sous-lieutenant, fit les campagnes d'Allemagne, d'Espagne, de Suisse et de France.

Après la révolution de Juillet, il obtint le brevet de maréchal de camp pour sa conduite au siège d'Anvers en 1833. Depuis cette époque, M. Gémeau a commandé plusieurs divisions militaires, entre autres celle de Lyon, où il a promptement étouffé le mouvement insurrectionnel pe Juin 1849; à Rome, il a remplacé, en 1850, le général Barraguey d'Hilliers comme chef de l'armée d'occupation. A l'avènement de l'Empire, il a été appelé à siéger au Sénat.

Le général Gémeau fut aussi chrétien que brave soldat (1). Quelques lettres de lui nous le feront connaître suffisamment sous cet aspect. Voici la première écrite à un prêtre :

Rome, 30 Janvier 1851.

Mon bien cher et bon abbé,

J'ai reçu votre trop bonne lettre du 3 de ce mois, et je dis *trop bonne*, parce qu'elle m'a mis dans un grand embarras. Je voulais la mettre sous les yeux du Saint-Père, persuadé du bonheur que j'allais faire arriver jusqu'à son cœur, mais je n'osais à cause des éloges trop grands que vous me donnez. Voulant donc qu'elle arrivât jusqu'au Pape, j'ai pris une voie détournée, et l'ai remise au cardinal Antonelli... Ce que je puis ajouter, c'est que le Saint-Père a lu les détails contenus dans votre lettre et les journaux qui l'accompagnaient, avec d'autant plus de plaisir, qu'il ne cherche pas le

---

(1) Le 14 septembre 1863, parlant au Sénat en faveur de la papauté, il faisait cette profession de foi : « *Je ne suis pas un Jésuite, (je n'ai pas les vertus qu'il faut pour cela)* mais je suis un catholique, par conviction d'abord, et ensuite par le souvenir d'une mère qui m'a demandé de garder et de servir la religion *tant qu'on ne me présenterait pas quelque chose de mieux à mettre à la place*. Rien de semblable ne m'a été révélé, et je suis catholique.

moins du monde à dissimuler ses sentiments envers les soldats français, surtout quand on lui dit qu'il y en a beaucoup en France qui ressemblent à ceux de Rome.

« Je ne l'ai pas vu depuis la mauvaise tournure que prend notre politique, car je ne sais quel langage tenir pour justifier nos gouvernants et la marche qu'ils nous font suivre...

« En attendant donc, cher ami, travaillez, travaillez sans relâche à la grande œuvre de la moralisation des masses. *La religion est notre première puissance pour y parvenir*. Je l'ai dit bien souvent : la barbarie, sous la figure du socialisme, veut une fois encore envahir le monde. Il faut que la barbarie recule encore une fois devant la croix ! Dieu le veut ! Et pour cela, il a mis sur le trône de saint Pierre, le pape le plus généreux, le plus saint. Il lui a fait voir de près les ennemis de la société, il a voulu même qu'il se confiât un instant à eux pour que leur ingratitude fût plus évidente et leurs projets plus avoués. Dieu, aujourd'hui, lui inspire autant de fermeté et de décision qu'il est nécessaire pour sauver le troupeau confié à ses soins, et je me ferai toujours une grande gloire d'être un des chiens les plus vigilants de ce royal berger.

« Faites-nous des soldats chrétiens et le monde est sauvé. C'est quelque chose de travailler à un pareil résultat. Nous pourrons dire alors : Dieu fera le reste !

⁎

L'année suivante le même ecclésiastique recevait la lettre suivante :

« J'ai pensé, cher abbé, que vous liriez avec plaisir les paroles que j'ai adressées au Saint-Père, à l'époque du jour de l'An.

Très Saint-Père,

« Je suis heureux d'être l'interprète de la division d'occupation, pour présenter au Souverain Pontife l'hommage de notre profond respect et de notre entier dévouement.

« Une armée française a eu la gloire de replacer le pape dans la capitale du monde chrétien, la gloire de la division d'occupation sera de l'y maintenir. Pour cela, elle aura la volonté ferme, calme et persévérante, et au besoin, la force et l'énergie que la religion met au cœur des soldats français et chrétiens.

« Pour une si noble cause, nous prions Dieu de bénir nos efforts et de recevoir les vœux que nous formons au commencement de cette année, pour que l'Eglise conserve longtemps dans la personne auguste de Pie IX le chef si digne de la conduire. »

Afin de compléter cette notice, ajoutons que le général Gémeau reçut peu de temps après, des Tuileries, l'ordre formel de mettre un poste de sûreté au palais du Saint-Père, avec certaines recommandations de précautions, qui tendaient à le constituer prisonnier.

La réponse du brave général, inspirée par son noble caractère et sa foi, fut ferme et énergique, et lui valut sa glorieuse disgrâce. Elle se résumait à peu près en ces termes :

« Sire,

« Je n'ai trouvé qu'un sens à l'ordre de Votre Majesté, celui par suite duquel, un poste rend, au Saint-Père à Rome, les honneurs que vous rend, à Paris, le poste des Tuileries... S'il en était autrement, je serais un *Mollis!* Sire! *Jamais, Jamais!* »

C'est bien le langage du chrétien courageux et convaincu, qui n'hésite pas à sacrifier sa glorieuse situation et son avenir, en face d'un acte qui répugne à la délicatesse de sa conscience et de sa foi.

L'excellent général n'a pas désavoué ces beaux sentiments avant de mourir.

GENOUDE (de)

LITTÉRATEUR, DÉPUTÉ.

(1792-1849)

> « Je perdis la foi en Dieu, en ma propre existence... J'ai bien senti alors que la privation de Dieu était un mal infini. J'ai éprouvé les tourments de l'enfer. »
>
> (DE GENOUDE)

Eugène de Genoude fut d'abord professeur au

lycée Bonaparte. Il a partagé de bonne heure les préjugés impies de la plupart des hommes de son époque. Revenu plus tard à Dieu, il entra au séminaire, qu'il quitta bientôt pour se faire écrivain.

Il fut anobli en 1822 à la suite de la publication d'une traduction française de la Bible, et écrivit dans plusieurs journaux, particulièrement dans la *Gazette de France*, dont il fut longtemps directeur. Il devint prêtre et fut élu député en 1846.

L'éminent écrivain a raconté lui-même, à la manière de S. Augustin, le travail de la grâce dans son âme et par quels moyens Dieu le tira de l'incrédulité.

Né à l'époque de la Terreur, les événements de la Révolution laissèrent peu de trace en son âme, car aimant passionnément l'étude, il était plongé dans les lettres anciennes pour lesquelles il avait une véritable passion : « J'avais un père, une mère remplis de bontés pour moi, des frères, des sœurs, des amis que j'aimais et qui m'aimaient également. Telle fut la vie de mes premières années. Je vivais de l'arbre de vie, je n'avais pas encore goûté l'arbre de la science. Les premiers fruits empoisonnèrent mon bonheur. Je vais vous dire comment. »

De Genoude raconte ensuite comment sa curiosité le porta à lire Voltaire et tous les mauvais auteurs du dix-huitième siècle. « Le seul souvenir religieux qui me revienne à l'esprit, c'est un trait de la *Vie des Saints*. Je lisais la vie de Ste Thérèse, et je fus frappé de son désir d'aller mourir chez les

Maures. La foi était en moi comme si elle n'était pas. Les rapports de Dieu avec moi m'étaient complètement inconnus. Nous étions à l'époque de l'Empire. La philosophie matérialiste du dix-huitième siècle, régnait dans le gouvernement et dans les mœurs. « Rien ne peut peindre, dit M. de Lamartine, qui cherchait alors la poésie comme je cherchais la religion, l'orgueilleuse stérilité de cette époque. » Les hommes géométriques, qui avaient alors la parole, souriaient dédaigneusement quand ils prononçaient les mots : enthousiasme, religion, liberté, poésie. Calcul et force, tout était là pour eux. Ils ne croyaient que ce qui es prouve, ils ne sentaient que ce qui se touche. La religion était morte dans leur intelligence, morte dans leur âme, morte en eux et autour d'eux. Le calcul seul était permis, honoré, protégé, payé. On vivait dans une atmosphère de lâcheté et de servitude, on manquait d'espace et d'air. Je ne me rendais pas compte de cette situation morale, mais je la subissais à mon insu. J'ai fait en herborisant, de nombreux voyages à la Grande-Chartreuse. A la croix du Grand-Son qui apparaissait encore au milieu de ces déserts et dominait tout, je ne me prosternais même pas; personne ne me donnait cet exemple. Je ne savais pas ce que voulait dire ce signe sacré. J'y inscrivis mon nom au-dessous de Revel, machinalement.

.·.

« L'idée de Dieu ne subsistait au fond de mon âme que par le sentiment d'admiration dont j'ai toujours été pénétré pour lui sur le sommet des montagnes...

« Voltaire m'apprit, *je le croyais*, l'histoire, la physique, la philosophie ; il me fit connaître l'Europe, la France ; enfin je crus savoir par lui toutes choses, et la religion m'apparut sous les couleurs qu'il lui donne. D'abord, je triomphai, je me crus un esprit supérieur ; je regardai en pitié tout ce qui m'entourait, je raillai tous ceux qui parlaient devant moi du Christianisme. J'adoptai toutes les objections. Voltaire dit quelque part qu'il a pris les deux hémisphères en ridicule, que c'est un coup sûr. Il est certain qu'il inspire le mépris de la race humaine dans l'histoire, comme dans sa philosophie le mépris de la loi révélée. Il saisit les esprits superficiels avec ce grand nom de Dieu et les mots d'humanité et de patrie, et c'est à l'aide de maximes vraies, rendues dans de beaux vers, qu'il séduit les cœurs et les entraine ensuite à croire toutes les erreurs qu'il leur présente.

« Voltaire a bien soin de tronquer tous les faits, et d'oublier la liberté de l'homme, origine de toutes les péripéties de la race humaine. Il attaque sans cesse le peuple Juif. Ce peuple est le seul qui eût conservé cette unité de Dieu dont Voltaire fait sa religion, et il ne le disait pas. Ce qui m'importe, c'est la vérité conservée par les Juifs. Que me font les torts du sacerdoce ou de la paternité, du prêtre ou du père? Ils sont chargés de me transmettre la vérité et la vie. Le font-ils?

« Voilà la question.

« Ensuite venaient les objections tirées de ce que la Rédemption n'avait pas changé le genre humain; mais c'était là faire naître une difficulté insurmontable contre Dieu même. Car si c'est une objection contre le Dieu rédempteur du monde qu'il y ait encore des vices et des crimes, c'en est une également contre le Dieu qui a créé l'homme et qui n'a dû le créer qu'afin de le rendre heureux.

« On peut juger du mal que cette philosophie superficielle dut faire à un esprit de quinze ans...

« J'étais au plus fort de mes doutes. Le désordre du monde, les vices, les crimes, les maladies, l'ignorance, la mort, le silence de Dieu au milieu de toutes les douleurs de l'homme, l'abandon où je croyais l'humanité, m'avait fait rejeter l'idée de Dieu. Voltaire avait détruit pour moi la chaîne de la Révélation. Le monde me paraissait sans sagesse... Plus de liberté pour l'homme; Dieu, s'il y en avait un se jouait de nous; il avait donné une âme à la douleur.

« Toute la nature qui auparavant avait tant de charmes pour moi était devenue une sombre prison.

J'étais dans un cachot, environné de déceptions dont je n'avais pas le mot ; j'étouffais.

**
**

« Je menais alors une vie très singulière. Je passais beaucoup de temps dans une solitude absolue. Je dévorai tout J-J. Rousseau. Ses contradictions me jetèrent dans une grande perplexité... Je sentais que son théisme n'a point de sanction. J'étais confondu de cette incertitude de Rousseau, tant mes préjugés contre le Christianisme étaient grands.

« J'arrivai enfin au passage si étonnant sur Jésus-Christ. Je l'ai relu cent fois. Ce passage a fait une profonde impression sur moi. Il commençait à me faire sortir des incertitudes du théisme de Rousseau. *Il a décidé de toute ma vie.* Je me dis alors que puisque Rousseau parlait ainsi de Jésus-Christ malgré les railleries de Voltaire, la religion chrétienne méritait d'être discutée, et je me proposai de me livrer à cet examen.

« Le scepticisme ne me paraissait pas possible, et je pris la résolution de consacrer ma vie tout entière, s'il le fallait, à la grande question de savoir ce qu'était Jésus-Christ : homme envoyé de Dieu, ou Dieu lui-même. J'ai rempli ma promesse, et je dirai tout à l'heure ce que j'ai fait pour l'accomplir. »

De Genoude tint parole.

Il rapporte ensuite qu'il fit la rencontre d'un vieux et saint prêtre, qui l'ayant séduit par le charme de sa piété et de sa conversation lui fit accepter de lire, à la place de Voltaire et de J.-J. Roussau, Fénelon, Bossuet et aussi l'Ecriture sainte « que je voulais lire, ajoute-t il, pour juger si elle méritait les mépris de Voltaire ».

Ce fut à la rencontre d'un saint prêtre qu'il dut les débuts de sa conversion, ce fut aussi un saint prêtre qui l'acheva, M. Teysseyre, un de ses anciens professeurs, de la société de St-Sulpice.

De Genoude allait le voir fréquemment. « Il me disait souvent en faisant allusion aux difficultés que certains hommes opposent à la religion : *Si les vérités mathématiques obligeaient dans la pratique, il y aurait peu de personnes qui croiraient aux vérités mathématiques.* Le miel découlait de ses lèvres. « Il faut s'engager hautement dans le monde, me disait-il sans cesse ; faites profession de vos croyances, vous serez défendu même par ce qui perd les autres, par le respect humain. » Un jour, je rencontrai dans sa chambre le duc de Rohan, et il nous dit en nous présentant l'un à l'autre : « *Faciem euntis in Jerusalem,* voici la figure de quelqu'un qui va à Jérusalem. » Depuis la mort de M. Teysseyre, M. de Rohan et moi nous nous sommes tous deux faits prêtres.

« Je racontai toute ma vie à M. Teysseyre. Il me parla de la nécessité de communier. Je savais tout ce que les protestants et les philosophes opposent à la confession et à la communion. Mais il m'était impossible, depuis que je reconnais l'autorité de Jésus Christ, de ne pas voir dans ses paroles : « Tout ce que vous lierez et délierez sur la terre sera lié et délié dans le ciel, » l'établissement du pouvoir absolu d'absoudre les péchés, et dans ces paroles « Ceci est mon corps, » l'établissement de la communion...

« Je fis tout ce que M. Teysseyre voulut, et je trouvai une grande joie à suivre ses conseils. Il m'a donné cette grande leçon : « Faites toutes vos actions comme si vous deviez mourir après les avoir faites. »

« C'est à la chapelle de la Sainte-Vierge, à Saint-Sulpice, que je communiai en 1811, et je puis dire que ce fut là ma première communion. Je me donnai tout à Dieu, et j'éprouvai la vérité de ce vers du Dante :

« Tanto si da quanto truova d'ardore, »

« Dieu se donne à nous d'autant plus qu'il trouve en nous plus d'ardeur. » La communion me fit connaître l'amour divin ; je ne songeai plus qu'à servir Dieu et à être utile aux hommes. Je ne pouvais plus comprendre que j'eusse aimé quelque chose en dehors de Dieu. Qu'était ce que la grandeur des sites, la beauté que j'avais contemplée dans les tableaux de Raphaël et du Guide à côté de la beauté infinie de Dieu ? Qu'était la bonté des hommes et leur puissance en comparaison de Dieu? – Dieu m'aime, me disais-je, Dieu a voulu souffrir et mourir pour moi.

« Ces pensées me ravissaient. »

« Non, je n'oublierai jamais l'amour qui se répandit dans mon cœur, après ma communion de Saint-Sulpice. C'est de là que datent pour moi le désir du martyre, l'amour du séminaire et les vœux ardents pour la vie contemplative.

« ... Ma vie peut se diviser en deux parts :

« Un premier travail de la lumière divine pour chasser les ténèbres de mon esprit ;

« Un travail de l'amour divin pour chasser de mon cœur les affections terrestres. »

GEOFFROY SAINT-HILAIRE

SAVANT NATURALISTE, DE L'INSTITUT.

(1772-1844)

> « Arrivé sur cette limite, le physicien disparaît, l'homme religieux seul demeure pour partager l'enthousiasme du saint prophète, et pour s'écrier avec lui : *Laudemus Dominum.* »
> (ET. GEOFFROY SAINT-HILAIRE)

Né à Etampes, Etienne *Geoffroy Saint-Hilaire* fut successivement destiné au droit, à l'état ecclésiastique et à la médecine. Il choisit définitivement les sciences, dans lesquelles il eut pour maître le célèbre Haüy, avec qui il se lia d'amitié malgré la différence d'âge et de position.

Celui-ci lui obtint la place de démonstrateur du cabinet d'histoire naturelle, puis celle de sous-directeur au Jardin des Plantes. A l'époque de l'organisation du Muséum, Geoffroy qui ne s'était encore occupé que de minéralogie fut chargé du cours de zoologie. Tout était à faire, mais l'actif professeur ne faillit pas à sa tâche : bientôt il eut créé la ménagerie, les collections furent renouvelées, classées, complétées.

En 1798, Geoffroy partit pour l'Egypte avec la commission scientifique organisée par Bonaparte.

Appelé à l'Institut en 1807, il accepta la mission d'aller en Portugal explorer toutes les collections d'histoire naturelle, et d'y prélever tout ce qui lui manqait. A son retour, en 1809, il fut choisi pour occuper la chaire de zoologie à la Faculté des sciences, et continua de professer simultanément ses deux cours du Muséum et de la Faculté jusqu'en 1840.

Alors devenu aveugle, ses forces s'affaiblirent, et il ne fit guère que languir jusqu'à sa mort. Epuisé par tant de travaux et de veilles, on le voyait encore se promener au Jardin des Plantes, parmi les œuvres qu'il avait créées et dont il ne pouvait jouir, guidé par une fille dévouée que Dieu avait placée comme un ange près de lui, et dont la bonté lui faisait dire : « Je suis aveugle et pourtant je suis heureux. » La science, qui l'occupait encore, animait et éclairait sa belle intelligence :

« Oh! mes amis, s'écriait-il, je cherche en vain la lumière, et cependant le spectacle des êtres animés est toujours devant mes yeux. »

« Que de regrets pourtant ne devait-il pas éprouver, lui naturaliste enthousiaste, contemplateur assidu des merveilles de la création. Comme Milton aveugle, il aurait pu pleurer la perte de la lumière et celle de ce splendide Jardin des Plantes, qui était son paradis sur terre, son premier et son dernier asile (1). »

Le 14 juin 1844, il avait cessé de vivre.

On a, de ce savant, des traités remarquables sur les différentes parties de l'histoire naturelle. Nous ne voulons pas les énumérer tous, nous rappellerons seulement la lutte mémorable qui éclata entre Geoffroy Saint-Hilaire et Cuvier, au sujet de l'origine des animaux, et qui tint alors en éveil tous les savants de l'Europe. La question était celle-ci :

Les animaux, qui peuplent notre globe, s'offrent-ils à nos yeux tels qu'ils ont été créés? — Oui, disait Cuvier. *Se sont-ils, au contraire, modifiés depuis leur création, et continueront-ils à se transformer? — Oui*, affirmait Geoffroy Saint-Hilaire.

De nombreux mémoires furent écrits par les deux savants, (qui étaient aussi amis) pour soutenir leur thèse. Chacun eut ses partisans. Les progrès de la science ne permettent pas de résoudre la question.

(1) J. Lebrun.

.

Geoffroy Saint-Hilaire avait été élevé chrétiennement au collège de Navarre et à celui du Cardinal-Lemoine, par les soins de ses pieux professeurs, entre autres par l'abbé Lhomond et celui qui fut depuis son ami, l'abbé Haüy. A peine âgé de dix-huit ans il était admis dans la douce intimité de ces savants : c'est là, que ses convictions religieuses s'étaient affermies.

Aussi ne craignait-il point de leur rendre hommage dans ses livres.

Dès 1794, inaugurant, au Muséum d'histoire naturelle, l'enseignement de la zoologie, il fit un *Discours tendant à prouver que l'homme ne doit être compris dans aucune classe d'animaux.*

A la fin d'un chapitre de sa philosophie anatomique, on lit ces belles paroles : « Arrivé sur cette limite, le physicien disparaît, l'homme religieux seul demeure, pour partager l'enthousiasme du saint prophète et pour s'écrier avec lui : *Cœli enarrant gloriam Dei..... Laudemus Dominum.*

Et ailleurs : « L'homme, écrit-il, est de création moderne....... le dernier né de la création des six jours, il en est le plus éclatant produit... L'apparition de l'homme sur la terre coordonne et achèv le sublime arrangement des choses..... Ainsi Dieu s'est donné un **actif et puissant ministre** dans l'administration de l'ordre créé par son éternelle sagesse (1). »

Mais ce savant ne se bornait pas à des paroles : nous pouvons citer plueuq aicrsses de dévouement qui font honneur à ses sentiments religieux autant qu'à la noblesse de son cœur.

Du 12 au 13 août 1792, il eut la douleur de voir arracher de sa maison son maître bien-aimé et son ami, l'abbé Haüy, ainsi que d'autres ecclésiastiques. En voyant incarcérer ceux qu'il aime, Geoffroy se promet de tout braver pour sauver les prisonniers.

Ses démarches sont si actives que, dès le lendemain, la liberté d'Haüy est réclamée et obtenue au nom de l'Académie des sciences. « Le 14, à 10 heures du soir, raconte J. Lebrun, Geoffroy Saint-Hilaire a entre les mains l'ordre de délivrance. Quelques minutes après il est à Saint-Firmin, se jette au cou d'Haüy et lui dit : « Venez, vous êtes libre. »

Geoffroy venait de payer une dette de reconnaissance, mais là ne devait pas se borner son dévouement. Laissons-le lui-même, raconter ses efforts pour sauver les autres captifs.

Voici ce qu'il écrivait : « J'avais vingt ans en 1792, j'ai aspiré à sauver mes honorés maîtres. Profitant du désarroi occasionné par le tocsin, j'ai pénétré à deux heures, le 2 septembre, dans la prison de Saint-Firmin. Si mes maîtres n'ont point accepté de sortir, cela a tenu à un excès de délica-

(1) *Dictionnaire de la conversation*, t. XXXI, p. 487.

tesse, à la crainte de compromettre d'autres ecclésiastiques. J'ai passé la nuit du 2 au 3 septembre sur une échelle, en dehors de Saint-Firmin. Douze ecclésiastiques, qui m'étaient inconnus, échappèrent. »

Près de quarante ans après, dans les mauvais jours de 1830, il eut la gloire de soustraire aux fureurs du peuple Mgr de Quélen, archevêque de Paris. Il offrit à ce vénérable prélat un asile en sa demeure jusqu'au 14 août, date mémorable pour Geoffroy Saint-Hilaire. C'était aussi le 14 août qu'il avait sauvé l'abbé Haüy.

Cet homme célèbre mourut fidèle à la foi de son enfance. « Ainsi finit cet homme éminent qui après avoir pénétré dans toutes les profondeurs de la science y a laissé la forte et durable empreinte de son génie. La science reconnait en lui un de ses législateurs, et la France une de ses gloires éclatantes. Si le nom de Cuvier est immortel, celui d'Etienne Geoffroy Saint-Hilaire sera aussi vainqueur des temps (1) »

GIRARDIN (de)

PUBLICISTE, DÉPUTÉ.

(1802-1881)

« Il a vu la lumière de la foi en même temps que la mort. »

Un célèbre publiciste, Emile *de Girardin* est

(1) J. Lebrun.

mort le 27 avril 1881. Jusqu'en 1827, il avait été employé dans les bureaux de la maison du roi, puis chez un agent de change, où il n'était alors connu que sous le nom de Delamothe.

Inspecteur des beaux-arts sous le ministère Martignac, il mit à profit les loisirs de sa situation pour se lancer dans la presse. Il fonda d'abord deux journaux : le *Voleur* et la *Mode*. Puis voyant tout le parti qu'on pouvait tirer de la presse, il publia successivement le *Journal des connaissances utiles*, le *Journal des instituteurs primaires*, le *Musée des familles*, l'*Almanach de France*, l'*Atlas universel* et le *Panthéon littéraire*.

Intelligent et de plus en plus actif, il fonda en 1836 la *Presse* qui opéra toute une révolution dans le journalisme. Alors, assailli de tous côtés par ses ennemis politiques, de Girardin eut avec Armand Carrel, rédacteur du *National*, le duel dans lequel il le tua, et dont il vint chercher, en 1848, l'expiation solennelle au cimetière de Saint-Mandé. Il fut élu quatre fois député avant le second empire. On assure que c'est lui qui gagna à la cause républicaine Victor Hugo, dont il fut le principal rédacteur à l'*Evénement*.

De Girardin n'était pas chef de parti, encore moins orateur, c'était un publiciste, un grand remueur d'idées. Sa place était dans le journal qu'il a créé et qu'il a rendu redoutable à tous les partis.

Au milieu des agitations de sa vie politique, le grand publiciste n'abdiqua jamais sa foi religieuse, bien qu'il n'en donnât pas assez de preuves publiques. Sa plume qui a traité tant de sujets divers, combattu tant d'institutions et de gouvernements, n'a jamais déversé l'injure sur la religion et ses ministres. S'il allait contre les lois de l'Eglise, si même il les critiquait, c'était par la nécessité de sa situation, ou par ignorance des matières religieuses, non par haine. Il a, du reste, énergiquement défendu la liberté des associations religieuses et de l'enseignement chrétien.

Aussi, dès que la perspective de la mort lui apparut dans sa dernière maladie, sa foi se réveilla ; il se souvint qu'il était chrétien. Il a demandé le prêtre et s'est confessé avec la simplicité d'un enfant. Lui, dont l'action avait été parfois si puissante dans le monde, s'est incliné avec humilité sous la main du prêtre, pour recevoir le pardon.

Le *Monde* a raconté ainsi ses derniers moments :

« M. l'abbé Sabbatier, premier vicaire de Saint-Pierre de Chaillot avait conservé de lointaines relations avec M. de Girardin ; ayant appris sa maladie, il s'était fait inscrire plusieurs fois chez lui.

A quatre heures du matin on vint le chercher de la part de M. de Girardin, qu'il trouva en pleine connaissance, et auquel il proposa de se confesser, ce qui se fit immédiatement de la manière la plus édifiante.

M. l'abbé Sabbatier revint pour l'administrer. Il lui demanda alors en présence de son fils, de sa belle-fille et des domestiques présents : « Vous

voulez bien que je vous donne l'Extrême-Onction?
— Oui, oui, répondit très intelligiblement le malade, je le veux. »

La cérémonie s'accomplit très pieusement, et à huit heures tout était fini.

En s'en allant, le prêtre rencontra un ami du moribond, qui lui dit avec une vive émotion : « Monsieur l'abbé, l'avez-vous administré? » Sur la réponse affirmative, les yeux de cet ami se remplirent de larmes, et avec un sentiment de religieuse gratitude il s'écria : « Ah! Dieu soit loué! »

.˙.

Les deux traits suivants nous feront connaître les sentiments religieux qui animaient M. de Girardin pendant sa vie.

Le premier a été rapporté par un écrivain distingué qui l'a beaucoup connu.

« J'étais, dit-il, des adversaires politiques d'Emile de Girardin. Il le savait, et même un jour, il y a de cela quinze ans, il me fit la grâce de me dire, dans un de ces entretiens intimes qu'il ne prodiguait pas, et qui avait ainsi plus de prix et de charme :

— J'admire votre foi robuste.

Et, comme il souriait, je lui demandai :

— Parlez-vous de ma foi politique, ou de ma foi religieuse?

— Je les confonds et je les envie. »

« Un jour, dit l'abbé Saillard, chez le prince

Napoléon, se trouvaient réunis, par une circonstance fortuite, Hervé, Renan et de Girardin. Le prince avec sa vivacité brutale, affirmait qu'il n'y avait plus de catholiques et que les vieilles femmes seules avaient encore de la religion.

« — Pardon, Monseigneur, dit Hervé, il y a encore des catholiques; moi par exemple.

— Et moi aussi, dit Girardin.

— Vous! reprit le prince, allons donc?

— Il n'y a point d'allons donc. On naît dans une case religieuse comme on naît dans une case nationale, et je ne puis pas plus ne pas être catholique que je ne puis ne pas être français. »

M. de Girardin n'a pas voulu renoncer au souvenir de son baptême, ce sera son éternel honneur. Au moment où tant de criminelles spéculations déclarent au catholicisme une guerre à mort, il a préféré, lui, mourir en catholique. Il a bien fait. Par ce dernier trait de sa vie, il a donné à tous les penseurs du présent et de l'avenir une éclatante leçon.

Il a fait plus, il a prouvé qu'il était véritablement un homme d'esprit et de cœur, et non un renégat **vulgaire et sottement prétentieux.** »

GOSCHLER

AVOCAT, DIRECTEUR DU COLLÈGE STANISLAS,

LITTÉRATEUR.

(1804-1866)

> « La Providence m'a toujours mené comme par la main, et m'a fait passer par des degrés invisibles, du Judaïsme au Christianisme. »
> (J. Goschler)

Isidore Goschler est né à Strasbourg de parents israélites.

Docteur ès lettres et licencié en droit, il fut d'abord avocat, puis successivement professeur au collège de Besançon et au petit séminaire de Strasbourg, puis directeur des études au collège de Juilly. En 1847, il devint directeur du collège Stanislas, plus tard se démit de ses fonctions; et consacra ses loisirs à faire plusieurs traductions très estimées d'ouvrages allemands en français. Il a, en particulier, traduit le célèbre *Dictionnaire encyclopédique de la théologie catholique*, en 26 volumes, où il a fait preuve d'une doctrine sûre, d'une grande érudition, jointe à une critique judicieuse, en ajoutant au travail des auteurs allemands plusieurs articles remarquables. Il fut converti par le célèbre M. Bautin, dont nous avons parlé plus haut, et écrivit dans la préface de la *Philosophie du Christianisme*, le récit de cette conversion où nous puisons les détails suivants.

« Rien n'est plus simple que l'histoire de ma conversion. La Providence m'a toujours mené comme par la main, et m'a fait passer des degrés insensibles du Judaïsme au Christianisme, et du monde à l'Eglise.

Admis, dès mon enfance, dans les établissements d'instruction publique, j'ai été élevé par des parents juifs et instruit par des maîtres chrétiens, les uns aussi peu fervents que les autres... je passai mon enfance livré à la légèreté et à la frivolité du jeune âge. J'arrivai ainsi en philosophie, n'y apportant que de vagues croyances, et prêt à les abandonner si elles n'avaient pu se justifier à mon intelligence, et s'allier avec le sentiment de la liberté et de la dignité humaine qui commençait à s'éveiller en moi...

Mais, grâces au Ciel, grâces à M. Royer-Collard, alors grand-maître de l'Université qui avait su distinguer le génie naissant, un homme jeune encore, et connaissant les besoins de son siècle, professait la philosophie au collège de Strasbourg quand j'y commençai mon cours, et sa parole décida de mon avenir. J'en appelle à tous ceux qui entendirent alors avec moi M. Bautain. Comment exprimer le bonheur que nous goûtions à recevoir cette parole de science et de vérité, revêtue de tous les charmes d'une douce et entraînante éloquence. Nous étions jeunes, légers, dissipés, comme on l'est à dix-sept ans; cette doctrine philosophique nous apprit à rentrer en nous-mêmes, et nous rendit graves sans pédanterie, recueillis sans affectation, et sérieux sans chagrin. Le cœur, à cet âge, a besoin d'aimer et demande à se poser dans un objet digne de lui. Au lieu de nous le laisser chercher dans les créatures, le maître nous élevait vers le Créateur.

* *

« J'avais terminé mes études de droit; il fallait embrasser un état dans le monde. Mes amis se livraient aux études médicales, je résolus de suivre leur exemple... Tandis que je m'appliquais ainsi à la science de guérir, une autre sphère d'activité s'ouvrit en même temps pour moi, et j'y entrai avec mon ami Théodore Ratisbonne. Ce fut lui qui vainquit ma répugnance à partager les soins qu'il donnait à l'instruction de la jeunesse israélite dont il s'était chargé.

L'esprit chrétien dont nous étions remplis l'un et l'autre pénétra par degrés, sous les formes d'une instruction profane, les élèves qui la recevaient. C'était pour eux une sève féconde qui vivifiait leur cœur et leur esprit, et les heureux progrès de leur développement moral et intellectuel me dédommagèrent de toutes les peines et de tous les ennuis, que me coûtèrent deux années de travaux et d'enseignement au milieu des Juifs.

Plus je les voyais, plus je vivais avec eux, plus je me sentais intérieurement entraîné vers l'Église, dont la parole et les espérances, transmises par le maitre qui était devenu mon guide et mon père, me donnaient la force de surmonter mes dégoûts. Depuis longtemps, mes entretiens avec mes amis avaient pour objet la nécessité d'entrer dans l'Église franchement, ouvertement, et par le fait, comme nous lui appartenions de cœur et d'intention, et ce fut à cette époque surtout que notre correspondance avec le maître fut active.

Je frappai alors avec instance à la porte de cette Église, arche de salut pour l'humanité. Elle me fut ouverte cinquante jours après que mon ami y fut entré, et celui qui m'avait appelé à la vérité et qui m'en avait montré la voie, et qui était mon père en Jésus-Christ, me présenta aux fonts sacrés du baptême.

Le soir de ce même jour, je rentrai dans ma famille, dont les membres étaient tous réunis. Etrange situation ! Au dehors rien ne paraissait changé, ils me croyaient encore des leurs, mais au dedans je ne leur appartenais plus, et j'étais entré dans la terre promise. Ils attendaient le Sauveur et je l'avais même confessé, j'avais été pénétré de sa vertu divine, je portais en moi les prémices de la vie du ciel... Oh ! que mon âme éprouvait de consolations et de tristesses, de joie et de douleur, quand je me trouvais ainsi avec la conscience de ma délibération, de ma dignité et de mes espérances chrétiennes, au milieu de mes parents courbés encore sous le fatal anathème ! »

Mais, comme il le rapporte lui-même, l'ardeur de son caractère avait besoin d'action et de dévouement. Il avait longtemps rêvé celui du soldat qui se donne à son prince et à sa patrie ; une autre milice lui ouvrait alors ses rangs, il y entra, car Dieu parlait fortement à son cœur, il se fit soldat de Jésus-Christ dans le ministère sacerdotal. Il est mort fidèle à ses engagements en 1863.

GRAEFF

INGÉNIEUR EN CHEF, MINISTRE.

(1812-1884.)

> « Ce savant homme prouvait que la raison et la science s'allient parfaitement avec la foi de nos pères. »
> (J. CHANTREL)

Au mois d'août 1884, ont eu lieu les obsèques de M. Graëff, ancien ingénieur en chef des ponts et chaussées et ancien ministre, sous le maréchal Mac-Mahon.

Né en 1812 à Schlestad, M. Auguste *Graëff* descendait par sa mère d'un membre distingué du barreau de Colmar, qui avait épousé la seule héritière des Favier, dont l'un fut avocat général, et l'autre premier président du Conseil souverain d'Alsace sous Louis XIV. Ces magistrats, originaires de Metz et de Paris, avaient formé la jurisprudence de la Cour, et rédigé les fameux arrêts de Réunion, qui défendent les droits de la couronne de France.

Élève du collège de Schlestad, Auguste Graëff fut initié aux études mathématiques par le professeur Schwilgué, l'incomparable calculateur, qui plus tard, répara d'une façon si merveilleuse l'horloge astronomique de Strasbourg. Ce savant homme d'une simplicité antique, pratiquait hautement la religion catholique, et prouvait que la raison et la science s'allient parfaitement avec la foi de nos pères.

Ainsi que beaucoup de ses condisciples, élèves de cet homme éminent, M. Graëff fut reçu à l'École polytechnique, et à sa sortie fit son stage à l'École des ponts et chaussées, pour arriver plus tard au rang le plus élevé de cette administration.

Comme son maitre, M. Graëff était attaché à sa religion, et la pratiqua fidèlement dans les diverses situations où son mérite le plaça. Tous les dimanches, on le voyait avec sa famille à la messe et au salut. Plusieurs fois par an, il s'approchait de la sainte Table, et il avait obtenu le privilége d'une chapelle dans son château de la Dame, à Boisset, (Haute-Loire), où il est mort.

M. Auguste Graëff a couronné une vie chrétienne signalée d'ailleurs par des travaux du plus haut mérite, par une mort aussi très chrétienne. Lorsqu'il se vit gravement atteint par la maladie qui devait l'emporter, encore dans la plénitude de ses facultés, il reçut les sacrements de l'Eglise avec un grand esprit de foi, et inclina sa tête mourante sous la bénédiction apostolique que le Nonce obtint pour lui.

Il a laissé une pieuse veuve, alsacienne comme lui, dont la charitable sollicitude est depuis longtemps appréciée par les pauvres Alsaciens de Paris.

GRATRY (P.)

DIRECTEUR DU COLLÈGE STANISLAS,
PROFESSEUR A LA SORBONNE,
MEMBRE DE L'ACADÉMIE FRANÇAISE.

(1805-1872)

> « L'homme tend par chacun de ses mouvements libres vers la plénitude de la vie ou la vanité de la vie. On se rapproche de Dieu, et *on est plus*; on s'en éloigne, *et on est moins*... L'homme mauvais tend vers le néant. »
> (P. GRATRY)

La mort prématurée du P. Gratry fut une grande perte pour la polémique chrétienne et pour les lettres.

Alphonse *Gratry* naquit à Lille, fit ses études à Paris, et se distingua d'une manière particulière aux concours généraux des collèges. Doué d'une grande aptitude pour les sciences mathématiques, il entra à l'Ecole polytechnique et en sortit dans un bon rang, puis ne pouvant alors embrasser la carrière qui lui convenait, il accepta, en 1828, la modeste fonction de professeur de septième au collège impérial de Strasbourg. Les élèves ont gardé le plus doux souvenir de ce charmant professeur déjà si instruit, si patient, si assidu à leur rendre le travail fructueux et agréable.

Ici se place l'incident capital de la vie du P. Gratry, dont l'âme aimante et pure était invinciblement attirée vers les choses du ciel.

A cette époque, vivait à Strasbourg comme professeur de philosophie à la faculté des lettres, un célèbre et éloquent élève de Cousin, Louis Bautain. Son enseignement avait réuni autour de sa chaire l'élite de la jeunesse. Bientôt il fit école. Ses jeunes auditeurs devinrent ses disciples, et beaucoup prirent avec lui la robe du prêtre chrétien. Plusieurs appartenant aux premières familles israélites durent d'abord recevoir le baptême.

Du sein de cette réunion d'élite allait bientôt sortir une pléiade d'hommes remarquables, qui devaient s'appeler dans la suite : le Cardinal de Bonnechose, auparavant avocat général près la cour de Besançon, Mgr Lovel, supérieur de Louis-des-Français à Rome, l'abbé Carl, directeur du collège de Juilly, l'abbé Goschler, directeur du collège Stanislas, Théodore Ratisbonne, l'abbé de Régny, et d'autres encore qui marquent dans la science et la vertu.

Gratry, devenu prêtre, fut bientôt agrégé à cette société dont il devint une illustration. De 1841 à 1846, il fut appelé à la direction du collège Stanislas; mais les soins, les embarras matériels répugnaient à ce savant simple et studieux, et en 1846, il préféra être attaché à l'Ecole normale en qualité d'aumônier.

Là, il dut entrer en lutte avec M. Vacherot, directeur de cette école, dont les doctrines s'éloignaient trop de la foi catholique pour que l'aumônier se dispensât de les combattre. Il demeura vainqueur, et M. Vacherot dut quitter la direction de l'Ecole. L'abbé Gratry y resta jusqu'en 1852, époque où il contribua avec le P. Pététot à la rénovation de l'Oratoire en France. C'est à cette période de sa vie que furent publiés les ouvrages remarquables qui ont mérité à son auteur la haute estime des contemporains: son livre *De la connaissance de Dieu*, sa *Logique*, son livre *De la connaissance de l'âme*, et sa *Philosophie du Credo*.

L'état de sa santé et quelques autres raisons lui firent plus tard quitter l'Oratoire, avec lequel il demeura cependant en communication. Il acheva la composition de plusieurs ouvrages, *les Sources*, *Commentaires sur saint Mathieu*, *Jésus-Christ*, (réponse à M. Renan), *les Sophistes et la Critique*, *Henri Peyreyve*, etc., et professa pendant quelques années la morale à la Sorbonne.

.*.

Cependant ses amis, admirateurs de son beau talent rêvaient pour lui la plus haute distinction que puisse atteindre le littérateur : un fauteuil à l'Académie française. Le P. Gratry, si timide, si modeste, si dépourvu d'ambition, se laissait aller parfois à se croire un des élus, et « comme un jour, dit un de ses élèves, nous l'engagions à vaincre sa timidité naturelle et à se présenter » :

« — Mais comment, nous dit-il, voulez-vous que je me présente avec cela ? »

Et il nous montrait sa soutane. »

Enfin ses amis s'employèrent à sa place, et eurent la joie de le voir élu à l'Académie française en 1867.

Très lié avec Mgr Dupanloup, le P. Gratry appartenait à l'école catholico-libérale, pour laquelle le concile du Vatican fut une si rude épreuve. Aussi le vit-on, dans les premiers mois de 1870, se lancer avec une ardeur aussi grande qu'irréfléchie, contre l'infaillibilité, ardeur qu'expliquaient ses idées antérieures et ses relations avec les hommes de son école.

Il fut poussé dans cette lutte par des amis qui abusaient de son talent et de sa réputation, et servi par des copistes peu fidèles, et sans doute peu scrupuleux, qui l'engagèrent dans une controverse sans issue honorable. Par bonheur, sa vertu et sa piété prirent ledessus, et quand le dogme de l'Infaillibilité fut proclamé, quelque temps avant sa mort, il écrivit trois lettres rendues publiques, pour affirmer son adhésion à ce dogme de foi.

La première est adressée à M. Méric, son collègue à la Sorbonne, et datée de Montreux, 18 novembre 1871; la seconde à Mgr Guibert archevêque de Paris; et la troisième à un collègue du P. Gratry à l'Académie française. Glorieuse rétractation, qui sans doute, si Dieu lui en eût donné le temps, aurait été suivie de nouveaux écrits, dans lesquels il eût montré comment il avait été trompé, et comment la foi de l'Eglise était restée la même à travers les siècles.

Ses travaux sans nombre avaient épuisé rapidement ses forces; la reddition de son cher Strasbourg, les autres malheurs de la patrie et de l'Eglise affectèrent vivement son cœur si patriotique et si pieux. On crut en le conduisant à Montreux, cette petite Provence du canton de Vaud, sur les bords du Lac de Genève, pouvoir contribuer à sa guérison

Ce fut le contraire. Là, le mal fit tout à coup de rapides progrès, et tout espoir fut perdu. L'illustre écrivain vit arriver la mort avec résignation; il souffrit avec une patience qui édifia tous ceux qui se trouvaient près de lui, confessa de nouveau sa foi, reçut les sacrements de l'Eglise, et mourut dans les vrais sentiments d'un fils soumis à la sainte Mère de tous les chrétiens.

Sa mort fut une grande perte pour la France littéraire et catholique.

Après la noble rétractation faite avec tant d'humilité et d'obéissance, à l'exemple de Fénelon, de Ventura et de tant d'autres, on pouvait compter sur une belle œuvre, digne de sa foi et de son beau talent : c'est une joie et une consolation à laquelle il a fallu renoncer. Dieu n'en avait pas besoin pour son Eglise.

GREELEY

PUBLICISTE, DÉPUTÉ, CANDIDAT A LA PRÉSIDENCE DES ETATS-UNIS.

(1811-1874)

> « J'ai toujours aimé les catholiques dans leur religion... Je veux mourir en catholique... »
> (H. GREELEY)

On se rappelle que M. Greeley, le fondateur et le directeur du journal le plus considérable de New-York et des Etats-Unis, était le concurrent du général Grant, à l'une des dernières élections présidentielles de la grande République américaine, et qu'il est mort quelques temps après cette campagne électorale, après avoir passé plusieurs semaines au chevet de sa femme mourante.

Cet homme éminent et dont l'influence fut si

considérable, né dans le protestantisme, après avoir vécu dans l'indifférence, est mort dans le sein de l'Eglise catholique.

Horace Greeley, né le 3 juin 1811, d'une famille de laboureurs, s'instruisit dans les lettres et les sciences pendant qu'il était imprimeur. Une mémoire prodigieuse, une volonté ferme lui permirent d'acquérir les connaissances nécessaires à l'homme politique. Après mille vicissitudes, et possédant quelque argent, il se voua à la propagation de la presse à bon marché. Il fonda le *Morning post*, qui commença sa réputation et fut élu au Congrès.

Une correspondance adressée à *l'Univers* donne les plus intéressants détails sur sa conversion.

Quelque temps avant sa mort, même lorsqu'il était tout entier à son journal, à sa politique, et au soin de sa mère malade, Greeley parlait souvent de religion, et il était évident que son cœur était pour l'Eglise.

Quand il se mit au lit, après les funérailles de Mme Greeley, il pria M. L..., un ami intime, bon catholique, de ne pas le quitter.

Le voyant faiblir, l'ami lui suggéra d'avoir un ministre. Il répondit :

— « Oui, mon ami, je désirerais mourir catholique.

— Faut-il vous amener un prêtre? demanda l'autre.

— Oui, mon cher, amenez-moi un prêtre; j'ai toujours aimé les catholiques dans leur religion.

L. sortit tranquillement et alla trouver le P. F. mais malheureusement ne le trouva pas chez lui. Il retourna auprès du malade, laissant chez le prêtre une note pour expliquer son désir.

A son retour, L. trouva M. Greeley faiblissant; mais celui-ci le prit par la main et lui dit :

— « Vient-il?

— Il n'est pas chez lui; mais voulez-vous mourir catholique?

— Oui, murmura Greeley.

— Alors, vous savez qu'en cas de nécessité toute personne peut administrer le baptême. Ainsi, si vous croyez à la doctrine et aux enseignements de l'Eglise catholique, je vais vous baptiser. Avez-vous jamais été baptisé?

— Non, L., baptisez-moi; je veux mourir en catholique, dit Greeley d'une voix encore plus faible. »

M. L. prit un verre d'eau et le versant en forme de croix sur la tête du moribond, prononça les paroles du baptême.

M. Greeley le remercia en lui serrant la main et bientôt retomba dans une insensibilité dont il ne revint pas. M. L. courut chez le prêtre et le rencontra, en route pour la demeure de Greeley. Il lui dit ce qu'il avait fait et que le malade était sans connaissance en ce moment.

— « Vous avez bien fait, dit le prêtre, et puisqu'il est insensible, il ne sert à rien que j'y aille; s'il revient à lui, faites-le moi savoir immédiatement. »

M. L. promit de le faire, mais Greeley ne reprit plus connaissance : il était mort dans la foi de la sainte Eglise catholique.

GRIVEL (baron)

CONTRE-AMIRAL.

(1813-1883)

> « Mon Dieu, je vous confie mes enfants ! Que votre volonté soit faite et non la mienne !... »
> (Amiral GRIVEL)

Le contre-amiral baron *Grivel*, mort au Sénégal en 1883, avait une belle carrière. Il faisait honneur à la France, dont il savait si bien inspirer l'amour et le respect ; à notre marine, dont il suivait avec fidélité les traditions chrétiennes et chevaleresques. Rien ne serait plus intéressant que de relever dans la vie de ce grand serviteur de la France les nombreux témoignages de la haute mission que, sous tous les climats, ce brave marin remplit vis à-vis des enfants et de la « clientèle catholique, » du glorieux pays du S. Louis et de Louis XIV, c'est ce qu'a fait M. Félix Julien dans un beau livre publié en 1883. Mais, dans notre cadre étroit, il faut nous borner. Nous citerons seulement le récit de la mort du contre-amiral Grivel, extrait de l'ouvrage de cet auteur. C'est une page touchante.

« Il vit venir la mort avec résignation ; il la regarda en face avec calme, sans détourner la tête. Pour une âme comme la sienne, l'approche de la mort n'est point entourée d'ombres ni de sombres mystères : elle a aussi ses rayonnements. Autour de lui, il n'avait d'ailleurs que des hommes de cœur. Aucun d'eux ne songea à le détourner de ses derniers devoirs. A d'autres les défaillances de la peur, les effarements de la dernière heure. Dieu réservait à Grivel une plus noble fin. Sa dernière journée fut employée à régler ses affaires de service et de famille.

« Il n'avait jamais fait passer celles-ci avant celles-là » nous disait un ami dévoué.

« Il exigea que le commandant lui apportât une demande de secours pour la veuve de son premier maître de manœuvre, mort peu de temps auparavant. Il la signa d'une main défaillante. Il donna ensuite des ordres pour changer de mouillage. Puis il appela l'aumônier, son chef d'état-major et son secrétaire. En leur présence, il reçut les derniers sacrements. S'adressant au commandant :

« Ai-je bien fait ? » lui dit-il avec insistance, « ai-je bien rempli mon devoir jusqu'au bout ? Dites-moi sans crainte si je n'ai pas encore quelque chose à faire ? »

Puis il l'embrassa ; il dit un mot d'adieu à un vieux domestique breton qui le servait depuis quinze ans. Ses dernières paroles furent pour ses enfants. Il les aimait avec passion.

« Mon Dieu, répéta l'amiral à plusieurs reprises, mon Dieu, je vous les confie. Que votre volonté soit faite, non la mienne ! » — Le lendemain, 24 janvier, au moment où, selon ses ordres, la frégate laissait tomber l'ancre devant Gorée, il rendit le dernier soupir. Son âme passait à Dieu sans peur et sans reproche. » Tant qu'un pays comptera des hommes de devoir et de foi comme J. B. Grivel, il peut espérer dans l'avenir.

GUÉRIN

GÉNÉRAL.

(1806-1876)

> « Porte toujours cette médaille ; la Vierge te gardera ! »
> (Général Guérin)

Félix-Achille *Guérin* né à Fontainebleau, puis élève de l'école Saint-Cyr, dut à son mérite de franchir rapidement les grades militaires. Il fit la guerre en Crimée ; colonel en 1855, blessé à Solférino, nommé général de brigade, il entra dans le cadre de réserve en 1869. Il vécut dans la retraite, occupé à faire du bien autour de lui, toujours gai, toujours gracieux, ayant pour tous des paroles aimables.

Toutes ces vertus qui ont fait la joie de la religion

et l'admiration de tous reposaient sur une piété tendre et éclairée.

Le fervent général faisait ses délices du sacrement de l'autel et de l'oraison. Soit qu'il priât soit qu'il assistât à la messe, son attitude respirait le respect le plus profond pour la présence de Jésus-Christ.

Sa ferveur était plus admirable encore les jours de communion. Qui pourrait s'étonner ensuite de la bravoure presque exceptionnelle dont le général Guérin fit preuve en plus de vingt rencontres ? Avec une conscience en règle, que pourrait-on craindre ? Un boulet l'eût-il enlevé à l'affection de ses amis, sa mort eût été la plus glorieuse et la plus digne d'envie.

Il reconnut devoir son salut à Marignan et à Solférino, à la sainte Vierge dont il portait l'image bénie sur sa poitrine. Quand son fils, depuis capitaine, partit pour la guerre de 70-71, le pieux général lui donna sa médaille et lui dit : « Porte-la toujours, et la Vierge te gardera. »

Et quelques jours après cet adieu au digne héritier de son nom et de ses vertus, le noble père disait avec confiance à l'un de ses amis : « Mon fils nous reviendra. »

Une si belle vie ne pouvait qu'être couronnée par la fin la plus admirable. Le regretté général a conservé la plénitude de ses facultés pendant les trois heures de souffrances qu'il a endurées avec un calme inaltérable.

Il a reçu avec la foi et la piété qui le distinguaient, les derniers sacrements de l'Eglise et s'est endormi dans le Seigneur. Enfin, nous ajouterons que les obsèques du général Guérin ont été magnifiques, à cause de la douleur et du recueillement des assistants qui s'y tenaient comme aux funérailles d'un ami, d'un père et d'un saint.

Il était commandeur de la Légion d'honneur.

GUIRAUD (de)

LITTÉRATEUR, DÉPUTÉ.

(1820-1873)

> « M. de Guiraud était un chrétien de grande race. »
> (Léon GAUTIER)

Léon de *Guiraud*, député de l'Aude à l'Assemblée nationale est mort à un âge peu avancé, dans les derniers jours de juillet 1873.

Il était fils du baron Alexandre de Guiraud, l'auteur du *Petit Savoyard*, de la tragédie des *Machabées* et d'autres poésies très remarquables, qui était entré à l'Académie française en 1826.

Sa mort fut une perte pour l'Assemblée, qui le comptait parmi ses membres les plus laborieux; pour le pays, qui avait en lui un représentant plein de dévouement et d'activité; pour les œuvres catholiques, auxquelles il consacrait son zèle et une grande partie de son temps.

« M. de Guiraud, dit M. Léon Gautier, qui l'a bien connu, était un chrétien de grande race. Nous nous rappellerons toujours dans quelles circonstances nous eûmes la joie de le voir pour la première fois.

« C'était dans une humble petite chambre du boulevard d'Enfer. Quelques catholiques militants s'occupaient à fonder cette belle et grande œuvre des cercles catholiques d'ouvriers, qui a conquis depuis une si belle place au *soleil*. M. de Guiraud était au nombre de ces premiers fondateurs... Combien de fois n'ai-je pas vu M. de Guiraud agenouillé parmi les ouvriers, dans cette humble chapelle de Jésus-Ouvrier, où l'on célèbre, avec une pompe si touchante, toutes les fêtes patronales des anciens métiers !

« Il était simple, il était modeste, il était pieux.

« J'insiste sur cette dernière qualité que tant d'hommes politiques répudient avec un dédain coupable. M. de Guiraud n'était pas de ceux qui essaient de cacher la vivacité de leur foi. C'est sa meilleure gloire.

« L'Eglise a perdu en lui un de ses enfants les plus soumis ; l'Œuvre des cercles un de ses chefs les plus dévoués, l'Assemblée un de ses orateurs les plus sincères. »

HAHN-HAHN (comtesse de)

POÈTE, LITTÉRATEUR.

(1805-1830)

> « Ses romans ont bien moins pour but d'intéresser les personnes pieuses que de ramener à la vérité les esprits égarés. Il n'en paraît pas un qui ne convertisse quelqu'un. »
> (Monseigneur DE KETTELER)

Née dans le protestantisme, la comtesse Ida *Hahn-Hahn* passa son enfance triste et abandonnée, au milieu des privations imposées par les revers de fortune de son père. Elle fit de nombreux voyages dans toute l'Europe et en Orient, et publia une foule de poésies et de récits de ses voyages, lorsque reconnaissant enfin qu'elle vivait dans l'erreur par rapport à la religion, elle étudia si bien et avec un cœur si droit qu'elle vit la vérité et s'y attacha.

Sa conversion fit grand bruit en Allemagne, car d'un esprit vraiment supérieur et d'une distinction remarquable, la comtesse s'était acquis une légitime influence dans le monde littéraire et parmi les catholiques de l'Allemagne entière.

Jouissant alors de tout le confort qu'assure une grande fortune, elle voulut devenir pauvre et renonça à tout dès l'instant où elle eut embrassé le catholicisme, pour ne vivre absolument que pour

Dieu et pour les bonnes œuvres. Elle se soumit volontairement à la règle des religieuses chez lesquelles elle habitait.

Distinguée par Mgr de Mayence, elle écrivait, en quelque sorte sous son inspiration, prenant à tâche de réparer par d'excellents livres les romans frivoles publiés avant sa conversion.

Une de ses amies, ayant fait un voyage avec la comtesse de Hahn fut si frappée de sa grande vertu et de son esprit supérieur, qu'elle exprima à Mgr de Ketteler l'étonnement qu'elle éprouvait, en voyant cette âme d'élite se complaire à écrire des romans.

L'illustre évêque lui répondit :

« Elle ne le fait que d'après mes conseils. Ses romans ont bien moins pour but d'intéresser les personnes pieuses que de ramener à la vérité les esprits égarés : il n'en paraît pas un qui ne convertisse quelqu'un. »

L'intelligence étendue de la comtesse s'appliqua à des œuvres bien plus importantes. Elle avait déjà publié : *Babylone et Jérusalem*, confession d'une néophyte. Avec le style si élégant et si entraînant dont elle possédait le secret, elle écrivit : *les Pères du désert*, qui sont un véritable chef-d'œuvre, *les Martyrs* et plusieurs autres vies de saints. On lui doit encore la charmante traduction d'une partie des œuvres de sainte Thérèse.

Elle est morte, fidèle à la foi catholique, en janvier 1880.

HAUY

NATURALISTE, DE L'ACADÉMIE DES SCIENCES.

(1743-1822)

> « La réputation du pieux savant était devenue européenne. »
>
> (J Lebrun)

René Just *Haüy* est le créateur de la cristallographie, qui a pour objet l'étude géométrique des cristaux, science toute moderne. Fils d'un pauvre tisserand, il put commencer ses études, grâce à l'affection du prieur d'une abbaye voisine. Entré au collège de Navarre, d'élève il devint régent au collège du Cardinal-Lemoine, où il eut la bonne fortune de se lier d'amitié avec le célèbre Lhomond, auteur d'ouvrages admirables de méthode et de simplicité. Ce fut, en quelque sorte, cette amitié qui lui fraya le chemin de la gloire et le fit naturaliste L'abbé Lhomond lui inspira le goût de la botanique, et Daubenton celui de la minéralogie.

Un jour il laisse tomber un groupe de spath calcaire cristallisé en primes et remarqua que les morceaux conservaient une forme régulière et constante. Il recommence une seconde fois, puis une troisième, il brise un cristal qu'on appelle lenticulaire, c'est encore un rhomboïde qui se montre dans le centre :

« J'ai trouvé, s'écrie-t-il : les molécules du spath calcaire n'ont qu'une seule et même forme. C'est en se groupant diversement qu'elles composent ces cristaux, dont l'extérieur si varié nous fait illusion. »

De cette expérience naquit la cristallographie, d'où date une nouvelle ère pour la minéralogie.

Daubenton et Laplace pressèrent longtemps Haüy de communiquer ses découvertes à l'Académie des sciences. Celui-ci s'y résout enfin, et en retour l'Académie lui ouvre ses portes.

C'est alors qu'il reçut de ses nouveaux collègues de l'Institut un témoignage éloquent d'admiration et d'honneur. On vit des hommes comme Lagrange, Lavoisier, Laplace, Bertholet et Fourcroy venir au collège Lemoine suivre les leçons de ce prêtre modeste et savant.

Haüy a écrit le *Traité de minéralogie* dont Cuvier a fait l'éloge en ces termes : « Ce livre est de premier ordre. Tout y est grand dans le plan, tout y est précis dans les détails. Il est fini comme la doctrine même dont il contient l'exposition. M. Haüy s'y montre habile écrivain et bon géomètre autant que savant minéralogiste... On y reconnaît le physicien qui vient sans cesse au secours du minéralogiste et du cristallographe. »

Le Directoire avait choisi Haüy pour un des 40 qui devaient former le noyau de l'Institut, et Bonaparte le distingua parmi les savants qu'il a le plus honorés. En 1802, il le fit nommer chanoine de **N.-D. de Paris**, et le décora de la Légion d'honneur, et en 1803 le chargea de faire un traité de physique pour ses collèges. La réputation du pieux savant était devenue européenne : tous les étrangers de distinction venant à Paris voulaient le connaître.

.*.

Ce qui fit surtout le mérite et la gloire de l'abbé Haüy c'est que partout et toujours on le vit remplir dignement les devoirs de son ministère et s'attacher à sa foi religieuse dans les circonstances les plus critiques et même au péril de sa vie. L'époque de la Révolution fut une épreuve pour lui.

En 1792, sur son refus d'apostasier en signant la constitution civile du clergé, il avait été jeté en prison. On lui demanda s'il n'avait point d'armes à feu : « Je n'ai que celle-ci, » dit-il, en tirant une étincelle de la machine électrique. On saisit ses papiers, on culbuta ses collections, et on l'enferma au séminaire Saint-Firmin, converti en prison. Là, il se livra à la prière et à l'étude comme chez lui, et chaque jour offrait le saint Sacrifice.

« Cellule pour cellule, dit Cuvier, il n'y trouvait pas trop de différence. »

De nombreux amis, entre autres Geoffroy-Saint-Hilaire obtinrent pour lui un ordre de délivrance. Quand il en fut prévenu, il demanda comme une faveur de rester jusqu'au lendemain dans la prison afin d'y célébrer une fois encore la messe. Et cependant le lendemain était le 2 septembre, la sanglante journée des massacres révolutionnaires.

Pendant toute cette terrible époque, il ne cessa avec un courage héroïque et publiquement de remplir chaque jour ses fonctions ecclésiastiques, se levant et se couchant aux mêmes heures, consacrant le même temps à la piété et à la science. « Aussi pieux que fidèle à ses études, a dit Cuvier, les plus sublimes spéculations ne l'eussent pas détourné de l'une des pratiques du rituel. »

« Ses devoirs religieux, dit M. Lebrun, des recherches profondes, suivies sans relâche, et des actes continuels de bienfaisance occupaient toutes ses journées. Par la nature de ses travaux, les pierreries les plus précieuses de l'Europe ont passé entre ses mains, et, dans son profond désintéressement, il n'y a vu que des cristaux. » Il mourut en 1822.

Il avait défendu, sans hésiter et avec succès, Borda et Delambre contre la Convention qui les avait destitués.

HÉLIAND (comte d')

SOLDAT DU PAPE.
(1841-1861)

« Si je puis garder jusqu'au bout ma conscience aussi pure que je l'ai maintenant, je serai bien content et je n'aurai pas peur. »
(G. d'Héliand)

Un jour, un jeune homme vint se jeter aux

genoux de sa mère, et craignant un refus ou une explosion de douleur, il lui fit part de sa résolution de s'en aller à Rome défendre le cause du Pape, et la pria de le laisser partir. Et cette mère, cette veuve prit son fils unique dans ses bras, et lui dit : « Va, mon enfant, et que Dieu soit béni, car il y a plus d'un mois que je lui demande de t'envoyer cette inspiration. »

Cette femme forte était la comtesse d'Héliand, et ce jeune homme était Georges d'Héliand, un des martyrs de Castelfidardo : le vœu de la mère et de l'enfant était accompli.

Georges partit. *Il s'est battu, il est mort,* voilà en deux mots les étapes du chemin de son sacrifice, et nous n'aurions rien à dire de son départ, de sa lutte et de sa mort, si l'illustre évêque de Poitiers, Mgr Pie, dans son oraison funèbre des martyrs de Castelfidardo, n'avait soulevé un coin du voile qui cachait le sacrifice de la mère et du fils. Les sentiments de ces deux âmes généreuses sont une gloire pour la religion qui les a inspirés, et ils sont trop ignorés et trop sublimes pour ne pas les retracer ici.

« C'était la fleur de la distinction comme le modèle de la ferveur et de l'obéissance, ce doux et délicat adolescent Georges d'Héliand. La veille du départ, il écrivit ces mots à un de ses anciens maîtres :

« Nous partirons demain soir; ma mère a toujours le même courage, je voudrais en avoir

12.

autant. La séparation est bien dure : c'est peut-être la dernière fois que je verrai ici-bas ma mère et mes sœurs. Je me console en pensant que je vais à Rome, pour défendre la cause de Dieu. Si je reviens pour ma mère, je l'en bénirai ; si j'y meurs, j'ai la pleine confiance que ce sera pour mon plus grand bien.

Quelques jours avant le combat, il écrivait encore : « Si je puis garder jusqu'au bout ma conscience aussi pure que je l'ai maintenant, je serai bien content, et je n'aurai pas peur. Cela est dû à vos prières et à celles que nos mères font pour nous. » Il ajoutait : « On dit que nous aurons bientôt des engagements avec les garibaldiens. Je demande à leur chef d'attendre encore quinze jours, afin que je sache mieux armer mon fusil. Cependant, s'il venait dès demain, il peut être sûr qu'aucun Français ne reculera d'un pas. Je ferai comme mon oncle Quatrebarbes. Il récitait un *Memorare* au moment de l'action pour dire à la sainte Vierge de le garder, et après il ne s'occupait que de porter le plus de coups, et d'en recevoir le moins possible. »

« Vous avez entendu parler le fils, voulez-vous entendre parler la mère ? De tels monuments doivent être enregistrés avec soin, et la chaire sacrée ne déroge point à sa sainteté, ni à sa dignité, quand elle les publie.

« Vous avez la bonté d'être pour mon fils un second père, priez donc avec nous pour que Dieu lui fasse miséricorde, s'il lui restait encore quelque chose à expier. Je reçois, à l'instant, une lettre qui m'apprend qu'il a eu la tête emportée le 18. Je devrais remercier Dieu qui a fait jouir mon Georges d'un bonheur que je n'aurais pu lui donner s'il me l'avait laissé, et surtout des grâces sans nombre qu'il lui a accordées pendant le peu de temps qu'il a passé sur la terre. Plus heureuse que bien des mères, j'ai pu jouir un instant de la bonne conduite de mon Georges, j'ai pu voir qu'il avait profité des principes reçus de vous et de ses pères. Puis pour le préserver des dangers qu'il devait encore rencontrer et pour le recevoir avec un corps pur et sans souillures, le bon Dieu me l'a repris : que son saint nom soit béni ! »

« Ne l'oublions pas, la mère qui parle ainsi est une veuve ; celui dont elle faisait résolûment le sacrifice à Dieu et à l'Eglise, était un fils unique, un beau jeune homme de 19 ans, l'héritier d'un des beaux noms militaires de l'Anjou. »

HETSCH

LITTÉRATEUR, PHILOSOPHE, ARTISTE, PROFESSEUR
DE MÉDECINE.

(1812-1876)

« Je voulais voir, aller à la source de la lumière... »
« Ma vocation est le corollaire de mon abjuration »
(A. HETSCH)

« Si quelque chose pouvait nous consoler et nous

encourager, au milieu des causes de tristesse qui en ces jours accablent les âmes chrétiennes, a écrit l'éminent académicien, Mgr Perraud, ce serait le nombre considérable de biographies édifiantes données au public... Tout n'est donc pas perdu, malgré les récents et effrayants progrès des sophistes et des méchants! L'iniquité abonde,... mais Dieu s'est réservé une troupe de serviteurs fidèles résolus, qui non seulement lui rendent publiquement hommage en observant ses préceptes, mais dont l'unique ambition est de se dépenser sans mesure pour étendre son règne et allumer dans les âmes les flammes saintes du dévouement, de la piété, de l'amour du bien. »

Ces paroles d'un prince de l'Eglise renferment toute la moralité de la vie de M. Albert Hetsch, dit M. H. de L'Epinois.

Né dans l'hérésie, élevé dans le panthéisme, devenu successivement déiste, chrétien, catholique, prêtre, à la suite d'un travail de dix-huit ans qui aboutit à une des conversions les plus instructives, a dit le docteur Werfer, et les plus remarquables de notre temps, l'abbé Hetsch, après avoir été pendant une partie de sa vie le disciple de Strauss à l'Université de Tubingue, devint dans la seconde partie le collaborateur et l'ami de Mgr Dupanloup, au petit séminaire de La Chapelle.

Albert *Hetsch* naquit le 16 septembre 1812, dans une famille protestante, à Riberach, en Wurtemberg, fut mis au collège à Ellwangen et à dix-huit ans vint à Tubingen faire ses études supérieures.

Ame candide, rêveuse, ardente au travail, le jeune Hetsch s'éprit d'enthousiasme pour la science, et, chercheur intrépide, il s'efforça de ramener chaque fait particulier à l'unité d'un principe fondamental. Il reconnait que les faits ont une loi particulière, que la loi particulière se rattache à la loi générale, et que le principe de la loi générale ne peut être la matière, mais doit être l'*Etre*, cause première de toutes les forces et type de toutes les lois, en un mot *Dieu*. Cette unité, but du mouvement intellectuel de l'Allemagne, a donc aussi dirigé la vie intérieure du jeune étudiant; mais il s'est élevé jusqu'à l'Auteur de toutes choses, et, sans pratique religieuse, sceptique, il a déduit des faits le dogme chrétien de la création.

C'est dans cette vie d'études, qu'il est témoin et auxiliaire de la découverte faite par un de ses amis, Robert Mayer, de la loi de transformation de la chaleur en mouvement.

Son ardeur lui fit tout apprendre : poésie, philosophie, musique, sciences, médecine ; il interroge toutes les branches des connaissances humaines, et si ses amis lui parlent de se borner, d'adopter une spécialité, « en fait de spécialité, répond-il, ayons celle de l'universalité »; et une autre fois il s'écrie, dans son enthousiasme : « Le plus grand bonheur de la terre, c'est la science. » Elle fut vraiment son bonheur, car le travail fut la sauvegarde de son âme : la passion de l'étude ne laissa aucune place aux autres passions, et la science l'amena peu à peu à la vérité.

A plusieurs reprises il avait ressenti dans son cœur comme un lointain appel de Dieu : un enfant catholique lui avait comme révélé le sentiment de l'amour divin, la vue de la cathédrale de Fribourg lui fit comprendre l'essor de la pensée vers le ciel, en lui causant une impression profonde..... Il est d'ailleurs le premier partout, dans les voies de la science comme aux plaisirs du monde : il mène le cotillon d'un bal et dirige les chœurs de musique avec autant d'entrain qu'il aborde un problème scientifique; mais à l'heure où son avenir paraît assuré par sa nomination, obtenue au concours de l'hôpital de Stuttgard, il commence à se sentir triste : l'idée de l'infini se remuait en lui, et alors il écrit sur son carnet : « **Tristesse ressentie de la nullité de la vie et des bornes de la science.** »

*
* *

Le désir d'étudier l'organisation des études médicales en France, comme aussi le désir, moins avoué peut-être, d'interroger le mouvement religieux de son temps, lui fit solliciter une mission de deux années à Paris, et il partit emportant avec lui une médaille de la Vierge, ramassée par hasard sur le chemin, le soir d'un jour où des pèlerins avaient gravi la montagne qui domine la ville à moitié catholique d'Ellwanger : « Tiens, lui avait dit en riant son frère Adolphe, en lui remettant la médaille, cela te portera bonheur pendant ton voyage. »

Cependant, à Paris, au milieu de ses courses d'étudiant et d'artiste, Albert Hetsch avait visité l'église Saint-Sulpice, et dans ce monument la chapelle de la sainte Vierge l'avait ravi; il y avait éprouvé une étrange impression, et souvent il revint en ce même lieu y poursuivre ses rêves ou plutôt ses réflexions. A l'expiration du temps, primitivement fixé pour sa mission, il demanda et obtint de la prolonger, puis il résolut de rester en France, et comme il avait peu d'argent, il entra comme précepteur chez le comte et la comtesse d'Hautefeuille. Il rencontra dans leur maison, à Saint-Vrain, ce qu'il recherchait le plus, un foyer intellectuel que Mme d'Hautefeuille entretenait avec soin et dont elle faisait les honneurs à ses visiteurs, tous hommes distingués. Albert Hetsch suivit avec ardeur les conversations et les discussions, jusqu'à faire le bonheur de Ballanche.

Les idées d'Albert Hetsch, doucement influencées par ce milieu, continuaient à prendre une direction nouvelle. Jusqu'à présent une curiosité universelle avait entraîné le professeur et dispersé ses forces; il voulut les concentrer et se proposa de lire peu, mais la plume à la main, afin de bien lire : « Je ne sais à fond, dit-il, que ce que j'ai travaillé par écrit; or, la force et la fécondité ne sont que dans ce qui est su à fond. »

Tourmenté depuis sa jeunesse par le besoin de

s'élever à une synthèse des sciences, il arriva par une série de déductions à penser, lui disciple de Strauss, admirateur de Gœthe, que toute affirmation complète est chrétienne, et à pressentir sans s'en rendre bien compte encore que toute affirmation complète était catholique. Peu à peu la figure du Christ, considérée comme loi de la science, se présenta à lui, et elle revint toujours : sa conversion philosophique prépara sa conversion religieuse. Alors il se mit en rapport avec le P. Ratisbonne, dont la conversion, racontée dans le Salon de Mme d'Hautefeuille, l'avait vivement impressionné. Avec un tel guide, il entra dans une vie nouvelle et combattit désormais ses défauts comme un obstacle à son union avec J.-C., car il était déjà catholique dans son cœur, si ce n'est dans sa pensée.

Toutefois cette marche ascendante vers la vérité n'avait pas été sans douleur, et son âme délicate en fut plus d'une fois meurtrie. Comment avouer à tous les siens ce qui devait leur causer le plus extrême chagrin? Devenir catholique, n'était-ce pas briser les liens qui l'attachaient à sa patrie, à sa famille? La solitude du cœur serait-elle donc pour lui le dernier mot de la vie catholique? Et quelques jours après ces cris de détresse, Albert Hetsch reçut une réponse dans la chapelle de Saint-Sulpice, où il était allé encore une fois chercher du repos. « Là, mon esprit a entrevu pour la première fois la possibilité de communier avec Jésus-Christ. »

Dès lors sa résolution est prise, et sur son Journal on lit : « Accompli le sacrifice de ma vie pour la gloire de Dieu et le salut de mon âme... Désormais servir Jésus-Christ en tout. » Il voulut cependant revoir sa patrie, jouir de la tendresse des siens, et il put caresser encore les rêves d'avenir qu'on lui présenta..... mais il avait donné son cœur à une divine fiancée, et s'arrachant aux embrassements de sa famille, il retourna à Paris, où était son avenir, parce que là était sa foi. Il eut encore à subir de nouveaux combats, car le rationalisme fit un retour offensif, mais le P. de Ratisbonne le mena au port. Le 16 avril 1847, Albert abjurait le protestantisme et recevait le baptême.

L'idée du sacerdoce s'était toujours mêlée dans son esprit à l'idée du catholicisme : « Ma vocation, écrit-il, est le corollaire de mon abjuration. » La volonté de son père était pour lui un obstacle, Dieu le lui enleva subitement. Cette mort suscita en lui un mouvement généreux, il voulut devenir un saint pour obtenir le salut de son père. Il voulut désormais faire de l'expiation le but de sa vie, et alors on le vit, au séminaire où il entra, comme partout, cacher obstinément sa science, dissimuler son attrait pour s'abandonner, comme un enfant, à la direction de l'évêque auprès duquel il était venu commencer ses études théologiques. Cet évêque était Mgr Dupanloup, qu'Albert Hetsch, muni d'une lettre de recommandation de la princesse Borghèse, était allé consulter.

Une fois prêtre, à quels travaux l'abbé Hetsch

consacrerait-il sa vie? Irait-il vers ses condisciples et ses maîtres des Universités allemandes apporter des paroles de vie? le verrait-on ranimer avec l'ardeur de son zèle la piété des catholiques, et devenir pour l'Allemagne son apôtre? On pouvait le supposer; mais il n'en fut rien.

Cet homme qui eût peut-être exercé dans sa patrie une immense influence, littérateur, philosophe, musicien, artiste, médecin, capable de se faire entendre aux plus hautes intelligences dont il a connu les faiblesses, va passer sa vie au milieu des enfants. Mgr Dupanloup lui demanda de le seconder au petit séminaire de la Chapelle. Il obéit sans parler d'aucun de ses désirs, et, pendant douze ans, il fut directeur de cette maison. C'était, comme on l'a dit, un contemplatif et un penseur, il lui fallut devenir homme d'action et d'administration. L'abbé Hetsch sut vite démêler la grandeur de la mission confiée à ses soins : élever des enfants, en faire des hommes, préparer des prêtres de Jésus-Christ : « Je voulais voir, a-t-il écrit, aller à la source de la lumière; je ne songeais pas assez à me dévouer, » et cependant il se dévoua.

Le trait de son éducation dans cette maison de la Chapelle était la vie : il voulait former des âmes enthousiastes pour le bien, mais fermes dans leur volonté, et il connut ce mal de leur enfantement : « Malheur au prêtre qui ne souffre pas! » Lui, en a souffert. « Les âmes, écrivait-il, elles coûtent cher, elles coûtent du sang. » Ce n'était pas sous sa plume un vain mot. Il brisait son corps pour enfanter à la vie morale et religieuse de jeunes enfants; il le brisait pour ramener dans le droit chemin tel élève indiscipliné, pour rappeler à la vie tel élève malade. Alors il passait les nuits en adoration, il portait un cilice et flagellait sa chair ensanglantée par des coups de discipline; il s'offrait en victime.

Quelle âme aussi il mettait dans les lectures spirituelles où on ne lisait pas, mais où il parlait ! Ici, on voit les congrégations établies, les représentations de pièces en grec, comme moyen d'exciter aux études, avec le chant des chœurs en musique ; là, le cours supérieur d'études, partout la bonté, la tendresse, et au besoin la fermeté.

Mais sa vie s'usa vite à ce labeur. Il fallut quelques instants de repos : l'abbé Hetsch devint chanoine de la cathédrale d'Orléans. Le repos cependant ne pouvait satisfaire cette ardente nature. Il établit dans le diocèse une association qui, sans imposer aux curés de campagne aucun vœu, venait à leur secours par la pratique d'une règle, inspirée du vénéré Holzhauser. Il avait reconnu combien est difficile la situation d'un curé de campagne, qui souvent s'attriste et même se décourage dans la solitude de son presbytère. L'apôtre s'occupa également des ouvriers, et le grand savant se consacra sur la fin de sa vie à l'apostolat d'illettrés. Ne savait-il pas que « le sacrifice produit la vertu et que la vertu produit la lumière ? »

Après avoir lutté contre la maladie, ce fut à Rome que l'abbé Hetsch rendit son âme à Dieu, entre les bras de son évêque et entouré de ses amis.

Nous avons oublié, dirons-nous avec M. H. de L'Epinois, dont nous résumons ici le travail, bien des traits dont la lecture élève la pensée et le cœur vers Dieu. Nous aurions pu indiquer les vues de l'abbé Hetsch dans son cours d'esthétique à la Chapelle, sa conduite admirable pendant la guerre de 1870-71, ses impressions pendant son voyage à Rome, ses jugements sur les hommes et les choses de ce temps, l'espace nous manque. Nous aurions parlé de son esprit sacerdotal qui lui faisait écrire à la fin de ses jours : « Le sens du bréviaire s'agrandit toujours à mes yeux... Chaque heure du bréviaire est un rayon de la vie du Christ. » Paroles à rapprocher de celles de Mgr Dupanloup : « Il faut que les prêtres soient des saints, autrement ils perdent les âmes. »

C'est ainsi que cet homme éminent se plut au sacrifice, et voulut par ses écrits, ses recommandations, sa vie tout entière, réaliser l'union, chère à son cœur, de la science et de la religion.

HOFER

CHEF MILITAIRE ET ADMINISTRATEUR CIVIL
DU TYROL

(1767-1809)

> « La vertu fait les forts et change les timides en héros. »
>
> (A. Hofer)

Un très intéressant épisode, peu connu en France, des guerres du premier Empire, c'est la lutte du Tyrol, en 1809, de ce petit peuple de montagnards, commandé par un commerçant, contre les généraux et les soldats de Napoléon unis aux troupes bavaroises.

Ce peuple est religieux comme d'autres sont guerriers, artistes ou marchands ; c'est avant tout un peuple catholique, et c'est surtout pour conserver sa foi, comme les Vendéens en 93, qu'il prit les armes contre l'étranger envahisseur. Les Tyroliens eurent à combattre non seulement les armées bavaroises, mais les meilleurs généraux de Napoléon I. Ils avaient à leur tête un homme d'un courage héroïque, d'une volonté énergique, et d'une intelligence supérieure, *André Hofer*, dont le nom est synonyme de foi et de fidélité à la monarchie.

André Hofer était alors dans toute la force de l'âge. Sans avoir la stature d'un Hercule, il en avait la vigueur. Une taille ramassée, de larges épaules, des yeux bruns et ardents, une longue barbe tombant sur la poitrine, et qu'il avait fait vœu de ne pas couper, du jour où le Tyrol fut cédé à la Bavière, une voix sonore, une démarche digne, une physionomie prévenante, tout en sa personne produisait d'abord une sorte d'étonnement qui se changeait bientôt en un sentiment d'estime et de confiance. « Sa facilité à parler les deux langues du Tyrol, l'allemand et l'italien, dit le P. Clair, qui a écrit sa vie, les nécessités de sa profession, le commerce considérable de vins, d'eau-de-vie, de bétail qu'il faisait dans le Sud-Tyrol et dans toute la vallée de l'Inn ; plus que tout cela, sa probité, sa bonté, sa religion, sa réputation bien établie d'excellent père de famille et de solide chrétien, lui avaient valu des relations multipliées et une renommée étonnante dans le pays. »

Quand il chevauchait par la vallée, rapporte son biographe, récitant le rosaire avec ses compagnons de route, tous les passants le saluaient avec enthousiasme, les étudiants de Méran ne manquaient pas d'accourir et de l'entourer, s'ils l'apercevaient dans la ville.

Tel est l'homme, dit Marius Sepet, que ses qualités d'homme de guerre et d'organisateur et surtout son enthousiasme et son héroïsme placèrent à la tête de ses compatriotes, dans la lutte contre l'invasion étrangère, dont il délivra trois fois le Tyrol. Une de ses proclamations montre bien les motifs qui le faisaient agir, ainsi que l'énergie et l'élévation de son âme :

« Placez tout votre espoir en Dieu, disait Hofer ; nous avons déjà fait bien des choses dont l'étranger s'étonne, non point par nos propres forces, mais grâce à l'évident secours qui nous vient d'en haut. *La vertu fait les forts et change les timides en héros.* Il ne s'agit plus aujourd'hui seulement de sauver notre fortune, non ! *c'est notre sainte Religion* que menace un manifeste péril. *Pour elle nous avons commencé la grande œuvre* : il faut achever. Faire à moitié, c'est ne rien faire ! Debout, frères et voisins, aux armes contre l'ennemi commun de la terre et du ciel ! Que pas un ne reste en chemin, et que notre seul et dernier cri soit : Pour Dieu, pour l'empereur François, vaincre ou mourir ! »

Tel est l'homme qui osa et sut résister aux troupes de Napoléon Ier.

Le septième corps de la grande armée, composée de Français et de Bavarois, et commandé par le vieux Lefèbvre, duc de Dantzig, fut battu plusieurs fois par André Hofer et ses Tyroliens, et forcé d'évacuer le Tyrol. Le maréchal lui-même, harcelé de toutes parts, échappa avec peine à son intrépide adversaire. Lorsque le duc de Dantzig vaincu se présenta devant Napoléon : « Eh bien ! monsieur le maréchal, lui dit brusquement l'Empereur pour tout salut, avez-vous appris cette fois des Tyroliens la tactique militaire ? »

Après cette nouvelle victoire, Hofer prit officiellement, au nom de l'empereur d'Autriche, le gouvernement civil et militaire du Tyrol, et, non sans quelques répugnances, s'établit au château impérial avec ses adjudants.

Il choisit pour lui, l'appartement le plus modeste, et fit suspendre, dans la salle à manger, un grand crucifix et une image de la sainte Vierge. Il ne troqua point son habit de paysan contre l'uniforme brodé d'un général ou d'un haut fonctionnaire ; et à toutes les décorations, il préféra le crucifix de cuivre et la médaille de Saint-Georges qu'il portait au cou.

Rien non plus ne fut changé dans ses pieuses habitudes. Matin et soir il se rendait à l'église paroissiale, devant l'image miraculeuse de Maria-Hilf, et après le souper, en présence de ses gens, il récitait le chapelet avec maints *Pater noster* et autres prières en l'honneur des saints patrons. Tous devaient prendre leur part de ces dévotes pratiques, car Hofer tenait à sa maxime : « Qui mange avec moi doit prier avec moi. »

Son administration fut excellente, et le P. Clair fait, avec raison, remarquer qu'on lui doit la réorganisation des études à l'Université d'Inspruck. Ce héros catholique n'était en aucune façon un ami de l'ignorance. L'apogée de sa grandeur fut la cérémonie religieuse célébrée le 4 octobre 1809, et à l'issue de laquelle lui fut solennellement remise, au nom de l'empereur d'Autriche, qui venait de le confirmer dans son poste de gouverneur du Tyrol, une grande médaille d'or suspendue à une chaîne de même métal.

Mais hélas! les revers suivirent de près ce triomphe et vinrent faire briller d'un nouvel éclat la foi du héros.

L'Autriche, écrasée par les forces réunies de Napoléon, dut abandonner le Tyrol et André Hofer, invité à déposer les armes. Il obéit malgré les esprits exaltés qui le poussaient à une prolongation de la guerre. Et alors vaincu, traqué, mis à prix, il refusa de s'exiler : « Je ne puis quitter le pays, » répétait-il.

Il fut livré par un traître.

Tandis qu'on l'emmenait prisonnier à Mantoue, il accomplit un acte d'héroïsme chrétien, qui prouve combien son âme si religieuse était encore supérieure à ses victoires.

*
* *

Il passait par Ala où commandait un certain Ferru. Hofer monta à la résidence du commandant, et arrivé à la salle à manger où le dîner était servi, l fut invité à s'asseoir à table avec les officiers qui l'escortaient.

Mais c'était un vendredi.

Voyant des aliments gras, il s'excusa d'un air aimable et plein de courtoisie, disant qu'un peu plus tard il prendrait un peu de pain et de fromage. Ces hommes lui jetèrent un regard méprisant et se mirent bravement à faire honneur au repas. André alla s'asseoir près du poêle, le froid étant très vif, ôta de son cou un long chapelet à gros grains, et se mit à *réciter le rosaire.*

La nuit suivante le feu prit à la maison par l'imprévoyance des officiers. Le noble prisonnier aurait pu fuir, on lui en suggéra l'idée : il répondit que ce serait contraire à l'honneur.

Le conseil de guerre, réuni pour le juger; hésitait à frapper une telle victime. La peine capitale n'obtint pas une majorité décisive, et on en donna avis à Milan. Mais les autorités napoléoniennes n'étaient pas tendres. Elles répondirent par un ordre d'exécution immédiate.

Quelques heures avant sa mort, il écrivit une lettre à l'un de ses meilleurs amis, où se révèle toute sa religion : « La volonté de Dieu, disait-il, est que j'échange ici, à Mantoue, la vie mortelle pour l'éternelle; mais que le bon Dieu soit béni pour sa divine grâce! *Il m'est aussi facile de mourir que de m'occuper d'une autre affaire.* »

Puis il demanda un service pour son âme à l'église de Saint-Martin, que ses amis et surtout ceux de Paneyer prient bien pour lui, dans quelques heures, il part avec le secours des saints vers Dieu. Et il terminait en disant : « Pauvre monde, adieu! Je vois venir la mort, avec si peu de peine, que je n'en ai pas une larme dans les yeux. »

L'archiprêtre de Santa Barbara vint le disposer à mourir et lui donner le pain de vie. Hofer lui remit son argent pour le distribuer aux pauvres Tyroliens, prisonniers à Mantoue, le chargeant de leur dire qu'il était tout consolé et qu'il leur recommandait son voyage.

A onze heures du matin on battit la générale, et le condamné prenant un crucifix, accompagné de son confesseur, se dirigea vers la place de la citadelle. Quand le cortège passa près de la porte Molina, on entendit sortir des casemates des cris et des sanglots : c'étaient les Tyroliens prisonniers qui, tombant à genoux, pleuraient et priaient pour lui. Il pria quelque temps avec le prêtre, auquel il laissa sa croix et son rosaire en souvenir : puis douze hommes se placèrent l'arme au bras à vingt pas de lui.

On lui présenta un mouchoir pour se bander les yeux; il refusa. On lui ordonna de fléchir le genou; il n'en fit rien, et dit : « C'est debout que je veux rendre mon âme à Celui qui me l'a donnée. »

Une minute après, il était frappé à mort, tenant ses mains élevées vers le ciel.

« C'est avec une édification, une consolation profonde, écrivait son confesseur, que j'ai admiré un homme qui est allé à la mort comme un héros chrétien, et l'a reçue comme un intrépide martyr. » Ainsi la Religion qui professe la doctrine la plus élevée et la morale la plus pure est aussi celle qui fait les âmes les plus viriles, et les peuples les plus patriotes.

La famille d'André Hofer a été anoblie en 1819 par l'Empereur d'Autriche, et ses concitoyens du Tyrol lui ont élevé une statue, et fondé un hôpital sur le lieu où la trahison le livra à ses ennemis.

HORACE VERNET

PEINTRE, DE L'ACADÉMIE DES BEAUX-ARTS
(1789-1863)

> « Je vous demande vingt-quatre heures pour mieux me préparer à la confession. »
> (H. VERNET).

Emile Jean-Horace *Vernet* est né à Paris d'une famille déjà illustre dans la peinture. Son principal maître fut son père, célèbre comme peintre de chevaux et de batailles. En 1826, il fut élu membre de l'Académie des Beaux-Arts, et deux ans après nommé directeur de l'Ecole de Rome.

Horace étudia dans cette ville les maîtres du XVIe siècle, et s'en inspira pour de nouvelles compositions. Ses toiles sont très nombreuses. Il est, de tous les peintres français, le plus actif et le plus fécond. Ses œuvres ont été reproduites par le burin des meilleurs graveurs de notre époque. Il possède deux qualités éminemment françaises, le mouvement et la clarté, et excelle à grouper, autour d'une action principale, les divers épisodes d'un combat. L'exactitude minutieuse de ses costumes plaît surtout à nos instincts militaires, et ses toiles sont de véritables bulletins. Il fut décoré de presque tous les ordres étrangers, et son pinceau lui a donné amplement la fortune.

Horace Vernet était revenu à Dieu longtemps avant sa mort. Le marquis de Ségur a raconté cette conversion dans son livre : *Un hiver à Rome*, et Sainte-Beuve lui-même a dû constater ce changement (1).

« Horace Vernet avait fait en 1850 le portrait du Prince-Président passant une revue à Satory, suivi de deux généraux, le général Reille et le général Changarnier. Après le 2 Décembre, le Prince fit dire à Vernet de remplacer le général Changarnier par un autre personnage. L'illustre peintre trouva la demande singulière, et se contenta de répondre qu'Horace Vernet ne corrigeait pas l'histoire.

Louis-Napoléon se montra bon prince ; il eût pu jeter la toile au feu, il se contenta de l'envoyer en pénitence en Afrique, où elle est restée depuis lors.

Horace Vernet, se jugeant en disgrâce voulut en profiter pour revoir sa chère Algérie, et il y passa tout l'hiver de 1852. C'est là qu'il fit la connais-

---

(1) Des idées graves et même religieuses, a écrit le célèbre critique, le gagnèrent peu à peu. Il ne faudrait ni les diminuer, ni les exagérer, ni les antidater. On a lu le récit de ses impressions à la vue de Bethléem et des lieux saints. Le beau portrait du frère Philippe, d'autres tableaux de lui, vers la fin, purent marquer un pas de plus en ce sens religieux.

(*Univers illustré*, 19 sept. 1366)

sance du P. Régis, abbé de Staouëli. Il s'attacha fort à lui, admira l'Etablissement agricole fondé avec tant de persévérance, de sacrifices et de vertus, et touché du dévouement de ces humbles religieux, anciens soldats pour la plupart, qui mouraient résignés et joyeux, victimes de la fièvre sur ce nouveau champ de bataille, il promit au P. Régis de venir faire une retraite dans son monastère.

En effet, le dimanche des Rameaux, le Père vit arriver un chasseur portant guêtres, fusil et gibecière, qui vint frapper à la porte de la Trappe : c'était Horace Vernet.

« Me voici, dit-il, mon Père ; je viens me reposer et réfléchir quelques jours au milieu de vos frères. »

Ils causèrent longtemps en se promenant, et bientôt la causerie prit un caractère si intime, que le Père dit en souriant au grand artiste : « Savez-vous que vous venez de faire les trois quarts de la besogne, et qu'il ne vous manque plus guère que de vous mettre à genoux pour recevoir le pardon de vos fautes ?

« — Je vous comprends, mon Père, répondit Vernet ému ; mais je vous demande vingt-quatre heures pour mieux me préparer.

« — Bien, mon fils, restez seul avec Dieu ; la solitude vous est bonne en ce moment. »

Il le quitta, et Vernet se dirigea vers le rivage de la mer qui baigne le monastère.

Le Père se retourna au bout de quelques instants

et vit l'illustre peintre assis sur une pierre, la tête plongée dans ses deux mains. « Cela va bien », se dit-il, et il s'en alla prier Dieu à la chapelle du couvent.

Le lendemain, Horace Vernet se confessa avec grande foi et grande contrition ; son visage était mouillé de larmes. Le jour de Pâques, il demanda au P. Régis s'il ne pourrait pas, pour rendre gloire à Dieu, se parer de ses décorations.

Le père approuva cette idée, et Vernet tout couvert de croix et de cordons, assista à la grand' messe de la communauté au milieu des frères, et vint avec eux à la table de la communion recevoir le corps sacré de Jésus-Christ.

Après la messe, il partagea le grossier repas des religieux et quitta le monastère l'âme légère et joyeuse : il laissait à Staouëli le fardeau des fautes de toute sa vie, et il emportait dans son cœur le Dieu bon et miséricordieux qui lui avait pardonné.

Depuis ce jour, jusqu'à sa mort, Horace Vernet remplit exactement ses devoirs de chrétien. Chaque fois qu'il rencontrait le P. Régis, il se confessait et communiait. En son absence, il s'adressait au curé de St-Germain-des-Prés, sa paroisse. Il mourut, en 1863, avec les sentiments de foi et de piété dans lesquels il avait passé les dix dernières années de sa vie. »

HURTER D'AMANN (de)

HISTORIOGRAPHE DE L'EMPIRE D'AUTRICHE

(1787-1865)

> « Le spectacle des luttes que l'Eglise catholique subit dans notre siècle et dans le monde entier exerça surtout une influence décisive sur mon esprit. »
> (Hurter).

Frédéric Guillaume *Hurter* d'Amann, né à Schaffouze, en Suisse, étudia la théologie protestante. Devenu pasteur de sa ville natale, il fut élevé par ses mérites et par l'élection à la place de chef des pasteurs de son canton.

La stabilité était le besoin de ses idées religieuses. Le premier fruit de ses graves et consciencieuses études fut une œuvre importante, témoignage de ses tendances vers la vérité catholique, l'*Histoire du Pape Innocent III et de ses contemporains*, qui lui coûta quatre années de travail.

Se voyant en butte à la haine et aux persécutions de ses coreligionnaires, parce qu'il défendait les droits des catholiques et de plusieurs communautés religieuses de la Suisse, il donna sa démission de chef des pasteurs de son canton. Puis ses études historiques, les efforts qu'il tenta pour découvrir la vérité, les expériences qu'il fit de la civilisation actuelle et un sentiment religieux très prononcé le déterminèrent à embrasser la foi catholique.

Il partit donc pour l'Italie et abjura le protestantisme à Rome. Dieu lui réserva la joie de voir sa femme et ses deux fils entrer à son exemple dans le sein de la véritable Église. De retour en son pays, Hurter reçut en quelque sorte sa consécration d'enfant de l'Eglise catholique, par les persécutions dont lui et sa famille furent victimes de la part des protestants, sans doute au nom de la tolérance.

Le prince de Metternich connaissant ses talents, son érudition, et sa foi vive l'appela à Vienne, et le fit nommer historiographe de l'Empire et anoblir par l'Empereur. Hurter fut autorisé à s'appeler *De Hurter d'Amann*. Il publia encore plusieurs ouvrages historiques de grande valeur.

Dans un livre très répandu: *Naissance et renaissance*, il a expliqué ses raisons de quitter le protestantisme pour embrasser la religion de ses pères. Sa vieillesse fut calme et aimable. Hurter estimé de tous les hommes d'Etat de l'Autriche, dominant de son auréole tous les savants, jouit durant de longues années de cette gloire bien méritée et de cette paix intérieure, privilège des hommes qui ont le courage de demeurer, malgré toutes les tempêtes, fidèles à leurs convictions.

Il a raconté lui-même le travail intérieur de sa conversion et les épreuves qui lui furent suscitées à cette occasion dans un *Exposé des motifs qui ont précédé mon retour dans le sein de l'Eglise catholique.*

Ecoutons ses observations si judicieuses et si bien motivées.

.

« Les études que j'avais été obligé de faire pour la composition de mon *Histoire du Pape Innocent III* avaient fixé mon attention sur la structure merveilleuse qui distingue l'édifice de l'Eglise catholique. Je fus ravi en observant la direction vigoureuse imprimée par cette longue suite de souverains pontifes, tous dignes d'une si haute position : j'admirai la vigilance avec laquelle ils surent maintenir l'unité et la pureté de la doctrine.

En regard de ces faits, se présentent la mobilité des sectes protestantes, leur pitoyable dépendance des autorités gouvernementales, leurs divisions intérieures et cet esprit d'individualisme qui soumet la doctrine au rationalisme des théologiens, à la libre interprétation des prédicateurs. Moi-même, en qualité de prédicateur, et plus tard de chef spirituel d'un canton protestant de la Suisse, je me considérai comme la sentinelle chargée de veiller à la garde d'un poste à moitié perdu...

Dans l'année 1840, on m'adressa cette question inconvenante : Si j'étais protestant de cœur ? Je refusai de répondre à cette question, parce qu'on prétendait savoir plutôt ce que je ne croyais pas que ce que je croyais. Si, au contraire, on m'avait demandé : **Etes-vous catholique ?** alors, j'aurais répondu à cette époque par un *non* tout court. Mon refus souleva contre moi un véritable orage... Aujourd'hui, pour dire toute ma pensée, je ne dois que des remerciements à mes ennemis ; maintenant que *le fruit de justice et de paix* est mûr, je reconnais dans ces luttes, alors si douloureuses pour moi, le moyen salutaire employé pour ma sanctification...

Je tombe malade avec toute ma famille ; deux filles bien-aimées me sont ravies par la mort. Mais tandis que dans plus d'un couvent catholique de la Suisse, des prières se disaient pour la guérison de mes enfants, le piétisme se livrait aux élans d'une joie cruelle, heureux de pouvoir enfoncer dans le cœur d'un père un poignard à triple tranchant ; la conviction profonde me vint donc qu'avec de telles gens, il n'y avait de paix à espérer, qu'à la condition de se courber sous le joug le plus dur d'un misérable aveuglement.

Mon choix pouvait-il donc être douteux ?

Je rejetai dignités, places, revenus, et rentrai dans la vie privée, dégoûté d'une secte qui par le rationalisme, renverse tous les dogmes chrétiens ; ou par le piétisme, foule aux pieds la morale. Jusqu'à ce jour cependant, je n'admettais pas encore tous les enseignements de l'Eglise catholique. Mais est-il présumable que quatre années de la vie d'un homme qui pense, qui aime le travail, et qui jouit du libre emploi de son temps, set seraien écoulées sans le faire avancer ou reculer ? Personne ne le croirait. La vérité est que la direction donnée à mon esprit par la divine Providence m'avait fait faire des progrès hâtés par mes propres études. Ce n'est pas à dire que telles ou telles personnes m'eussent influencé directement ou indirectement.

∴

Le spectacle des luttes que l'Eglise catholique subit dans notre siècle et dans le monde entier exerça surtout une influence décisive sur mon esprit. J'examinais la valeur morale des partis divers et les moyens de combat employés par les uns et par les autres.

Ici, je voyais, à la tête des ennemis de l'Eglise, cet autocrate qui réunit dans sa personne la cruauté d'un Domitien et l'astuce d'un Julien ; là, ces Pharisiens politiques, qui émancipent les Noirs pour accabler les Blancs, parce que ceux-ci sont catholiques, sous un joug plus dur et sous le poids d'une horrible misère ; qui traversent toutes les mers pour propager d'une main la stérilité d'un enseignement évangélique, et fournir de l'autre des poignards à toutes les révoltes (1).

Voici un pays protestant, où l'on a employé toutes les ruses d'une diplomatie perfide, afin d'opérer,

(1) Comme ces détails sont frappants de vérité et comme ils stigmatisent les procédés de l'impiété chez telle ou telle nation !

entre les luthériens et les calvinistes, une fusion pour mieux écraser l'Eglise catholique... En France des députés usent de tous les artifices d'une faconde intarissable pour entraver les droits de l'Eglise; le gouvernement s'acharne à maintenir une législation des plus mauvaises passions révolutionnaires; nous voyons régner une civilisation superficielle, fille du journalisme, l'idolâtrie des intérêts matériels une philosophie dirigée contre Dieu même, une jeunesse élevée dans les principes destructeurs de tout ordre social.

Malgré tant de contrariétés et d'attaques, le souffle d'un meilleur esprit se fait sentir. On ne peut dire de quel point de l'horizon il descend, mais il est impossible de nier que l'Eglise gagne du terrain, là même où ont lieu les plus violents efforts pour la faire reculer. Les coups dirigés contre elle ne servent qu'à la fortifier.

Voilà tous les faits qui me firent sérieusement réfléchir sur l'existence d'une institution qui sort, renouvelée et fortifiée, de la lutte contre tant d'ennemis franchement déclarés et hypocritement déguisés.

Après ma démission des fonctions de président du Consistoire, je consacrai la liberté de mes loisirs à l'étude des dogmes catholiques, et je mis à profit sous ce rapport la lecture de la *Symbolique*, de Mœhler.

Une des causes non moins décisives, qui contribuèrent à m'éclairer et à fixer ma résolution, fut la certitude de rencontrer chez tous les théologiens catholiques romains, l'unité et l'harmonie de l'enseignement.

Tels sont les motifs et les moyens visibles et palpables, dont Dieu s'est servi pour ma conversion; ces moyens se trouvent à la portée de tout le monde. Les motifs cachés, ceux qui viennent d'en haut et ne sont connus que du Ciel, ceux-là resteront un secret devant les hommes... Mon retour à l'Eglise catholique a donc été exécuté le 16 juin 1844. »

Le célèbre historien est décédé en ces sentiments de la vraie foi à Gratz en Autriche, le 23 août 1865, après une courte mais douloureuse maladie.

INGRES

PEINTRE, DE L'ACADÉMIE DES BEAUX-ARTS, SÉNATEUR

(1781-1867)

> « On a dit que mon atelier était une église; eh bien, oui, qu'il soit une église, un sanctuaire consacré au culte du beau et du bien. »
>
> (INGRES)

Le nom de ce grand artiste doit avoir une place dans nos annales catholiques comme dans celles des beaux-arts.

Né à Montauban, Jean Dominique Auguste *Ingres* reçut de Dieu le goût de la peinture, et de son père le goût de la musique. Son penchant naturel lui fit laisser la musique pour la peinture, et à cinq ans il commença l'étude du dessin.

Les épreuves de la vie d'artiste ne lui manquèrent pas, même après avoir obtenu le Grand Prix de Rome. Il se vit obligé, pour vivre, de faire ce qu'il appelait « du commerce », c'est-à-dire des portraits et des esquisses à la mine de plomb, qui eurent un grand succès. Ce fut aussi l'époque où il exposa de nombreuses toiles, et des meilleures. Son *Vœu de Louis XIII* qui parut au Salon de 1824, empreint d'un grand caractère religieux, fit une sensation profonde dans le monde artistique et politique, car il révélait un pinceau vraiment chrétien.

En effet, dès cette époque, Ingres était catholique pratiquant. Son second retour de Rome fut pour lui un triomphe, et mit le comble à sa gloire.

Ingres, qui dans la seconde partie de sa vie avait vécu en chrétien, est mort en chrétien fervent, comme le prouve la lettre suivante écrite par le prêtre qui l'assistait à ses derniers moments.

« Ingres n'a pas été surpris par la mort, quelque soudaine et foudroyante qu'ait été sa maladie; son directeur, (car Ingres avait un confesseur depuis de longue années déjà) son directeur fut prévenu et appelé aussitôt que son médecin, et il put le préparer, sans embarras ni précipitation, à rendre sa belle et grande âme à Dieu. Aucune des grâces que peut recevoir un chrétien mourant ne lui fut refusée. Dimanche matin (16 janvier 1867) il recevait l'Extrême-Onction et la sainte Eucharistie avec l'émotion de la foi la plus vive et avec le calme de l'âme la plus résignée.

Oppressé par la terrible maladie qui nous le ravissait, il devait faire un effort surhumain pour faire sortir de sa poitrine la moindre parole, et néanmoins il trouva la force de prononcer devant son Dieu présent et qui allait se donner à lui, un acte de foi, de reconnaissance et d'amour dont le souvenir ne s'effacera pas de mon cœur (1). »

*
* *

Un ami du célèbre artiste nous le fait mieux connaître dans des paroles émues qu'il lui a consacrées : M. Claudius Lavergne s'exprime ainsi :

« Avant de le toucher, la mort a dû attendre que l'artiste eût accompli sa mission et parfait son chef-d'œuvre, et lorsqu'elle est venue, le vieillard était armé pour le combat et n'a point tressailli. Il a déposé tranquillement le crayon, avec lequel il venait de tracer l'image de la sainte patronne d'une enfant qu'il aimait, et qui a reçu de lui cette dernière étrenne; puis il a frappé humblement sa poitrine, et réglé les affaires de sa conscience, avec autant de netteté et de fermeté, qu'il en avait mis aux dernières corrections de ses dessins.

(1) L'abbé Saillard.

Et au moment où le saint et vénérable prêtre, qui, depuis dix ans, lui avait ouvert les trésors de la miséricorde divine, lui annonçait qu'il verrait bientôt face à face, sans nuage et sans voile, cette beauté parfaite qu'il avait eu le don d'entrevoir, et dont les œuvres admirables sorties de ses mains portaient l'empreinte, le mourant l'interrompit :

« Ne parlons pas de cela, s'écria-t-il, ne parlons pas de cela. *Il n'y a de grand, il n'y a de beau, il n'y a d'aimable que les dons que Dieu nous fait et les secours que la religion nous donne.* »

N'est-ce pas là le geste, la voix, l'accent du maître que nous pleurons ? Je le demande à tous ceux qui l'ont connu, à ses élèves surtout qu'il appelait ses enfants et qui ont gardé les impressions de sa parole vive, lumineuse, inspirée.

Qu'ils rapprochent dans leur souvenir ce codicille ajouté à la dernière heure au testament, du jour où partant pour Rome, il licencia son atelier. Qu'ils se souviennent des larmes silencieuses qui suivirent cette exclamation fière et solennelle :

« On a dit, Messieurs, que mon atelier était une église. Eh bien! *oui, qu'il soit une église, un sanctuaire consacré au culte du beau et du bien*, et que tous ceux qui y sont entrés et qui en sortent, réunis ou dispersés, *que tous mes élèves* enfin, soient partout et toujours les *propagateurs de la vérité.* »

« Pour vous former au beau, répétait-il encore, ne voyez que le sublime; ne regardez ni à droite, ni à gauche, encore moins en bas. Allez, la tête levée vers les cieux, au lieu de la tenir courbée vers la terre. »

Aujourd'hui la profession de foi du chrétien complète celle du peintre. C'est sa dernière leçon, nous l'avons pieusement recueillie pour la transmettre à tous. Dieu veuille qu'elle ne soit perdue pour personne ! »

De ces détails, donnés par M. Claudius Lavergne nous retiendrons surtout ces paroles remarquables de l'illustre artiste : « *Il n'y a de grand, il n'y a de beau, il n'y a d'aimable que les dons que Dieu nous fait, et les secours que la religion nous donne.* »

JASMIN
POÈTE
(1799-1864)

> « J'étais nu, l'Eglise, je m'en souviens, m'a vêtu bien souvent quand j'étais petit... Homme, je la trouve nue, à mon tour je la couvre. »
> (JASMIN)

Jasmin est ce poète qui, ayant confessé sa foi dans une fière réponse à l'apostasie de Renan, voulut que ce dernier chant, son plus beau titre de gloire, fût placé sur sa poitrine dans son tombeau et s'endormit dans la paix du Seigneur en 1864.

C'est dans la ville d'Agen que naquit le troubadour, au mois de février 1799, de parents très pauvres. Le désir d'apprendre s'éveilla en lui de bonne heure, et comme son père ne pouvait rien pour son instruction, la charité d'un prêtre le fit enfant de chœur et élève du séminaire, où l'enfant se livra avec ardeur à l'étude.

Les ecclésiastiques qui l'instruisirent donnèrent aussi du pain à sa famille, ce que le poète n'oublia jamais. Il voulut, en retour, mettre sa muse au service des pauvres et de l'Église.

Après quelques poésies fugitives, son poème de *l'Aveugle* consacra définitivement sa gloire, non seulement dans le Midi, mais dans toute la France. Son œuvre bientôt traduite en anglais le rendit populaire en Angleterre. Jasmin le récita pour la première fois en 1835 à l'Académie de Bor — deaux.

Ce succès fut immense : de l'aveu des hommes les plus compétents, le poète disait comme Talma dans le patois de son pays.

« Rien, dit M. Lasserre, ne peut donner une idée de Jasmin disant ses vers; rien, ni les plus grands orateurs, ni Lamartine, ni Berryer, ni Lacordaire, ni les plus surprenants acteurs, ni Rachel, ni Frédéric Lemaître, ni même Delsarte dans ses plus beaux moments. »

Partout on voulut l'entendre, et lui allait de fête en fête, jusqu'à la cour, où Louis-Philippe et la duchesse d'Orléans voulurent le voir et le saluèrent en sa langue gasconne, et à Paris, où il fit l'admiration de Chateaubriand, d'Ampère, de Fauriel, de Nisard et de Villemain.

L'Académie française couronna ses œuvres en 1852.

Dès que le poète eut conquis sa réputation, il se hâta de la mettre au service de la charité. Ce fut véritablement un poète-apôtre. Il sut soutenir du produit de son talent toutes les œuvres pieuses de son pays. Dès lors, il ne fut plus maître de son temps, ni de sa personne. Ses journées étaient engagées parfois plusieurs mois à l'avance; les populations se portaient en masse à sa rencontre.

« Je suis allé deux fois dans l'Albigeois, écrit-il, pour un hôpital et les pauvres de la ville; je pars demain pour Cahors afin d'achever une œuvre également sainte. Je me suis engagé ce mois d'août pour Foix et Bagnères-de-Luchon, pour une église. »

Dans le Périgord, Vergt lui doit son église, et ce n'est point l'orgueil qui l'inspire lorsqu'il dit à son sujet : « Non, quand monteront tuiles et chevrons, mon âme sentira quelque chose de plus doux. Je me dirai : J'étais nu; l'Eglise, je m'en souviens, m'a vêtu bien souvent pendant que j'étais petit.. Homme, je la trouve nue; à mon tour, je la couvre... Oh! donnez, donnez tous! que je goûte la douceur de faire pour elle une fois ce qu'elle a tant fait pour moi. »

A la consécration de cette église, faite devant six évêques, trois cents prêtres et plus de quinze mille fidèles, il récita une pièce nouvelle : *Le prêtre sans église*. Il y eut un succès inouï. « Un seul fait, dit Sainte-Beuve, prouve ce succès mieux que tout. Mgr Berteaud qui devait prêcher une heure après sur *l'Infinité de Dieu*, ayant entendu le poète, changea subitement son texte et son sujet, et développa la pensée si heureusement indiquée par Jasmin. »

*
* *

Poète du bien, chantre de la vérité, Jasmin mourut, pour ainsi dire, en tendant la main, et le dernier chant du cygne fut un éclatant *Credo*.

Dans le mois qui précéda sa mort, il avait composé une réponse au pamphlet de Renan contre la divinité de Jésus-Christ, et voulut qu'un exemplaire de ce poème fût constamment placé sur sa poitrine pendant sa maladie. C'est encore pour se conformer aux volontés du poète expirant, que son fils mit ce poème entre ses mains, dans son cercueil.

Ecoutons un écrivain célèbre nous faire le récit d'une visite au poète vers cette époque :

« Le visage était défait et fatigué, et il avait une constante expression de souffrance. Toutefois, malgré ces atteintes de l'âge et de la maladie, je retrouvai du premier coup-d'œil l'homme que j'avais vu jadis au milieu des ovations et des triomphes, dans tout l'éclat de sa puissance et de son génie.

14.

Le front était magnifique. La bouche un peu forte, mais très belle, était singulièrement expressive et mobile. Des yeux incomparables; que rien ne peut traduire et qui traduisaient tout. La bonté et la finesse, la grâce et la force, la bonhomie et le génie, ses yeux disaient tout, tout ce qui, dans l'homme, est un reflet de Dieu.

« Connaissez-vous ma dernière pièce? me dit Jasmin.

« — Laquelle?

« — Ma grande pièce sur Jésus-Christ contre Renan. J'ai lu son livre, c'est un..... Je lui réponds au nom de la masse populaire, au nom de la grande fourmilière de travailleurs, au nom des pauvres de la terre, à qui il veut enlever Dieu.

« Quand Jésus est descendu sur la terre, a-t-il continué en s'émouvant de plus en plus, quand il a fondé l'Eglise, ce sont les entrailles de Dieu qui se sont ouvertes, et son cœur est devenu le refuge des multitudes malheureuses, des pauvres, des souffreteux, des misérables. C'est pour eux qu'il est venu. C'est lui qui fait qu'au milieu de leurs douleurs et de tous leurs travaux ils sont encore heureux. C'est l'Eglise qui enseigne et qui console. C'est l'Eglise qui rend bon... Pourquoi l'homme veut-il la détruire? Il a donc la haine du bien (1)? Voilà mes

---

(1) Cet hommage à Jésus-Christ et à son Eglise rappelle le mot affreux d'un impie trop fameux de nos jours, qui, invité chez un ami, à Bordeaux, se mit, vers la fin du dîner, à insulter aux croyances de ses hôtes. Et comme

idées, mes sentiments, mes croyances. Je ne sais si ce sont les vôtres, mais pour moi, monsieur... »

Je l'interrompis d'un geste, et mettant la main dans ma poche, j'en sortis un chapelet qui s'y trouvait, bien plus par hasard, hélas! que par de régulières habitudes de piété. Quoi qu'il en soit, ce chapelet, terminé par une croix, témoignait de mes croyances religieuses.

« — Je suis chrétien, cher poète, lui dis-je en le montrant.

« — Regarde, femme, dit-il à Mme Jasmin en m'indiquant affectueusement de la main. C'est un des nôtres : il est chrétien.

Nous nous serrâmes la main. Il reprit :

« — Au nom de nos populations du Midi, je m'élève contre le blasphémateur qui a osé s'attaquer à Jésus! Ecoutez ce que j'en dis :

« *Lou cor, pel lou senti n'a pas bezaun d'escriou*
« *Jésus fay recoulta soun mal dins la souffrenço,*
« *Jésus es may qu'un hôme : Es Diou! es Diou! es*
[*Diou!!*

Le cœur pour le sentir n'a pas besoin d'écrit;
Jésus fait récolter son miel dans la souffrance,
Jésus est plus qu'un homme : Il est Dieu! il est Dieu!
[il est Dieu!

...Nous nous regardâmes. Ce ne fut que l'éclair d'un coup d'œil, mais dans ce regard nos cœurs

la maîtresse de la maison, se montrant étonnée, lui dit: «Mais d'où vient, Monsieur, que vous parlez ainsi, vous ne croyez donc pas en Dieu? — Madame, répondit-il cyniquement, je connais Dieu, mais *je le hais*... » C'est bien le cri de **Satan**.

se touchèrent et se comprirent. Il me tendit les bras et je m'y jetai en pleurant.

« Jésus est Dieu ! s'écria-t-il, és Diou ! és Diou ! és Diou ! »

Cette scène ne s'effacera jamais de mon souvenir. Ce n'est que dans le bien, ce n'est que dans la vérité, ce n'est que dans la religion que de telles effusions sont possibles. Qui donc, les yeux baignés de pleurs, a jamais senti l'irrésistible besoin d'embrasser l'auteur d'un livre mauvais ? Que dis-je ? l'auteur d'un livre qui ne serait pas chrétien ?

« Et maintenant que nous nous sommes reposés un peu, dit le poète, retournons-nous contre l'ennemi. »

Et il me lut alors, tout entière, cette pièce admirable dont il ne m'avait dit qu'un fragment... la vie et la mort de l'incrédule et du chrétien, y forment deux tableaux saisissants d'un contraste admirable.

.*.

J'admirais, pendant qu'il me parlait, cette étonnante faculté que possédait Jasmin, de s'emparer successivement, dès qu'il ouvrait les lèvres, de l'intelligence et de la vie de son auditoire. Son génie cherchait la beauté. Ouvrez ses écrits.

Son âme était éprise du vrai ; ouvrez encore ses livres, et interrogez l'Eglise infaillible qu'il a tant aimée.

Sa volonté faisait le bien : ouvrez une dernière

fois le livre de sa vie; interrogez de nouveau l'Eglise, et faites parler les multitudes qu'il a améliorées, qu'il a vêtues, qu'il a nourries, pour lesquelles il a bâti des écoles, des hôpitaux, des temples chrétiens, pour lesquelles il a vécu.

Je voulus voir et toucher de mes mains sa couronne, cette célèbre couronne d'or que, dans une fête inouïe, le Midi avait un jour posée sur le front du poète. Mais cette couronne si noblement conquise n'attira guère mon attention. J'étais tout entier absorbé dans la contemplation du poète, illuminé pendant qu'il me parlait, par un soleil invisible. Je le vis ce jour-là dans tout l'éclat de son auréole et dans toute la splendeur de sa gloire.

Tel il était lorsqu'il parcourait le Midi, et que ses peuples se pressaient sur ses pas. Tel il était lorsqu'il fut couronné à Agen par les provinces du Languedoc, de la Provence, de la Guyenne, de la Gascogne, du Périgord, comme jadis Pétrarque l'avait été à Rome.

Quelques semaines après, le cri de deuil que poussa le Midi m'apprit que la mort venait de frapper le dernier des troubadours, le plus grand, le meilleur et le plus chrétien.

Quand il sentit approcher la fin de ses jours terrestres, il s'empressa de demander lui-même à l'Eglise le Pain de la vie éternelle, qu'il avait si souvent reçu devant ces mêmes autels, que les dons de son génie avaient fait élever à Dieu (1).

(1) H. Lasserre.

M. Camille d'Arvor a écrit le récit des derniers moments du poète :

« Après avoir reçu Celui dont son dernier chant confesse la divinité, Jasmin s'entretint doucement avec sa femme, son fils et quelques amis. On ne comprenait pas que cet homme, pour qui la vie avait eu tant d'enivrement, fût aussi résigné devant la mort. Vers le matin, il prit la main de son fils, il regarda sa femme, un éclair d'amour jaillit de ses yeux, puis il les referma... Il était mort. C'était le 5 octobre 1864.

« L'âme de Jasmin, en se trouvant en présence du Fils de Dieu, dut le saluer par ce cri de foi qui résonnait encore sur les cordes de sa lyre : és Diou! és Diou! és Diou! Il ne se présenta pas seul au jugement de Dieu : les anges de la charité et de la foi l'accompagnaient. Il arriva les mains pleines de bonnes œuvres, et pendant que sur la terre, les hommes ont réalisé son rêve; pendant que dans cette ville d'Agen, à la place qu'il avait désignée, sa statue s'élevait au ciel, la couronne de gloire immortelle qui survit aux couronnes périssables de ce monde orne la tête du poète, qui, à notre époque intéressée, dans notre siècle matérialiste, égoïste et athée, mourut pauvre, laissant pour trésor à son fils un nom glorieux et la reconnaissance des infortunes qu'il a soulagées, et n'a chanté que l'idéal, la charité et la religion (1). »

(1) Illustrations du XIXe siècle

JACQUARD

INVENTEUR, MÉCANICIEN

(1752-1834)

> « Je ne me plains pas d'être pauvre. Il me suffit d'avoir été utile à mes concitoyens. »
>
> (JACQUARD)

J. M. *Jacquard* était le fils d'un pauvre ouvrier tisseur de Lyon.

Lorsqu'il vint au monde, le 17 juillet 1752, les modestes économies de ses parents étaient absorbées, et son père épuisé de fatigues, était à la veille d'interrompre son travail. La naissance de l'enfant fut cependant une fête de famille ; la pauvreté fut oubliée, et dès lors, il n'y eut plus qu'une préoccupation : élever le nouveau-né de façon à en faire un ouvrier laborieux et chrétien.

Dans sa première enfance, poussé par une curiosité naturelle à son âge, Jacquard apprit, presque sans maître, à lire et à écrire. Ses récréations mêmes, il les employait à étudier la mécanique vers laquelle il se sentait attiré, et dès l'âge de dix ans, il construisait une foule de petites machines qui témoignaient son esprit d'observation et d'invention.

Jusqu'à un certain âge, rien cependant n'avait encore révélé son génie : l'occasion s'en présenta d'elle-même.

Un jour qu'il dînait en compagnie de quelques amis, dans un groupe voisin du sien, on lisait le journal à haute voix. Jacquard écoutait : il s'agissait d'une somme de 20,000 francs, promise par une compagnie manufacturière de Londres, à quiconque trouverait le moyen de fabriquer le filet à la mécanique. Chose impossible ! disaient les ouvriers, et les rires d'interrompre le lecteur. Tout à coup Jacquard se lève : il prend dans sa poche une pelote de fil, puis s'emparant de quelques allumettes, il les assemble, les relie soigneusement à l'aide de nœuds solides, met en mouvement cette petite machine improvisée, et lui fait produire un vrai carré de filet.

Le problème était résolu. Le bruit s'en répandit aussitôt : le préfet fait venir l'inventeur et, après lui avoir demandé des explications, le conduit lui-même à Paris, et le présente au ministre qui refusa de croire à son récit.

Alors, ôtant son vêtement, Jacquard s'empare d'un petit tabouret de paille, en détache les barreaux, et sans autre outil que son couteau, il se met à tailler, couper et rogner. La victoire était complète : le général Bonaparte en avait été témoin. Aussi quelques jours après, l'inventeur était logé au Conservatoire des Arts et Métiers, où pourvu d'outils et de ressources suffisantes, il ne tarda pas à inventer ce métier qui devait changer tout le système de la fabrication des tissus, étendre notre industrie, et chose autrement précieuse pour l'humanité, rendre moins pénible ce travail du tissage qui altérait la santé et déformait les membres de l'ouvrier.

Alors Jacquard n'a qu'à vouloir, l'étranger lui paiera sa découverte au poids de l'or. Les plus séduisantes promesses lui sont faites. Au commencement de la Restauration, il reçut dans sa retraite de Lyon la visite du célèbre Watt, l'inventeur des machines à vapeur. L'Anglais s'indigna de l'indifférence des Français pour l'admirable découverte de Jacquard et proposa au mécanicien de passer en Angleterre, où l'attendaient la gloire et la fortune. Jacquard releva, avec fierté, sa tête couronnée de cheveux blancs : « Monsieur, répondit-il, e gratterais plutôt la terre avec mes ongles que d'aller porter aux rivaux de l'industrie française les moyens de la vaincre. »

C'était, en effet, sa patrie qui devait bénéficier de son génie. Il revint donc à Lyon. Mais là une rude épreuve l'attendait, et il eut besoin de toute sa religion pour la supporter bravement. Ses ennemis avaient ameuté le peuple contre lui. Il fut accusé d'avoir médité la ruine de ses camarades, et lui, le noble cœur, fut désigné en public comme un traître vendu à l'étranger, et son métier mis en pièces sur la place des Terreaux aux acclamations de la populace.

Sans se décourager, Jacquard resta fidèle à sa patrie, et attendit des jours meilleurs. Ils vinrent bientôt, et il eut le bonheur de voir l'industrie française adopter ses métiers, qui enrichirent promptement les premiers qui en firent usage. Pour lui, il demeura pauvre toute sa vie. « Je ne m'en plains pas, disait-il, il me suffit d'avoir été utile à mes concitoyens. » Il ne demandait qu'un peu de repos au sein de sa famille, lorsque la mort de son épouse vint traverser ses idées de bonheur.

Il reçut cette nouvelle épreuve avec une résignation toute religieuse et ne songea plus qu'à se consacrer aux œuvres de charité chrétienne. Retiré à Oullins, il s'occupa du salut de son âme et moralisa les classes pauvres, combattant l'abolition du repos du dimanche et les débauches du lundi, cherchant à rapprocher les maîtres et les ouvriers et à en faire comme les membres d'une même famille. Il s'éteignit le sept août 1834, âgé de quatre-vingt-deux ans. La religion, qui l'avait consolé et soutenu dans ses épreuves, lui avait fermé doucement les yeux, et du même coup avait ouvert à son âme les portes de l'immortalité.

Le grand inventeur n'a pu jouir du fruit de ses labeurs. « Vous sèmerez et d'autres recueilleront », avait dit le Sauveur. Nous voyons en Jacquard une nouvelle preuve de cette prédiction. Cela doit nous apprendre à travailler pour une fin plus élevée que la réputation des biens de ce monde. Jacquard n'a pas vu le succès de son métier, qui est aujourd'hui universellement adopté, même par les nations étrangères, et sert à la fabrication des tissus de tout genre. Il a enrichi bien des industriels, et les ouvriers, qu'il fait vivre et auxquels il a évité un travail pénible qui déformait leurs membres, bénissent aujourd'hui cet homme de bien. Dieu lui réservait, avec la reconnaissance de l'humanité, une plus haute récompense méritée par les sentiments d'humilité et de religion qui l'avaient animé toute sa vie.

LABOULAYE (de)

LITTÉRATEUR, SÉNATEUR, MEMBRE DE L'INSTITUT

(1811-1883)

> « Je suis avec les prêtres et les moines partout où on les persécute. »
> (DE LABOULAYE)

Cette parole courageuse a été dite par M. de Laboulaye, mort à Paris, le 24 mai 1883, après avoir renié les sentiments d'hostilité qu'il a manifestés contre l'Eglise durant sa vie.

Né à Paris, *M. de Laboulaye* étudia le droit avec succès dans cette ville, et son premier ouvrage fut couronné par l'Académie des Inscriptions. En 1842, il était avocat à la cour royale de Paris.

Il a écrit de nombreux volumes et une foule d'articles sur l'histoire et la religion, dans lesquels celle-ci est souvent attaquée, mais qui sont empreints d'un zèle passionné pour la liberté, considérée par lui comme une panacée universelle, applicable à tous les maux de la société.

Ce fut au contact et à l'étude des institutions américaines qu'il s'était épris d'un si ardent amour pour les idées libérales ; ce fut aussi dans cet esprit qu'il fit son rapport du projet de loi sur les associations, rapport qui déplut fort à grand nombre de libéraux.

« Nous ne nous sommes pas demandé, écrivait-il, si ces associations seraient religieuses ou laïques. Que des citoyens adoptent un genre de vie et un habit particulier ; c'est là un engagement de conscience, un lien spirituel absolument étranger à l'ordre civil et dont l'Etat n'a point à s'inquiéter. La liberté religieuse n'est pas moins respectable que toute autre forme de liberté, et nous n'avons aucun droit d'exclure de l'enseignement, des Français et des citoyens, parce qu'ils s'y croient appelés par une vocation sacrée. »

Ce sont là des idées saines et larges : toutefois ce libéralisme a son mauvais côté. « M. de Laboulaye est libéral, a dit M. Chantrel, il veut l'être dans le bon sens du mot ; avec une vue plus profonde de la nature humaine et de la nature des choses, il comprendrait que plusieurs de ses principes sont à l'encontre de la liberté qu'il aime et qu'il veut respecter chez les autres. Il comprendrait, par exemple, que ce fameux mot : *l'Eglise libre dans l'Etat libre* ne signifie rien, ou que s'il signifie quelque chose, il ne peut qu'amener la persécution de l'Eglise, puisqu'il est impossible qu'un Etat se soutienne en faisant abstraction de Dieu et des lois divines que l'Eglise a la mission d'enseigner. Mais cette réserve faite, nous reconnaisons avec plaisir que M. de Laboulaye veut la liberté de l'Eglise et des ordres religieux, et nous recommandons aux persécuteurs la lettre suivante qu'il a adressée au journal italien la *Riforma* pour revendiquer, au nom du libéralisme tel qu'il l'entend, le droit pour les corporations religieuses et pour les Jésuites d'user de la liberté générale. »

* *

« Je vois avec regret que vous voulez supprimer les congrégations religieuses, et frapper le droit d'association, même chez ceux qui, à votre avis, en usent mal, mais qui par ce mauvais usage, ne font tort qu'à eux-mêmes, et ne mettent nullement en danger la liberté d'autrui.

« Que la loi permette ou interdise aux corporations de posséder le sol, c'est là une question économique qui est du ressort de la politique ; je n'y fais point d'objection ; mais qu'on empêche des citoyens, parce qu'ils sont moines, de s'habiller à leur façon, c'est là une entreprise sur la conscience qu'il m'est impossible d'approuver.

« On dit que laisser à l'Eglise ou aux Jésuites le droit d'association, d'enseignement, de prédication, de propagande, c'est laisser les quatre cinquièmes de la population italienne entre les mains des plus cruels ennemis de la civilisation, des lumières, de la liberté. Raisonner ainsi, c'est se condamner; c'est déclarer que dans un Etat fondé sur la souveraineté nationale, une minorité du cinquième a le droit de disposer de la croyance et de la conscience du reste de la nation; c'est la réponse de Mahomet, dans la tragédie de Voltaire, quand Zopire lui demande de quel droit il veut dominer le monde.

« Le langage de Mahomet n'est pas celui des amis de la liberté. Quoi! vous avez la presse, la tribune, le droit de réunion et d'association (1), vous pouvez faire des conférences, enseigner, fonder des bibliothèques, et vous avez peur de l'ombre d'un Jésuite? Vous n'avez donc plus foi dans la vérité?

« En ce moment, M. de Bismark engage le combat contre les évêques qui défendent leur indépendance religieuse. Il connaîtra bientôt, et à ses dépens, ce que Napoléon Ier nommait si justement *l'impuissance de la force*. Il est plus aisé d'abattre un peuple les armes à la main et de le dépouiller, que de faire céder la conscience d'une vieille femme et d'un pauvre curé.

« Pour vous, Italiens, j'avais rêvé un plus noble rôle. Vous avez proclamé le principe : *Libera Chiesa in libero Stato*. Fils aînés de la civilisation moderne,

---

(1) On doit ajouter « et la bourse de l'Etat».

prouvez par votre exemple que cette déclaration n'est pas un mensonge. Ayez le courage d'avoir raison. Il faut traiter l'Eglise comme on traite les femmes, par la douceur. On n'a pas le droit d'employer la force avec elle. En respectant la liberté de vos adversaires, vous les désarmerez. Ils *enseignent*, dites-vous, la haine des institutions nationales; apprenez-leur à aimer ces institutions. Pourquoi voulez-vous qu'ils les aiment si elles leur apportent la persécution? Quand le premier venu peut enseigner que l'homme n'est que matière, et qu'il n'y a rien à espérer au-delà du tombeau, vous ne voulez pas qu'un prêtre, ou qu'un moine ait le droit de prêcher Jésus-Christ, et de proclamer au nom du divin Sauveur, la doctrine de la fraternité universelle! Qu'y gagnez-vous? Et ne voyez-vous pas que vous armez contre vous tous les pères et toutes les mères de famille qui ont souci de l'âme de leurs enfants?

« Pour moi, il y a vingt ans que je réclame la séparation de l'Eglise et de l'Etat par respect de la conscience individuelle et par crainte du despotisme des partis. Je me souviens qu'un jour le comte de Montalembert me dit : « A quoi voulez-vous en arriver avec cette séparation? — A protéger l'Eglise, lui répondis-je, quand viendra la Révolution. »

« La révolution est venue; elle menace des hommes dont je n'accepte pas les doctrines; mais c'est par la raison et non par la violence qu'on réfute l'erreur.

« Je suis avec les prêtres et les moines partout où on les persécute ; je suis avec eux quand ils réclament la liberté, même pour en user autrement que je ne désire ; je suis contre eux quand ils veulent dominer et régner. Mais pour leur résister en ce cas, je ne veux et je n'accepte d'autre arme que la liberté.

« En vérité, mon cher professeur, il est triste de penser qu'à la fin du xixe siècle nous soyons si peu avancés qu'on recommence les fautes du xviiie.

« Continuez de combattre avec votre courage et votre talent pour défendre vos adversaires injustement menacés, et restons tous deux fidèles à la devise des vrais libéraux : *Justice pour tous, liberté pour tous.* »

« Votre bien dévoué,

Ed. LABOULAYE.

.˙.

En 1878, M. de Laboulaye, président l'Institut, prononça lors de la séance publique des cinq classes un important discours qui n'est pas sur les banalités d'usage. Il eut le courage d'y attaquer la théorie de l'évolution de Darwin, et en démontra la fausseté au point de vue de la science.

Il a fait ainsi une bonne œuvre, une œuvre saine

et hardie, en remontant le courant de l'opinion matérielle et athée, au scandale de la presse, qui se targue de penser librement, c'est-à-dire d'humilier chaque jour la pensée humaine, en la ravalant au niveau des fonctions de la brute. Cette énergie à combattre le matérialisme prouvait, en M. de Laboulaye, des tendances vers le catholicisme qui ne devaient pas tarder à se manifester à la première occasion favorable, à l'heure de la grâce.

Cette heure est venue. Voici en quels termes une feuille catholique, (le *Pèlerin*), annonçait cette bonne nouvelle en Juin 1883.

« Deux universitaires que leur guerre contre l'Eglise nous a fait attaquer autrefois avec force viennent de trouver que nous avions raison, et, par la grandeur de leur retour à Dieu, nous excitent à leur faire excuse de nos colères. Pour le premier, ces excuses se traduiront en une prière. *C'est M. de Laboulaye*, professeur au Collège de France, *mort en bon chrétien*, après avoir été amené par les excès de ses confrères à voter pour nous à la fin de sa vie. »

Par un codicile ajouté à son testament, lisons-nous dans le *Polybiblion* du mois de juin 1883, M. de Laboulaye, qui était officier de la Légion d'honneur, a ordonné que ses obsèques aient lieu sans pompe, sans cortège militaire, et qu'il n'y fût prononcé aucun discours. Il a témoigné le désir d'être accompagné à sa dernière demeure par des amis et des confrères dont il sollicitait « les prières pour un pécheur, qui en a grand besoin ». Telles sont ses paroles.

C'est dans cette pensée d'humilité chrétienne que M. de Laboulaye a déposé son dernier vœu et aussi sa suprême leçon à l'adresse de ses contemporains.

LACORDAIRE (P.)

ORATEUR, DÉPUTÉ, DE L'ACADÉMIE

(1802-1861)

> « L'évidence historique et sociale du christianisme le ramenait à la foi de sa mère et de son enfance. »
> (*Son biographe*)

Lacordaire fut le plus grand orateur sacré de ce siècle. « Il n'en est aucun, a dit Sainte-Beuve, qui par la hardiesse des vues et l'essor des idées, par la nouveauté et souvent le bonheur de l'expression, par la vivacité et l'imprévu des mouvements, par l'éclat et l'ardeur de la parole, par l'imagination et même la poésie qui s'y mêle, puisse se comparer au P. Lacordaire. »

Jean-Baptiste-Henri *Lacordaire*, né en Bourgogne, était fils d'un médecin; il perdit son père à l'âge de quatre ans. Par bonheur, une mère chrétienne lui restait.

Entré au collège de Dijon en 1812, il y vécut au milieu de l'indifférence religieuse et du doute qui était l'atmosphère ordinaire des collèges de l'empire. Le nouvel élève y perdit vite les croyances sacrées de son enfance : « Sa première communion, raconte-t-il lui-même, fut sa dernière joie religieuse et le dernier coup de soleil de l'âme de sa mère sur la sienne. Bientôt les ombres s'épaissirent autour de lui ; une nuit froide l'entoura de toute part, et il ne reçut plus de Dieu, dans sa conscience, aucun signe de vie (1). »

Plus tard, quand il pensait à ces funestes années de sa jeunesse, la rougeur lui montait au front, et les regrets lui remplissaient le cœur quand il se demandait ce qu'avait fait de lui, de son âme pieuse, des douces années de son enfance, cette éducation de collège, imposée à toute la jeunesse française par le monopole de l'Université. Le résultat presque nécessaire avait été sa foi détruite, ses mœurs en péril (2), sa vie de dix-huit ans jetée sans guide et sans frein à tous les orages de la liberté et des passions.

Lacordaire, comme la plupart des grands hommes de notre siècle, a donc connu cette époque cri-

---

(1) *Notice sur le rétablissement des Frères Prêcheurs.*
(2) « On lui doit la justice, écrit M de Montrond, qui a beaucoup connu et aimé le P. Lacordaire, de dire qu'il resta toujours digne et régulier dans ses mœurs, sans autres passions que celle de la gloire. Avant même d'être hrétien, il se respectait lui-même. »

tique; mais comme tant d'autres, grâce aux premières impressions de son enfance, à l'énergie de sa volonté, à la noblesse de ses aspirations et à la loyauté de son caractère, grâce surtout au secours de Dieu, il finit par en sortir victorieux.

Déjà pendant ses cours de droit à Dijon, il était devenu sérieux et s'était rallié à une dizaine d'étudiants qui « voulaient être autre chose que des avocats de mur mitoyen, et pour qui la patrie, la gloire, les vertus civiques étaient un mobile plus actif que les chances d'une fortune vulgaire, et bientôt des réunions intimes et de longues promenades les mirent en présence des plus hauts problèmes de la philosophie, de la politique et de la religion. » Parmi ces jeunes gens aux idées nobles et élevées, Lacordaire prit bien vite le premier rang.

Cependant, au milieu de ces travaux, la foi religieuse manquait toujours au jeune étudiant. Ainsi, quand il vint à Paris, et que son protecteur, se méprenant sur ses dispositions, lui parla d'un confesseur : « Un confesseur à moi! répondit-il, oh! non! Je ne vais pas à confesse, et la raison en est que je ne crois pas. Si j'avais le bonheur de croire, j'irais à confesse; mais je ne dois pas y aller, puisque je ne crois pas. »

Son esprit si droit avait rapidement jugé et dédaigné Voltaire avec ses railleries, mais il s'arrêtait encore au déisme de Rousseau et s'égarait dans les théories politiques du *Contrat social*.

Lacordaire avait terminé ses études de droit en 1822; le jeune avocat vint faire son stage au barreau de Paris.

C'est là qu'il commença à se faire remarquer comme orateur. Berryer, bon juge en cette matière, l'ayant entendu, lui assura qu'il pouvait se placer au premier rang du barreau, et le président Séguier dit de lui : « Messieurs, ce n'est pas Patru, c'est Bossuet. »

Fort de ces hauts témoignages et de son talent, Lacordaire pouvait se lancer dans une carrière qui lui promettait le succès et la gloire, mais « ces espérances dorées, écrit un de ses biographes, ne pouvaient le défendre d'une secrète mélancolie. Que se passait-il donc dans ce cœur de vingt ans?... Dieu daignait le visiter sans qu'il connût sa présence. Deux ans, ces tristesses grandirent dans son âme et achevèrent de le purifier.. .... Dans ses méditations persévérantes, l'évidence historique et sociale du Christianisme le ramenait à la foi de sa mère et de son enfance ; une lumière intérieure et une secrète impulsion que la grâce de Dieu peut seule donner achevèrent l'œuvre : il était le vaincu de Dieu. »

Mais, du même coup, son ambition ne se bornait

pas à redevenir lui-même chrétien : il aspirait en même temps à rendre croyants ceux de ses contemporains qui n'avaient pas ce bonheur. « Il vit dans le monde un grand malade, et il pensa qu'il n'y avait rien de comparable au bonheur de le guérir, de le servir avec l'Evangile et la croix de Jésus-Christ. Un désir ardent du sacerdoce, vif, irréfléchi, mais inébranlable s'empara de lui : il voulut être prêtre (1). »

L'avocat entra donc au séminaire de Saint-Sulpice, où il apportait sa foi de néophyte, sa généreuse et ardente volonté, mais aussi ses tendances politiques et sa fougueuse nature qui inquiétèrent tout d'abord ses prudents directeurs. Mais sa docilité et sa piété persévérantes lui gagnèrent leur estime, et le 25 septembre 1827, Henri Lacordaire put écrire à ses amis : « Je suis prêtre depuis trois jours, et pour l'éternité. »

L'archevêque de Paris lui confia les fonctions d'aumônier à la Visitation, puis bientôt au collège de Juilly et au collège Henri IV.

Mais son zèle ne pouvait être renfermé en de si étroites limites, et le jeune prêtre se disposait à partir pour l'Amérique quand éclata la Révolution de 1830.

Avant de quitter la France, Lacordaire était allé voir le célèbre abbé de Lamennais, en Bretagne; celui-ci le décida à travailler avec lui à l'*Avenir*,

---

1) *Mémoires du P. Lacordaire*

qu'il allait fonder (1). La doctrine que propageait cette feuille était la séparation de l'Eglise et de l'Etat, la liberté de l'enseignement et de la presse, enfin l'Italie, la Belgique, la Pologne rendues à leur propre nationalité. L'abbé Lacordaire crut trouver dans l'entreprise qu'on lui proposait l'occasion de servir en même temps sa foi et son pays: il resta en France, afin de combattre pour *Dieu et la liberté*, et montra dans le développement de ses idées une verve et un talent vraiment remarquables. Du premier coup, il égala, disons vrai, il éclipsa la fougueuse éloquence du grand écrivain breton, qui semblait n'avoir pas de rival.

Mais l'*Avenir* attaquait des choses établies et professait des doctrines contraires aux lois : le journal fut cité en justice. Le jeune écrivain y comparut trois fois et plaida lui-même avec un succès éclatant qui le fit absoudre une fois.

Cependant, devant les plaintes de plusieurs évêques, étonnés de la hardiesse des rédacteurs de l'*Avenir*, et d'ailleurs les ressources matérielles faisant défaut, Lamennais, Lacordaire et Montalembert annoncèrent la suspension de leur feuille, et partirent pour Rome soumettre leur conduite au jugement de Grégoire XVI, qui les désapprouva. Lacordaire se soumit, tandis que son maître se

(1) L'*Avenir* eut pour rédacteurs des hommes de talent. De Lamennais, Gerbet, Rohrbacher, Lacordaire, de Montalembert, de Goux, d'Ortigue, de Salinis, etc...

révolta; il revint à Paris reprendre son poste d'aumônier de la Visitation.

A cet esprit passionné pour les grandes idées de liberté et de religion, il fallait un frein et un guide. Dieu y pourvut en lui faisant trouver à Paris même une bonne et grande chrétienne, Mme Swetchine. Elle lui apporta, avec la sollicitude d'une seconde mère, les conseils et l'expérience d'une vie de cinquante ans, partagée entre l'étude et le commerce du grand monde, et en même temps le sens surnaturel d'une fervente convertie au catholicisme.

Son début, comme prédicateur, eut lieu en 1834, devant les élèves du collège Stanislas, auxquels il fit des conférences qui attirèrent l'attention publique. Mais, à côté de l'admiration, la critique et l'envie s'élevèrent bientôt. On dénonça le jeune conférencier au Vatican, à l'archevêché et aux Tuileries. Fatigué de ces attaques, Lacordaire écrivit à Mgr de Quélen : « Ne connaissant ni mes fautes, ni mes ennemis, ni ce qu'on veut de moi, je me tais en enfant de l'Eglise. »

Bientôt l'archevêque de Paris, peu disposé cependant à goûter une éloquence si nouvelle, invita lui-même l'orateur de Stanislas à faire des conférences dans la chaire de Notre-Dame. L'entreprise était hardie, mais le succès fut si complet que dès le premier discours, Mgr de Quélen voulut sur-le-champ nommer le conférencier chanoine honoraire de la métropole.

L'orateur devait poursuivre son œuvre avec un succès toujours croissant.

.*.

Cependant il lui sembla que Dieu lui demandait de faire un pas de plus dans la voie du sacrifice, en se consacrant à l'ordre de St-Dominique et à son rétablissement en France. Né pour la parole, voyant tout le bien qu'elle pouvait faire, il souhaitait qu'elle devînt pour lui un devoir journalier, et entra, en 1840, dans l'ordre des Frères prêcheurs ou Dominicains. Ce dernier pas lui coûta beaucoup.

« L'idée seule de sacrifier ma liberté à une règle et à des supérieurs m'épouvantait. Fils d'un siècle qui ne sait guère obéir, l'indépendance avait été ma couche et mon guide..... Tandis qu'il ne m'en avait rien coûté de quitter le monde pour le sacerdoce, il m'en coûta d'ajouter au sacerdoce le poids de la vie religieuse. Toutefois, une fois mon consentement donné, je n'eus ni faiblesse, ni repentir, et je marchai courageusement au-devant des épreuves qui m'attendaient. »

L'année suivante, il reparut dans la chaire de Notre-Dame avec son nouvel habit, la tête rasée et son froc monastique. Il parla sur *la Vocation religieuse de la nation Française*, « afin de couvrir de la popularité des idées l'audace de sa présence. »

« Le triomphe fut éclatant, dit son biographe; la foule qui débordait de la porte au sanctuaire se montra plus que jamais sympathique, émue et ravie. Mais ce discours était quelque chose de plus qu'une grande page d'éloquence, c'était une victoire réelle; car ce moine prêcheur était une armée. »

Ce fut à cette époque que le P. Lacordaire fit paraître sa *Vie de St Dominique*. Après avoir emmené comme novices à Rome dix jeunes Français, il employa son temps à donner des retraites ou des conférences en diverses villes de France et d'Italie. Bordeaux, Nancy, Paris entendirent sa parole avec un tel enthousiasme et un tel profit que vingt ans après, l'archevêque de Bordeaux pouvait dire : « Les effets produits par ces conférences ont été immenses et durables. »

Le zélé Dominicain avait souhaité ardemment de voir revivre en France l'ordre dont il avait pris l'habit en Italie. Peu de temps avant son admission, il publia un *Mémoire pour le rétablissement de l'ordre des Frères prêcheurs en France*. La France répondit à cet appel par le silence du respect et de la sympathie, et malgré les violentes menaces de l'impiété dans la presse et à la tribune des Chambres, le zélé religieux établit le premier couvent à Chalais, non loin de Grenoble et de la Grande-Chartreuse.

*
* *

La révolution de 1848 le conduisit à l'Assemblée constituante, où l'envoya le département des Bouches-du-Rhône. Il vint siéger en habit de dominicain et aborda plusieurs fois la tribune, où il fut signalé et menacé par une multitude aveuglée par la haine et l'impiété. Il comprit que la République déshonorée par l'émeute était perdue et que ses devoirs de religieux et de représentant étaient incompatibles : il donna sa démission et quitta la rédaction de l'*Ère nouvelle*, dont les tendances trop démocratiques allaient mal à la modération de ses propres idées.

En 1854, le P. Lacordaire commença à Toulouse une série de conférences qui devaient faire suite à celles de Notre-Dame de Paris. Il ne lui fut pas donné de les terminer. C'était bien encore l'éloquence entraînante et l'incomparable splendeur des grands jours de Notre-Dame, mais sa voix commençait à fléchir sous les efforts de son ardente parole, et quand, en 1855, la jeunesse de Toulouse vint le solliciter de poursuivre le cours de ses conférences, il se vit obligé de répondre par un refus, car ses forces le trahissaient.

*
* *

Une œuvre importante lui restait cependant à faire, c'était la fondation du Tiers-Ordre enseignant.

Depuis de longues années, se rappelant les tristes épreuves de sa foi au collège, il avait conçu le désir de susciter, à côté de l'Université, des maîtres attachés aux croyances de l'Eglise et capables de les communiquer, avec la science et les lettres, à leurs élèves. Il attendait l'heure favorable.

Enfin, elle vint à sonner. La loi du 15 mars 1850, brisant en partie le joug du monopole universitaire, lui permettait de réaliser son projet de dévouement.

Après bien des épreuves, il rassembla dans un noviciat quelques jeunes gens dévoués et les installa au collège d'Oullins, qui ne tarda pas à fleurir sous cette intelligente éducation. L'année suivante, le P. Lacordaire terminait ses conférences à Toulouse, quand on vint lui offrir la direction de l'école de Sorèze, autrefois la plus illustre du Midi, et bientôt son bonheur fut grand de se voir entouré de cent vingt enfants dont le bonheur était plus grand encore de retrouver un si illustre maître.

Au bout de deux mois, il était l'âme de l'école; on le voyait partout, aux études, aux classes, aux jeux, heureux de se dévouer tout entier, et d'apprendre à ses enfants à étudier, à penser, à converser, à vivre, à se respecter eux-mêmes en respectant Dieu.

En 1860, tandis qu'il fondait un autre couvent de son ordre à Dijon, les honneurs vinrent le chercher dans sa solitude : il fut élu à l'Académie française. C'était un hommage rendu à la religion en sa personne, un suprême triomphe sur les préjugés et la consécration solennelle de l'Ordre des Dominicains en France.

Mais depuis longtemps déjà ses forces diminuaient, et sa santé profondément altérée par un mal inconnu et inexorable ne lui permit plus de parler en public. La plume même s'échappa bientôt de ses mains défaillantes, comme une glorieuse épée brisée à force de combats.

Enfin, consolé par les secours de la religion et entouré de ses enfants spirituels, le grand serviteur de Dieu et de ses frères, mourut en levant vers le ciel ses bras épuisés et en s'écriant : « Mon Dieu, mon Dieu, ouvrez-moi, ouvrez-moi ! »

C'était le 21 novembre 1861.

Après les oraisons funèbres de M. Forbin-Janson, du général Drouot et d'O'Connell, son dernier ouvrage avait été un éloquent plaidoyer en faveur du pouvoir temporel du Pape : *De la liberté de l'Église et de l'Italie*.

*
* *

Et maintenant, nous dirons avec M. de Montalembert : « Les vrais grands hommes sont presque toujours mal jugés et mal compris par leurs contemporains. Nul n'a peut-être subi ce privilège de la grandeur au même degré que le P. Lacordaire. »

Mais, ajoute un de ses biographes, quand on pense aux années qui l'ont précédé, à celles qui l'ont suivi et à celles qui l'ont connu; quand on analyse le sol mouvant sur lequel il combattait ; quand on calcule la somme et la variété des périls qu'il dut affronter ; quand on voit après lui et à côté de lui tant de belles intelligences qui tombent, et qu'au milieu d'elles il se forme sans maître, au milieu de ces chutes il reste debout ; au milieu de ces œuvres avortées, il poursuit le cours de son enseignement et laisse à la France et à l'Eglise une œuvre religieuse dont la puissance ne fera que grandir, au lieu de rechercher d'un œil jaloux si quelque mouvement imparfait ne s'est pas mêlé à l'ardeur de ses combats, s'il n'a pas eu trop de confiance en la noblesse du cœur humain, et si, pour vouloir à tout prix sauver son siècle, il n'a pas trop compati à ses erreurs, on ne sait plus qui admirer et remercier. On admire le héros ; on remercie Dieu qui l'a fait, et qui sait si bien proportionner les hommes au siècle qu'il leur destine.

LAENNEC (D^r)

PROFESSEUR AU COLLÈGE DE FRANCE ET A LA FACULTÉ DE PARIS

(1781-1826)

« Dieu de mes pères, ne permets pas que je blasphème ton nom. »
(Dr LAENNEC).

Le Dr *Laënnec*, célèbre médecin, était fils d'un avocat au Parlement de Bretagne. Il étudia la médecine à Nantes, puis à Paris sous Corvisart, devint médecin de l'hôpital Necker en 1816 et de la duchesse de Berry, succéda à Hallé comme professeur de clinique au Collège de France et fut nommé professeur de clinique médicale à la Faculté de Paris.

C'était un homme érudit et observateur, religieusement attaché à ses devoirs, doué d'une grande modestie et très charitable. Il a fait faire de notables progrès à l'anatomie pathologique, mais son plus beau titre de gloire est la découverte de *l'auscultation,* qui a ouvert à la science médicale une voie nouvelle dans l'une des plus affreuses maladies qui affectent notre triste nature : les affections de poitrine.

Après de longues expériences, le célèbre docteur reconnut que l'oreille appliquée sur la poitrine du malade transmettait fidèlement à l'observateur l'état plus ou moins altéré des voies respiratoires.

Le D\ Laënnec a fait cette magnifique profession de sa foi religieuse dans un *Discours d'inauguration* à l'école médicale de Nantes.

« Dieu de mes pères, si l'étude de mon art ne doit me conduire qu'à douter de ta puissance ; s'il faut que dans ce corps fragile si périssable, je ne retrouve plus cet instrument céleste de ma pensée, cette âme immortelle si noble que je tiens de ta bonté ; s'il faut, qu'assimilé à la brute, stupide, dégradé **dans tout mon être, je reconnaisse des penchants** irrésistibles dans mon crâne et la *cogitabilité* dans une huître, ah ! rends-moi mon ignorance ! ne permets pas que je blasphème ton nom ! Je n'étudierai plus. »

LA HARPE

POÈTE, LITTÉRATEUR.

(1739-1803)

> « Et moi aussi je crois; et moi aussi je vous adore... »
> « J'étais aveugle, non pas de naissance, mais d'orgueil. »
> (LA HARPE).

Jean François *La Harpe*, né à Paris, était fils d'un gentilhomme du pays de Vaud, capitaine au service de la France. Orphelin à neuf ans, il fut recueilli par des sœurs de charité qui le recommandèrent au proviseur du collège d'Harcourt, où il fit de brillantes études. Il débuta ensuite dans la littérature dont il traita les différents genres. Il fit des tragédies, et composa des *Eloges*, qui lui firent décerner plusieurs prix d'éloquence et de poésie, puis entreprit un abrégé de l'*Histoire des voyages* de Prévost. Il acquit surtout une brillante réputation, en publiant, sous le nom de *Lycée*, un *Cours de littérature* qui obtint les plus grands succès, et mérita à son auteur, par son goût exquis, le beau surnom de *Quintilien français*. Ses œuvres réunies forment au moins soixante volumes in-8º.

La Harpe fut d'abord un disciple fervent des philosophes du dix-huitième siècle, et il embrassa avec ardeur les doctrines de la Révolution.

Malgré son dévouement, il fut emprisonné en 1794, et s'attendait à monter sur l'échafaud. Ce fut l'heure de sa conversion. Désabusé tout à coup de ses erreurs, il revint sincèrement à Dieu, et ne voulut plus désormais consacrer sa plume qu'à des sujets religieux. En effet, il montra à combattre les philosophes, le même zèle qu'il avait eu à propager leurs doctrines, et publia entre autres écrits, une traduction des *Psaumes*, en tête de laquelle il rapporte les motifs de sa conversion.

« J'étais dans ma prison, écrit-il, seul dans ma chambre et profondément triste. Depuis quelques jours, j'avais lu les Psaumes, l'Evangile et quelques bons livres. Leur effet avait été rapide, quoique gradué. Déjà j'étais rendu à la foi; je voyais une lumière nouvelle, mais elle m'épouvantait et me consternait, car me montrant un abîme, celui de quarante années d'égarement, je voyais tout le mal et aucun remède : rien autour de moi qui m'offrît les secours de la Religion.

« D'un côté, ma vie était devant mes yeux, telle que je la voyais au flambeau de la vérité céleste, et de l'autre la mort, la mort que j'attendais tous les jours, telle qu'on la recevait alors. Le prêtre ne paraissait plus sur l'échafaud pour consoler celui qui allait mourir; et il n'y montait plus que pour mourir lui-même.

« Plein de ces désolantes idées, mon cœur était abattu, et s'adressait tout bas à Dieu, qu'il venait de retrouver et qu'à peine connaissais-je encore. Je lui disais : Que vais-je faire ? Que vais-je devenir ?

— J'avais sur une table *l'Imitation*, et l'on m'avait dit que dans cet excellent livre je trouverais la réponse à mes pensées.

« Je l'ouvre au hasard, et je tombe en l'ouvrant, sur ces paroles : *Me voici, mon fils, je viens à vous parce que vous m'avez appelé.* »

Je n'en lus pas davantage : l'impression subite que j'éprouvai est au-dessus de toute expression, et il ne m'est pas plus possible de la rendre que de l'oublier. Je tombai la face contre terre, baigné de larmes, étouffé de sanglots, jetant des cris et des paroles entrecoupées. Je sentais mon cœur soulagé et dilaté, mais en même temps comme prêt à se fendre.

Assailli d'une foule d'idées et de sentiments, je pleurai assez longtemps, sans qu'il me reste, d'ailleurs, d'autre souvenir de cette situation, si ce n'est que c'est, sans aucune comparaison, ce que mon cœur a jamais senti de plus violent et de plus délicieux, et que ces mots : « Me voici, mon fils, » ne cessaient de retentir dans mon âme et d'en ébranler puissamment toutes les facultés. »

.˙.

Dans plusieurs de ses ouvrages, La Harpe nous a révélé, sur la Religion, ses sentiments intimes, qu'il est bon de connaître pour notre édification et notre instruction.

Citant la guérison de l'aveugle-né, racontée par St. Jean, il s'écrie dans un transport de foi : « Et moi aussi, je crois; et moi aussi, je vous adore, adorable Auteur du récit et du miracle, qui l'un et l'autre sont de Dieu. »

« Moi aussi, j'étais aveugle, non pas de naissance mais d'orgueil, et vous avez eu pitié de moi, et vous m'avez ouvert les yeux ! Ne permettez pas, je vous en conjure, qu'ils se referment jamais après avoir vu votre lumière, ni que les malédictions de l'impiété ferment jamais ma bouche, après que vous lui avez permis de vous confesser, tout indigne qu'elle en fut toujours. »

Interrogé par des impies sur sa religion, La Harpe leur fit cette réponse : « Je suis chrétien, parce que vous ne l'êtes pas. Une religion qui a pour ennemis mortels les plus mortels ennemis de toute morale, de toute vertu, de toute humanité est nécessairement amie de la morale, de la vertu, de l'humanité : donc elle est bonne (1). »

(1) On peut rapprocher cette réponse de la suivante, faite à ses juges par un prêtre en 93 : « Crois-tu à l'enfer? lui demandaient ces révolutionnaires à Lyon. — Eh ! comment pourrais-je en douter en vous voyant, et en considérant ce qui se passe ? »

Dans son *Cours de littérature*, le poète a écrit ces belles paroles. « Les athées revendiquent Buffon à cause des résultats apparents de sa mauvaise physique; je ne vois pas trop ce qu'ils peuvent y gagner. S'il fut athée, ce ne serait qu'une raison de plus de concevoir comment un grand esprit a raisonné si mal sur la nature en méconnaissant son Auteur, et comment un génie d'une trempe bien supérieure, un Newton, avait une vénération si religieuse pour le Créateur, qu'il reconnaissait pour la seule cause possible du mouvement dont lui, Newton, a le premier connu et démontré les lois. On sent combien ce contraste est loin d'être défavorable à la religion, qui, sans avoir aucun besoin de ce fragile appui des lumières humaines, se trouve pourtant, par un ordre secret qu'il faut admirer, et à la honte de ses ennemis, avoir attiré à elle, depuis son origine, tout ce que le monde a eu de plus grand dans tous les genres, et avoir soumis tant de beaux génies à la foi de l'Evangile, prêché par de pauvres pêcheurs.

C'est à Dieu seul de savoir et de juger ce que Buffon pensait; ce qui est certain, en fait, c'est qu'il a voulu recevoir à la mort les sacrements de l'Eglise. (*Sur Buffon*)

Ailleurs, il prouve ainsi la nécessité de la Révélation.

« Il n'y a qu'un sophiste qui pose en principe que *la religion naturelle suffit pour donner des mœurs*; car un vrai philosophe ne ferait pas un principe d'une proposition incomplète et indéfinie. Quelles mœurs? Et à qui? C'est ce qu'il fallait dire. Sont-ce les meilleures possibles? Et à tous? »

« Partout on a senti que la loi naturelle peut, en effet, suffire pour donner des mœurs à quelques hommes, que leur éducation, leur fortune ou des lumières supérieures mettent à la fois au-dessus de l'ignorance vulgaire et des tentations du besoin. Mais cela même prouve que cette loi naturelle *ne suffit pas* et *n'a jamais pu suffire* ni à tous, ni au grand nombre, puisqu'il est reçu que l'exception même prouve la généralité.

« Voilà ce que vous dirait l'homme qui ne serait que philosophe. Le philosophe chrétien ajouterait, que dans une nature corrompue par l'orgueil et les passions, les lumières de la conscience, qui sont, en d'autres termes, la loi naturelle, ont besoin *qu'une loi primitive*, dictée par Dieu même, éclaire et dirige ces notions intimes si faciles à obscucir, et les élève à une perfection, soit de théorie, soit de pratique, dont Dieu seul peut donner l'idée et les moyens : c'est l'ouvrage de la Révélation. »

La Harpe demeura fidèle jusqu'à la fin à ces sentiments religieux, qu'il exprime d'une manière si convaincue.

16.

LAINÉ

AMIRAL, DÉPUTÉ

1796-1876

« Pour moi, soit que ton nom ressuscite ou succombe,
O Dieu de mon berceau, sois le Dieu de ma tombe ! »
(*Sur son tombeau*).

Pierre Honorat *Lainé*, élève de marine, se signala par son courage à l'incendie de Smyrne en 1810. Enseigne n 1817, et lieutenant en 1821, il prit part aux opérations de la flotte contre les côtes d'Espagne, s'y distingua à l'attaque du fort *Santi Petri* et y fut décoré de la Légion d'honneur. Capitaine de frégate en 1826, capitaine de vaisseau en 1840, il devint commandant supérieur de la marine à Alger.

De 1843 à 1846, il commanda la station navale du Brésil et de La Plata, et fut bientôt élevé au rang de vice-amiral.

Les élections de 1849 le firent entrer dans la vie politique.

Nommé à l'Assemblée législative par le département de la Gironde, il vota habituellement avec la droite. Il est mort en 1876.

Voilà la vie du soldat et de l'homme public, mais ce qui manque pour compléter cette belle physionomie, c'est son plus pur éclat, c'est-à-dire la manifestation des sentiments du chrétien.

« Modeste comme toutes les actions de sa vie, la conversion à l'entière pratique religieuse du vieux marin s'est faite sans bruit, mais avec toute la conviction d'une foi qui ne lui fit jamais défaut. Dès le 19 août une crise affreuse de la goutte, qu'il avait supportée avec une patience toute chrétienne, précipita la conclusion des conférences qu'il faisait depuis quelque temps avec son curé.

« Le 23 octobre 1876 fut le jour marqué par Dieu pour le retirer de ce monde. Quand le journal qui a fait son éloge a parlé de ses souffrances supportées « avec la philosophie d'un sage », il ne se croyait pas sans doute autorisé, comme nous, témoins de la force qui lui a été communiquée par les sacrements de l'Eglise à ajouter autre chose. Mais sa philosophie ne s'est pas bornée à un effort d'une énergique nature; elle a puisé à la source divine ce qui manque ordinairement à l'homme : la consolation et la joie dans le sacrifice. Ma tâche comme prêtre, parent, ami du bon amiral est finie, si j'ai dit devant la France qu'il a servie, l'Eglise qu'il aimée : *le soldat valeureux est descendu chrétiennement dans le sépulcre*, qui porte gravé au frontispice :

Pour moi, soit que ton nom ressuscite ou succombe,
O Dieu de mon berceau, sois le Dieu de ma tombe.

LAMORICIÈRE

GÉNÉRAL, DÉPUTÉ, VICE-PRÉSIDENT
DE L'ASSEMBLÉE LÉGISLATIVE, SOLDAT DE LA FRANCE
ET DE L'ÉGLISE.

(1806-1865)

« *Spes mea, Deus* ; mon espoir, c'est Dieu. »
(Devise de LAMORICIÈRE)

« Lamoricière, a dit justement un écrivain, fut le chevalier par excellence : il ne vécut que pour se dévouer. Il a sacrifié à sa patrie le repos, la santé, les joies de la famille ; il a sacrifié à la défense de l'Eglise le glorieux prestige d'une fortune invincible ; il a couronné sa carrière en rendant son âme à Dieu avec la simplicité d'un enfant, avec la force d'un martyr. »

Léon Juchault de *Lamoricière* naquit le 5 février 1806, sur le champ de bataille encore sanglant où les Vendéens avaient soutenu une lutte de géants contre les soldats de la grande Révolution. Son père, proscrit par cette Révolution, avait pris les armes pour venger la mort de Louis XVI ; sa mère, au contraire, était la fille d'un ardent républicain, M. de Robineau, qui, en 1793, s'était signalé à la tête de la cavalerie nantaise contre les héros de la Vendée. Malgré cette diversité d'opinions

LAMORICIÈRE (v. p. 284)

politiques, une même foi religieuse réunissait les deux familles. M. de Robineau avait offert un asile aux religieux persécutés, et sa femme avait relevé l'autel du Loroux renversé par les bandes révolutionnaires.

Le jeune Léon, qui fut plus tard général, était ardent aux jeux de son âge. On le voyait, cherchant les enfants du voisinage pour les ranger en bataille, ou courant à cheval sur un petit poney de Noirmoutier. Rien ne pouvait l'arracher à ces ébats, si ce n'est la vue d'un pauvre; alors il demandait quelques sous à sa bonne, ou allait furtivement à la cuisine y détacher des mets ou un gibier pour les porter au mendiant. Son père prit soin de lui donner une sérieuse instruction religieuse. Dès l'âge de quinze ans, Léon eut le malheur de le perdre.

Ses classes terminées, brillant élève de l'école polytechnique, Lamoricière embrassa la carrière militaire, et s'y signala bientôt par son énergie, son intelligence et sa bravoure. Envoyé comme lieutenant en Afrique, il se distingua sur tous les champs de bataille.

Cependant sa jeunesse ne fut pas exempte de funestes illusions. Pendant ses études militaires, il trempa dans le saint-simonisme, et s'il n'embrassa pas complètement cette doctrine, sa foi religieuse en ressentit les atteintes.

A la prise d'Alger, ce fut Lamoricière qui, en récompense de son admirable bravoure, fut chargé de hisser le drapeau français sur la Casbah ou château du dey.

Dès 1831, il était nommé capitaine et chargé d'organiser le corps des zouaves, auquel il donna toute sa valeur. Il était colonel de ses chers zouaves lorsque l'assaut fut donné à Constantine. « Si la moitié de vos hommes tombent sur la brèche, avait demandé le général en chef, les autres tiendront-ils ?

« — J'en réponds.

« — Eh bien! vous aurez le commandement de a première colonne. »

L'événement prouva qu'il avait dit vrai. Constantine fut prise. Lamoricière blessé d'un coup de feu brûlé aux mains et au visage, vit apporter sur son lit le grand drapeau rouge pris sur la brèche.

Parmi les officiers de l'armée d'Afrique, il était le seul qui comprit et parlât parfaitement l'arabe : dès lors lui seul pouvait traiter directement avec les chefs de tribu. Le lieu des séances n'était pas un palais somptueux, mais le pied d'un palmier, où le négociateur, armé jusqu'aux dents, rappelait nos anciens chevaliers, qui, au milieu des Sarrasins, avaient plus d'une fois besoin de tirer l'épée pour faire respecter leur caractère d'ambassadeur.

A 34 ans, nommé maréchal de camp, il fut chargé du gouvernement de la province d'Oran : c'était le poste le plus important d'Algérie, à cause des opérations qui allaient s'exécuter. L'état des mœurs y était déplorable. Désabusé des idées modernes, pour civiliser les Arabes, Lamoricière pensa que la religion seule arrêterait le mal.

En ce moment, débarquait à Oran un jésuite, le P. Pascalin, que ses supérieurs destinaient à établir une maison dans cette ville. Le religieux alla offrir ses services au commandant. Le titre de jésuite qui soulevait alors de si étranges préventions pouvait faire craindre des tracasseries de la part du gouvernement. Lamoricière ne s'en préoccupa point : « Jésuite ou non, dit-il au P. Pascalin, en lui prenant la main, que m'importe? vous êtes un brave, nous nous entendrons toujours. Allez en avant. Si l'on vous entrave, je serai derrière vous pour vous épauler. »

Il fut en effet accusé à la Chambre des députés.

Enfin l'œuvre du brave général fut couronnée de succès, après cinq années de lutte, par la prise d'Abd-el-Kader, qui ne voulut remettre son yatagan qu'entre les mains de son intrépide vainqueur.

*
* *

Nous ne parlerons pas ici de la vie politique de Lamoricière. Tel n'est pas notre but. Il joua un rôle considérable en juin 48. Il se prodigua pour soutenir le moral des soldats, et eut deux chevaux tués sous lui : « Merci, lui écrivait le chef de l'Etat, Cavaignac, vous avez été grand, plus grand que vous-même pendant ces quatre journées. La patrie vous en remercie par ma voix. »

Ministre de la guerre, ayant renoncé à toutes ses utopies socialistes, il favorisa de tout son pouvoir le progrès de la religion en Algérie. Il avait été élu député de S.-Calais, puis réélu à l'Assemblé législative, il en devint vice-président et combattit la politique du prince Louis-Napoléon, fut arrêté le 2 décembre avec les généraux Changarnier, Bedeau, Cavaignac et Leflô, et subit à Mazas, puis à Ham une dure captivité, et enfin envoyé en exil.

L'heure fixée par Dieu pour parler à cette âme d'élite était venue. Dans les loisirs de son exil, le cœur brisé par l'ingratitude de sa patrie, Lamoricière se mit à étudier à fond la vérité catholique. A cette lumière, il découvrit l'inanité des systèmes politiques, qu'il avait un moment rêvés, et voyant se dissiper les illusions de la terre, il se tourna vers le ciel. Bien que, depuis les campagnes d'Afrique, il eût favorisé la religion et qu'il la voulût pour les autres, il n'en avait pas encore demandé pour lui-même. Mais pendant le carême de 1855, le général suivit à Bruxelles les instructions du P. Deschamp, depuis archevêque de Malines. Lamoricière avait à vaincre bien des préjugés et des répugnances, mais dans ce combat le chrétien fut digne du soldat. « Il lui fallait, a dit Mgr Dupanloup, entrer dans la place par la brèche que nul ne fait qu'à genoux, mais pour se relever plus grand, et entrer dans la vie chrétienne avec toutes les puissances de son âme. »

Il avait rempli son devoir pascal à la fin du carême de 1855. La grâce en transformant le noble proscrit le préparait à une grande mission.

Dès lors, loin de cacher sa foi, il était heureux d'en faire part, comme d'un trésor qu'il aurait voulu communiquer aux autres.

« Moi qui vous parle, disait-il, j'ai étudié toutes les sciences, excepté la première..... J'ai examiné les effets et oublié la cause. Aussi je travaille, avec toute l'énergie dont je suis capable, à remettre de l'ordre en moi, et je reconquiers chaque vérité peu à peu. »

Un jour, M. Thiers, à Bruxelles, pria le général de venir le trouver le lendemain à sept heures, pour visiter avec lui le champ de bataille de Waterloo dont il devait écrire l'histoire. « — Je serai chez vous à huit heures, non à sept, répondit Lamoricière, car je vais à la messe. »

Il avait frappé juste : le grand historien lui avoua en chemin qu'il avait un immense besoin de la foi, et qu'il lui enviait le bonheur de croire.

Un autre jour, encore à Bruxelles, un ancien collègue, qui lui avait connu d'autres sentiments, le trouva penché sur ses cartes, où il marquait avec une fiévreuse anxiété les progrès de nos armes en Crimée. Pour assujettir ces cartes déroulées, il avait employé ses livres usuels, le *Catéchisme* d'abord, son livre de messe, puis l'*Imitation de Jésus-Christ*, et un volume du P. Gratry. A la vue de ces ouvrages, le visiteur ne put dissimuler sa surprise. — *Eh bien! oui,* lui dit le général, j'en *suis là, je m'occupe de cela ; je ne veux pas rester comme vous le pied en l'air, entre le ciel et la terre, entre le jour et la nuit. Je veux savoir où je vais, à quoi m'en tenir, et je n'en fais pas mystère.*

⁂

Quand il s'agissait de stigmatiser les libres-penseurs, converti à la pratique religieuse, Lamoricière retrouvait toute sa verve.

« J'ai vu de près ces gens-là, disait-il, je les ai pratiqués. Ils s'appellent libres, et ils sont esclaves; ils se croient gens d'esprit, et Dieu sait qu'elle est la légèreté de leur cuirasse. *Ils ont peur de la vérité.* Ils se contentent de dire : j'ai mes principes, j'ai mes convictions, la science a parlé; et ils n'ont pas ouvert de bonne foi, sérieusement, un seul livre catholique! Ils ne lisent rien, ils ne discutent rien. O Pascal! où es-tu avec ton fouet, pour flageller ces insensés qui se mentent à eux-mêmes. »

Dans une autre circonstance, apostrophant un de ces chefs de morale indépendante: « Que veux-tu, lui disait-il sans crainte, avec tes livres et tes discours? Tu veux détruire le Christianisme, le déshonorer, l'étouffer dans la boue? Mais as-tu, du moins, quelque chose à mettre à la place? Qu'est-ce que tu as? Tu as tes opinions, tes systèmes, tes désirs? Tu as du style, tu as de la colère, tu as toi, ta raison, ta volonté, tes passions?

« Tu as du nouveau, dis-tu? Mais, tiens, je préfère de beaucoup le vieux au nouveau. Car le vieux, c'est Dieu; le nouveau, c'est toi. Le vieux, c'est la vérité prouvée; le nouveau, c'est la morale en l'air. Le vieux fait des hommes, des citoyens, des cœurs, des héros; le nouveau ne fera jamais que des furieux, des malheureux, des enragés, des sauvages. »

Nous l'avons bien vu depuis Lamoricière. Qu'aurait pu ajouter à ces paroles le brave général, s'il avait vécu en 1871?

C'est qu'en effet le zélé converti avait commencé depuis longtemps à asseoir sa foi sur des bases solides. Pie IX s'en aperçut plus tard et lui dit :

« — Ah ça! mon cher général, s'écria le Pape en lui prenant les mains, où avez-vous fait votre cours de patrologie?

« — Dans les camps, en Afrique, très Saint-Père. Que voulez-vous? Un soldat ne peut pas se battre tous les jours, et j'ai lu les Pères, je les ai lus avec amour; ce sont eux qui m'ont enseigné qu'il y avait une gloire au-dessus de la gloire, la gloire d'être vaincu pour le Christ, supérieure à la gloire de vaincre pour le monde. »

.˙.

Pie IX, abandonné des gouvernements, afin de défendre les droits sacrés de l'Eglise, résolut de faire appel au dévouement individuel de ses enfants.

Au mois de mars 1860, M. de Corcelle, chargé de sonder les dispositions du général, lui demanda ce qu'il pensait du commandement de l'armée du Pape : « Je pense, répondit-il, que c'est une cause pour laquelle je serais heureux de mourir. »

Il y a, dans cette parole, le dévouement du héros chrétien et du martyr.

Mgr de Mérode reçut mission de faire la proposition à Lamoricière.

« Un soir, raconte Mgr Dupanloup, dans son oraison funèbre, un général, un jeune homme et un prêtre étaient réunis au château de Prouzel. On discutait la question de savoir si le général irait se mettre à la tête de l'armée du Pape.

« Il ne s'agissait pas d'augmenter sa gloire, mais de la sacrifier ; d'illustrer sa vie, mais de l'exposer. On lui demandait de quitter la France et de prendre le commandement d'une poignée de jeunes gens, qui n'avaient jamais vu le feu, ne parlant pas la même langue, mais ralliés par la foi, sur un territoire pris entre deux armées, dix fois plus nombreuses, plus aguerries, mieux équipées. Il s'agissait de passer pour un étourdi aux yeux des sages, pour un factieux aux yeux des politiques, pour un chef aventureux aux yeux des militaires, en deux mots, de combattre sans espoir de mourir et de vaincre. Le prêtre insistait, le jeune homme hésitait, le général méditait.

« Tout à coup le guerrier se lève et dit d'une voix nette et calme : « J'irai. »

« Le général marcha pour la première fois à une défaite. Il devait être vaincu comme les croisés, dont les défaites ont sauvé l'Europe et la civilisation; vaincu, mais après avoir taché de sang les mains des envahisseurs, et ce sang ne s'effacera jamais. »

Il est facile de deviner par le caractère du général avec quelle générosité il s'était donné à Dieu et à son représentant ici-bas.

On sait l'admirable activité que déploya Lamoricière dans l'organisation de la défense, qui devait aboutir, par la perfidie révolutionnaire et la trahison des politiques, au guet-apens de Castelfidardo. Il n'eut la gloire ni de vaincre ni de mourir pour la cause de Pie IX et de l'Eglise. Il revint en France, et retiré en son pays, il vécut dans la retraite, édifiant tous ceux qui l'entouraient par la pratique des plus belles vertus, faisant lui-même la prière en commun avec ses enfants et ses serviteurs. La mort ne le surprit pas : il était prêt.

En 1865, Lamoricière se trouvait dans sa propriété de Prouzel, près d'Amiens, et il se préparait à rejoindre sa famille en Anjou, quand, dans la nuit du 7 septembre, il fut pris d'étouffements subits, qui avaient failli plusieurs fois l'enlever depuis son séjour à Ham.

Ce grand chrétien ne se dissimule point le danger, et d'une voix entrecoupée, il demande aussitôt non pas un médecin, mais le prêtre. M le curé accourt, et le trouve agenouillé au pied de son lit, pressant le crucifix sur ses lèvres. Le prêtre se met à genoux près de lui, lui donne l'absolution, puis il veut le relever.

Le mourant n'avait plus de parole, mais son œil encore vivant indiquait qu'il avait tout compris.

Un instant après il rendait le dernier soupir.

C'était à genoux qu'avait voulu mourir ce vaillant soldat de Dieu. Jusqu'au bout il affirma les droits de l'Eglise : sa mort même était la condamnation de ceux qui prétendent empêcher le soldat de prier.

LAPASSET

GÉNÉRAL.

(1822-1875)

> « Je n'aime pas qu'on désespère de notre société, mais elle ne sera sauvée qu'en revenant à l'idée religieuse. »
> (Général LAPASSET).

L'armée française a toujours montré que le sentiment religieux s'associe parfaitement avec la bravoure militaire. On s'explique facilement, du reste, pourquoi le sentiment religieux et la bravoure militaire loin de se contredire s'accordent et s'unissent admirablement. La vie régulière, uniforme et dépendante que mène le soldat, l'esprit de soumission et de renoncement qui doit être la vie de son état sont une vraie préparation à l'esprit chrétien, et lorsque ces dispositions favorables ne sont pas trop contrariées par les passions privées ou par l'entraînement public, elles conduisent facilement à la croyance et à la pratique religieuses; et quant au courage héroïque du soldat sur le champ de bataille, quoi de plus propre à le provoquer et à le soutenir que cette pensée qu'on est, l'âme en paix, sous le regard de Dieu, comme sous le regard d'un père, qui assure devant les élus la couronne céleste au vrai courage toujours vainqueur à ses yeux.

« Voilà pourquoi, dit le général Ambert, dans tous les siècles, les grands génies militaires ont toujours été des hommes croyant en Dieu, et plus ou moins religieux... Ce que nous avons fait de mieux dans nos dernières guerres, c'est de prouver que la religion fortifie le cœur et donne du courage. Les croyants se sont montrés mieux disciplinés, plus énergiques et bien autrement braves que les incrédules. »

Il était de la race de ces braves le général *Lapasset*, mort en 1875. Notre programme nous imposait le devoir de reproduire les principaux traits de ce soldat, catholique convaincu.

Il avait reçu ses premières leçons dans une maison ecclésiastique de Toulouse, où il puisa la vivacité de foi et l'énergie de convictions religieuses, que les accidents si variés de sa carrière militaire n'ont jamais pu ébranler. Né en 1822, il fut admis, comme fils d'officier au Collège royal militaire de la Flèche en 1835 où il termina ses études. Devenu officier, il passa en Afrique, et y gagna par sa bravoure les premiers grades, comme l'avaient fait Bedeau, Négrier, Lamoricière et tant d'autres.

« L'expérience des hommes et des choses, dit la *Semaine catholique* de Toulouse l'avait amené à cette conclusion, qu'il se plaisait à formuler ainsi : « Je n'aime pas qu'on désespère de notre société, mais elle ne sera sauvée qu'en revenant à l'idée religieuse. »

« C'est en conformité avec cette foi qu'il a réglé sa vie publique et sa vie privée. Tout le monde sait avec quelle énergie il lutta à Perpignan et à Toulouse pour la cause conservatrice ; avec quelle générosité il consacra à des œuvres de charité les amendes auxquelles les tribunaux avaient condamné des écrivains qui s'étaient oubliés à son égard.

« Tous les dimanches, on le voyait confondu au milieu du peuple à la messe de sa paroisse.

« Un témoin non suspect nous racontait ce simple trait, qui nous montre jusqu'à quel degré il portait le sentiment de ses devoirs et de sa responsabilité au point de vue chrétien.

« Dans ses inspections, lorsqu'il arrivait aux enfants de troupe, *escorté des chefs de corps et des officiers de sa suite, il ne manquait jamais de faire réciter à ces enfants plusieurs de leurs prières, et de recommander à leur gardien le soin de leur instruction religieuse.* »

On voit qu'il affirmait sa foi sans respect humain.

LAPLACE

MATHÉMATICIEN, DE L'ACADÉMIE DES SCIENCES, MINISTRE, SÉNATEUR.

(1749-1827)

> J'atteste le Dieu que je vais recevoir et devant qui je vais paraître, que si j'ai paru peu chrétien, ce n'a jamais été par conviction, mais par respect humain, par vanité, et pour plaire à telles ou telles personnes. »
>
> (LAPLACE)

Le grand *Laplace*, que l'étranger envie à la France, né à Beaumont-en-Auge (Calvados), de pauvres cultivateurs, montra de bonne heure les plus grandes aptitudes pour les sciences.

A dix-huit ans, il était professeur de mathématiques à l'Ecole militaire de Paris, et dès 1773 l'Académie des sciences lui ouvrit ses portes. Après les travaux d'Euler, de Dalembert, de Lagrange, il restait encore bien des régions de la science astronomique à explorer, Laplace résolut de les parcourir.

Il rassembla, dans ce but, tous les travaux accomplis jusque-là, et rechercha la raison des phénomènes non expliqués, en n'admettant que le principe de Newton. Telle est l'origine du grand et immortel ouvrage, intitulé : *Traité de la méca-*

nique céleste. Dans l'étude des satellites de Jupiter, le célèbre astronome a trouvé des lois qui portent son nom, et il a donné des marées une théorie analytique, qui permet d'en prédire la hauteur. La *Mécanique céleste* est un ouvrage hors ligne par l'importance des solutions, l'ordre, la clarté, la beauté de l'exposition.

Laplace étudia aussi d'autres branches des sciences où il a excellé. Il s'est uni à Lavoisier pour des *Recherches sur le calorique*, et sur la *Théorie des vapeurs et de l'électricité*, et à Condorcet pour des travaux de statique.

Après le 18 brumaire, Laplace fut ministre de l'intérieur : il entra ensuite au sénat dont il fut vice-président, puis chancelier en 1803. Deux ans après, renonçant aux traditions de la Révolution, il fit un rapport sur la nécessité d'abandonner le calendrier de la République pour reprendre le calendrier grégorien.

En 1808, il fut créé comte de l'Empire, puis vota la déchéance de Napoléon en 1814, et fut nommé pair de France par Louis XVIII et marquis. Ainsi ses talents et ses services furent appréciés par les divers gouvernements.

.˙.

Nous n'aurions pas inséré ici le nom du grand astronome si nous n'avions eu la joie de constater qu'il est mort dans d'excellents sentiments, et si nous n'avions besoin en même temps de réhabiliter sa mémoire en prouvant qu'il n'a jamais prononcé la parole athée que lui attribue Arago, et qu'on retrouve partout dans les livres qui parlent de lui.

Napoléon Ier qui était membre de l'Institut aurait interpellé Laplace en ces termes : « Et vous, monsieur Laplace, qui avez arraché au ciel tant de secrets, ne chanterez-vous pas aussi bientôt votre hymne à la gloire du Créateur? »

Et celui-ci aurait répondu, d'après Arago : « Sire, j'ai pu constituer et expliquer les cieux sans même recourir à l'hypothèse de l'existence de Dieu. »

Or nous avons, contre l'affirmation gratuite d'Arago, le témoignage des deux représentants les plus autorisés de la science contemporaine, M. Faye et l'abbé Moigno.

Le premier, membre de l'Académie des sciences et président du Bureau des longitudes, à propos d'un travail récent qu'il a fait paraître sur l'origine du monde et dont les principes concordent avec le récit de Moïse, justifie absolument Laplace, en affirmant que *sa pensée a été travestie par un écrivain intéressé à le montrer athée*, et qu'il n'a jamais prononcé la phrase tristement célèbre (1).

Le second, l'illustre abbé Moigno, rédacteur du *Cosmos* et des *Mondes*, qui avait connu Laplace, dit à ce sujet : « J'ai cherché et fait chercher, dans

---

(1) V. *Cosmos*. Année 1884. N° X. p. 435.

tous les souvenirs de Sainte-Hélène et ailleurs, le récit que l'on mettait dans la bouche de l'Empereur, et je suis heureux de pouvoir le dire, il n'est nullement prouvé, qu'en effet, Laplace ait hasardé la phrase par trop orgueilleuse qu'on lui prête. *Il ne pouvait pas être, et il n'était pas athée...* Laplace, d'ailleurs, pendant toute la restauration, à la Chambre des pairs, comme à l'Académie des sciences et au Bureau des Longitudes ne s'est jamais montré hostile aux saines doctrines. A Arcueil, où il passait l'été, comme à Paris, rue du Bac, où il passait l'hiver, il était en très bonnes relations avec le curé de sa paroisse, et sur son lit de mort en 1827, il voulut être assisté par ces deux vénérables ecclésiastiques (1). »

C'est assez pour le laver de la calomnie portée contre lui par Arago. Laplace, du reste, a pris soin d'affirmer sa foi chrétienne sur le point de mourir. Voici quelques détails sur ses derniers moments.

Après avoir émis dans plusieurs de ses ouvrages des principes d'incrédulité qu'il n'exposait pas par conviction, mais en sacrifiant aux préjugés de son temps, Laplace sur la fin de sa vie avait enfin courbé sa raison sous le joug de la foi. Aussi non seulement il ne se contenta pas de demander un prêtre à l'heure de la mort, mais de plus il reçut dans le saint Viatique, avec une parfaite connais-

(1) *Splendeurs de la foi.* t. III. p. 1512-1514.

sance et des marques non équivoques de piété, le Dieu dont il avait découvert les lois admirables dans la *Mécanique céleste*, et mourut en vrai croyant et en bon catholique le 6 mars 1827. Avant de recevoir la sainte communion, il affirma ses croyances par ces remarquables paroles, qui suffisent à effacer les mauvaises pages de quelques-uns de ses écrits et l'assertion d'Arago : *J'atteste le Dieu que je vais recevoir et devant qui je vais paraître, que si j'ai paru peu chrétien dans mes actions, dans mes discours, et mes écrits, ce n'a jamais été par conviction, mais par respect humain, par vanité, et pour plaire à telles ou telles personnes.*

Il eut ainsi une gloire plus grande que celle que lui avait conquise son génie, celle de reconnaître sur lui-même le droit suprême du Créateur des mondes.

LAPPARENT (Baron de)
OFFICIER DU GÉNIE
(1881)

« J'ai vu ma foi grandir, et tomber tous mes doutes,
J'ai prié le Seigneur d'achever son ouvrage,
Et de son tendre amour de me donner le gage. »
(baron de LAPPARENT)

Nous devons ici un souvenir au baron Félix de

Lapparent, à cette âme d'élite, à ce soldat distingué, dont la vie fut si savamment et si utilement remplie, et dont la conversion, dans son âge mûr, donne une preuve si consolante de ce que peuvent, chez un esprit droit, le travail et la science pour ramener à la religion.

Voici les paroles prononcées à Bourges sur sa tombe par M. Raynal, ancien procureur général de la Cour de cassation.

« Je voudrais dire un suprême adieu à l'homme excellent que nous avons accompagné à sa dernière demeure. Sorti avec honneur de cette grande école où se sont succédé trois générations de sa famille, M. Félix de Lapparent avait choisi l'arme du génie, et avait pris part aux premières campagnes d'Algérie, et plus tard aux immenses travaux des fortifications de Paris.

« Une bienveillance qui se refusait à apercevoir le mal, une constante modération, l'absence complète de toute prétention personnelle, une inépuisable obligeance, telles étaient les qualités principales de cette nature si distinguée, et qui pourtant cherchait toujours à s'effacer. Mais tout l'intéressait, car il comprenait tout : les problèmes de la science comme les beautés de la littérature et des arts ; les grands spectacles de la nature comme les détails microscopiques d'une plante, heureux de ces enthousiasmes faciles, qui ne s'adressaient jamais qu'aux belles et bonnes choses, et que dominait toujours la foi la plus sincère. Car, ainsi que l'a dit un grand penseur, *si une science imparfaite peut éloigner de la religion, une science plus complète y ramène.*

« Ainsi s'est écoulée au sein d'une famille tendrement aimée cette existence modeste, mais vouée entièrement au culte du vrai, du beau et du bien. »

Nous savons que M. de Lapparent qui d'abord avait été voltairien, comme beaucoup de jeunes gens de sa génération, s'était converti, il y a plus de trente ans, après la lecture des célèbres ouvrages de M. Auguste Nicolas.

Quelques vers, trouvés par les siens dans un recueil de pensées, témoignent des sentiments religieux qui l'animaient après sa conversion. Rien de touchant comme cette âme, qui demande l'amour après avoir obtenu la foi, et qui bénit Dieu des loisirs que lui fait sa retraite.

Au lendemain de sa conversion vers 1850

J'ai vu ma foi grandir et tomber tous mes doutes,
Debout près de l'autel, sous ces augustes voûtes,
J'ai senti dans mon cœur un saint tressaillement,
Précurseur assuré d'un esprit qui se rend.
J'ai prié le Seigneur d'achever son ouvrage
Et de son tendre amour de me donner un gage.
Ma prière, portée au sein de l'Eternel,
Fait naître dans mon cœur un trouble solennel
L'Esprit-saint me visite et sa flamme céleste
De mes derniers péchés a consumé le reste.

Après sa mise à la retraite.

Je suis heureux de ma disgrâce
Qui me rend libre désormais.

> Les rêves d'or ont pris la place
> De l'humble emploi que j'occupais.
> Je songe à des jardins célestes.
> En vain mon champ me fut ôté.
> Petite fleur, si tu me restes,
> Dieu ne m'a pas déshérité.

Puisse ce noble exemple du soldat converti être suivi par tant d'esprits distingués, qui se débattent dans les souffrances du doute, et qui eux aussi reviendraient à Dieu, s'ils voulaient consacrer quelques heures à la solitude et à la prière !

LAPRADE (de)

POÈTE, DÉPUTÉ, DE L'ACADÉMIE FRANÇAISE.

(1812-1883)

> « Je n'avais pas besoin de la présence de mon pasteur bien-aimé pour désirer de mourir en étroite union avec l'Eglise de Jésus-Christ. »
>
> (DE LAPRADE)

Au mois de novembre 1883, Victor *de Laprade* terminait, dans la paix d'un chrétien et d'un sage, une vie dont les dernières années avaient été une longue souffrance.

Né à Montbrison, le 13 janvier 1812, *de Laprade* était fils d'un médecin distingué. Nous dirions volontiers de lui avec M. G. Doncieux : « On aimerait à indiquer les origines et les débuts de ce grand

Lyonnais, à le montrer écolier du lycée de Lyon, disciple aimé de l'abbé Noirot, le fameux professeur de philosophie; puis avocat malgré lui, subissant les dégoûts de la procédure, ses adieux définitifs à la plaidoirie et son coup d'éclat poétique, les salons de Paris ouverts et d'illustres amitiés offertes à l'auteur de *Psyché*; M. de Salvandy l'appelant dans l'Université, enfin sa carrière de professeur à la Faculté de Lyon mêlée et traversée de politique, sa disgrâce sous l'Empire, après la guerre contre la Prusse, son élection à l'Assemblée de 1871. » La brièveté de cette esquisse nous empêche de faire ces développements que M. François Coppée, son successeur à l'Académie a dit, le 18 décembre 1884, à cette docte assemblée.

Son œuvre poétique fut expressément chrétienne, et dans son point de départ et dans son terme d'arrivée : *Les parfums de Madeleine*, *Deo optimo maximo*. Sa muse a toujours chanté Dieu.

« C'est Dieu, a dit M. F. Coppée, toujours Dieu qu'il adore dans la nature ; il garde pour elle le même ardent amour, mais sous toutes ces apparences, il ne cesse de voir distinctement l'idéal divin ; il lui emprunte des symboles, mais à l'imitation de *Celui* qui parlait si délicieusement sur la montagne des lis des champs et des oiseaux du ciel. Il prête une voix aux glaciers et aux torrents, il anime les chênes et les roses; mais toute cette symphonie n'éclate que pour la plus grande gloire **du maître vivant et créateur, et monte tout droit** vers le ciel... Il devient, selon la belle expression de Lamartine, un véritable prêtre de la parole chantée. Le mot *Dieu* est celui qui sort le plus souvent de sa plume, et dans ses vers harmonieux et limpides le nom sacré retentit sans cesse. »

Profondément attaché à ses convictions religieuses, M. de Laprade n'avait pas été sans partager les espérances que faisait naître la révolution de février, et il fut de ceux qu'assombrit le coup d'Etat du 2 décembre. Il cacha d'abord son antipathie contre le nouveau régime, mais, vers 1860 quand les conséquences de la guerre d'Italie inquiétèrent avec raison les catholiques; il publia hardiment quelques satires, dont l'une : *les Muses d'Etat*, le fit destituer de ses fonctions à la Faculté. L'émotion fut grande dans le monde politique et littéraire, la fonction de professeur de Faculté ayant été considérée jusque-là comme à peu près inamovible.

※

Ce coup lui fut particulièrement cruel, car il diminuait ses modestes ressources et l'atteignait dans ses besoins de père de famille, mais il ennoblit encore cette existence si noble en y ajoutant la beauté du malheur, avec le courage d'un chrétien. Quand la mort vint le frapper à l'âge de soixante et onze ans, et mettre un terme à ses souffrances supportées avec tant de résignation, cet homme de foi s'entoura de tous les secours de la religion, et voulut rendre publique la manifestation de ses sentiments religieux. Il écrivit au *Mémorial de la Loire* la lettre suivante :

« Monsieur et cher directeur. Vous savez sans doute que je suis moribond, et que suivant le noble et touchant usage de l'Académie française, j'ai reçu en cette qualité la visite de notre évêque, Mgr Caverot, card.-archevêque de Lyon.

« Ces visites portent souvent d'excellents fruits. Elles rappellent à quelques membres de l'Académie des sentiments chrétiens, qu'ils ont quelquefois un peu oubliés, et les amènent à faire une bonne et sainte mort.

« Je n'avais pas besoin de la présence de mon pasteur ien-airrmé psibé onder de mourir en étroite union avec l'Eglise de Jésus-Christ, mais sa parole m'a profondément consolé et encouragé pour ce moment redoutable.

« Veuillez le dire à mes chers compatriotes à qui vous parlez si souvent de moi avec tant de bienveillance. »

« Le vieux poète forézien, »

V. DE LAPRADE.

Nous ne résisterons pas au désir de citer quelque poésie de celui qui a déclaré *mourir en étroite union avec l'Eglise de J.-C.*

La suivante jaillit de son âme au moment de l'horrible guerre avec la Prusse. Malgré ses soixante ans il eût voulu prendre le fusil du volontaire et marcher à l'ennemi, mais cloué moins par l'âge que par le mal qui devait le conduire au tombeau, il ne put qu'accompagner nos soldats de ses ardentes prières et de ses vœux passionnés.

Ecoutons-le s'adresser aux Vendéens et aux Bretons.

Allez donc, ô géants, ô Bretagne, ô Vendée,
    Allez, saints de l'Anjou !
De sauvages impurs la France est inondée ;
    Peuple chrétien, debout !

C'est notre Dieu sanglant qui nous appelle aux armes,
    Qui vous commande ici.
Saint Louis, Jeanne d'Arc, les yeux baignés de larmes,
    Vous adjurent aussi.

Il s'agit de leur France et de son âme entière ;
    Car le Teuton vainqueur
Veut moins, dans son orgueil, rogner notre frontière,
    Qu'égorger notre honneur.

Il rêve d'effacer la France de l'histoire,
    Par le fer, par le feu.
Et de faire servir son infâme victoire
    A nier notre Dieu.

Il rêve de fonder un droit contraire au nôtre,
    D'affirmer hautement
Que le peuple français n'est plus le peuple apôtre,
    Que la liberté ment.

Aux armes, fiers Bretons, fils de libres ancêtres,
    Qui, seuls dans l'univers,
N'avez jamais fléchi sous Rome et sous les maîtres,
    Jamais porté de fers !

LA RONCIÈRE LE NOURY. (v p. 309)

Aux armes, Vendéens, dont la race héroïque
   De paysans soldats,
Quand l'Europe tremblait devant la République,
   Seule ne tremblait pas.

Bretons et Vendéens, famille encor meurtrie
   De nos injustes coups,
Vengez-vous, ô martyrs, en sauvant la patrie :
   Les Bleus comptent sur vous.

LA RONCIÈRE

VICE-AMIRAL, DÉPUTÉ, SÉNATEUR, PRÉSIDENT
DE LA SOCIÉTÉ DE GÉOGRAPHIE.

(1812-1881)

« {Il n'a jamais séparé le drapeau de la France de celui de la Religion. »
(L. P.)

Au mois de mai de l'année 1881, la marine française perdait une de ses gloires : l'amiral de La Roncière Le Noury s'éteignait à soixante huit ans, consolé par les sacrements de l'Eglise, et entouré de sa famille très chrétienne.

Nous n'énumérerons pas ici ses différents titres d'honneur aux yeux du monde; ils rempliraient cette page. Mais nous dirons, avec une parole autorisée, qu'il n'a jamais séparé le drapeau de la France de celui de la religion : et c'est sans doute à cela que s'attachait le don qu'on lui a connu, de relever le prestige de notre pays partout où son devoir l'appelait.

Clément, baron *de La Roncière le Noury*, issu d'une noble famille militaire de Picardie, est né presque sur les champs de bataille. Son père, le général de La Roncière, amputé d'un bras et criblé de blessures, après s'être emparé de douze canons et de deux drapeaux autrichiens, avait été envoyé en mission à Turin.

C'est là que vint au monde le futur amiral.

Entré à l'école navale en 1829, il devint enseigne de vaisseau en 1834, lieutenant en 1843, capitaine de frégate en 1851, et capitaine de vaisseau en 1855. Il était à Beyrouth en 1860, lorsqu'éclata l'émeute qui se termina par le massacre des chrétiens, et tenait là-bas l'épée de la France. Il l'étendit entre les bourreaux et les victimes, et couvrit de sa protections les fugitifs qui venaient chercher l'abri de son pavillon. Les documents authentiques de cette époque citent le nom de La Roncière pour l'exalter et le bénir : *Honneur à ce brave et généreux commandant de la Roncière Le Noury*, s'écrie Mgr Lavigerie, *qui, résumant en lui tous les sentiments bienfaisants de notre marine, a réussi par d'admirable effort à prévenir tant de désastres et à réparer tant de maux !*

En 1861, de La Roncière était nommé contre-amiral, et enfin, pendant l'expédition du Mexique, chef d'une division cuirassée, il était vice-amiral.

Son nom fut brillant en Crimée, où l'amiral contribua puissamment à la journée de *l'Alma* ; et plus tard, lorsque nos désastres l'empêchèrent, en 1870, de partir avec sa flotte pour la Baltique, il fut chargé avec 14,000 marins de la défense des forts de Paris : Les *forts*, avait-il commandé, *seront tenus comme des vaisseaux*. Trait de génie qui sauva les marins de l'indiscipline qu'aurait pu amener leur contact avec les révolutionnaires de la grande ville. Ses braves, sous sa conduite, étonnèrent la Prusse victorieuse, et relevèrent l'éclat de nos armes, malgré la présence des communards qui remplissaient Paris de leurs ivrogneries et de leurs émeutes.

Après la guerre, de La Roncière fut élu à l'assemblée nationale, où il vota constament avec la droite, surtout dans les questions religieuses, où il était opposé à toutes les lois tyranniques qui oppriment l'Eglise. L'amiral était avant tout un navigateur et un homme du métier, non un politique.

On cite ces exploits maritimes. Il promena le premier les cuirassés à travers l'Atlantique et fit un vrai tour de force au détroit de Bonifacio avec sa flotte entière.

En dernier lieu, il était très connu comme président de la Société de géographie, où il accueillait toujours avec faveur les prêtres explorateurs et les missionnaires. Il organisa et présida la société des sauveteurs.

La presse française a été unanime à rendre

hommage au courage et à la science de l'amiral, aussi intrépide que bon chrétien.

* * *

M. de La Roncière avait une religion sincère et éclairée. Il voyait avec effroi l'accord profond et menaçant des doctrines impies et des menaces révolutionnaires. « En présence des ruines de la patrie, il sentait qu'il est une justice divine qui châtie par des malheurs privés et par des calamités publiques les fautes des hommes et les défaillances des peuples. La morale, telle qu'il l'entendait, était celle de l'Evangile *et non pas*, disait-il, *celle que l'on a baptisée du nom pompeux de morale indépendante.* C'était celle qui a pour base la religion, laquelle enseigne à faire le bien malgré l'intérêt personnel, qui commande le dévouement à son prochain, le renoncement, en un mot la pratique de la vertu : » Ne savez-vous pas, disait-il à la tribune de l'Assemblée nationale le 2 mars 1872, que dans le Levant l'influence française a été prédominante, et qu'elle le doit à deux choses : les sœurs de Charité avec le Lazaristess, et la marine ? »

« A l'inauguration du monument élevé aux soldats tués en Normandie, il s'écria : « Ne nous livrons pas au désespoir, la fortune de la France est debout encore. Implorons le Ciel pour que notre patrie se régénère par le sentiment du devoir, *non moins que sous le souffle puissant de la foi.*»

Tous ceux qui l'on approché savent qu'il ne fallit jamais à ses devoirs religieux, et qu'il encourageait les bonnes œuvres de sa bourse.

« Sa religion le suivait partout, en public et dans l'intimité. Combien de fois, par exemple, n'a-t-il pas dit à ses amis que, de toutes les œuvres de Dieu ou des hommes qu'il avait pu admirer dans les contrées les plus diverses et les plus lointaines, aucune n'avait frappé ses yeux et touché son âme comme le mont Saint-Michel, cette merveille d'architecture militaire et chrétienne dont les créneaux, les arceaux et les aiguilles semblent toucher au ciel et dominent la terre avec l'Océan.

Qui ne se rappelle à Saint-Denis les relations multipliées et ostensibles de l'amiral avec le clergé? Qui ne se rappelle sa fidélité à assister chaque dimanche en grande tenue et avec tous ses officiers aux offices religieux?

« Ne nous étonnons pas qu'avec de pareils sentiments il ait rendu publiquement aux Frères des écoles chrétiennes ce beau témoignage.

« Je vous ai rencontrés, mes frères, sur bien des points du globe. Partout, vous faites honneur au nom français. Partout, vous inculquez aux populations le respect de la religion et le respect de la France : l'un et l'autre sont liés. »

« Comme ce beau langage serait opportun dans notre temps de laïcisme à outrance! Ce que l'amiral disait de la religion il le pratiquait. Ses actes furent **religieux comme ses paroles et ses sentiments.**

« Ayant gardé jusqu'à la fin l'intrégrité et la pleine liberté de son intelligence avec toute l'énrgie de sa volonté, quand il sentit les approches de la mort, il fit lui-même appeler le prêtre, son ancien aumônier de *Magenta*, qui dut le préparer au grand voyage d'où l'on ne revient pas... Le Dieu qu'il avait connu, dit M. de Jancigny, et devant lequel il avait courbé la tête, au milieu des tempêtes du ciel et des orages de la terre, vint le visiter sur son lit de douleur, et l'aida à supporter héroïquement ses souffrances.

« Heureux celui dont la foi en Dieu et en la France est restée aussi vivante! Heureux le vice-amiral baron de La Roncière Le Noury, Grand-Croix de la Légion d'honneur, sénateur, député et conseiller général, qui entouré de toute l'estime de ce monde, en paix avec les hommes, en paix avec lui-même, put jeter en quittant ce monde, vers le Maître suprême, le regard confiant de l'ouvrier qui a fait son travail, et du fils qui rentre à la maison où il attend ceux qu'il a aimés sur la terre » (1).

(1) J. S. Girard.

LARREY

CHIRURGIEN EN CHEF DE LA GRANDE ARMÉE, DE L'INSTITUT.

(1766-1842)

> « Vous êtes jeunes et pleins de vie. Eh bien ! n'oubliez pas que l'âme est immortelle !
> (LARREY)

Le chirurgien en chef de la grande armée, Dominique *Larrey*, né dans les Hautes-Pyrénées, perdit de bonne heure son père. Il fut recueilli par un digne prêtre, qui, charmé des grâces de cet enfant, se chargea de sa première instruction. Elevé comme Joas, dit M. Loménie, à l'ombre du sanctuaire, le jeune Larrey présentait au curé de Baudéan l'encens ou le sel, parait de fleurs le modeste autel du village et mêlait sa voix pure aux chants religieux des paysans béarnais.

A l'âge de treize ans, il quitta son curé et sa mère pour aller ailleurs continuer ses études, puis se destina à la médecine, et fit si bien son chemin, qu'à vingt-huit ans, il était chirurgien en chef de l'armée de Napoléon Ier.

Nous ne suivrons pas Larrey sur les champs de bataille où s'exerça son dévouement. Il n'était pas un soldat de la grande armée qui ne connût, n'admirât et n'aimât le brave Larrey ; il fut tout à tous, se multipliant dans les circonstances graves et pressantes et opérant, par son art et sa bonté, des cures merveilleuses que les soldats se racontaient aux bivouacs, comme une sorte de légende embellie par la reconnaissance.

« Je vis le baron Larrey, rapporte le général Ambert. Pendant une splendide matinée africaine, nous étions au camp d'El-Arouch quatorze officiers, réunis autour du vieux chirurgien de l'empire. Il nous avait fait l'honneur de partager notre repas. Après nous avoir raconté la mort du duc de Montebello, la bataille de la Moskowa, et les quarante généraux tués ou blessés : « C'était le bon temps, » s'écria le capitaine Bessières. Le baron Larrey le regarda, un triste sourire sur les lèvres ; puis, nous enveloppant tous de ce même regard plus triste encore, il nous dit : « Le bon temps ! Nous disions cela en Egypte au souvenir de l'Italie ; nous le disions en Allemagne au souvenir de l'Egypte ; nous le répétions en Espagne... Ne faites pas, mes amis, des vœux insensés ; votre métier est grave, considérez-le avec respect, ne craignez pas la mort, mais parlez d'elle sérieusement. »

« Une réponse un peu légère fit redresser la tête de Larrey, qui ajouta : « Vous êtes quatorze autour de moi, tous jeunes et pleins de vie, tous ardents... eh bien! n'oubliez pas que l'âme seule est immortelle. » Des quatorze, un seul vit encore, et trace ces lignes...

« Un soir, nous étions de nouveau groupés autour

du baron Larrey, qui dans son inspection avait tout vu et tout compris. Son visage était douloureusement affecté; il nous parla longtemps. Ce fut une sorte de discours antique, d'une élévation, d'une pureté qui frappaient d'autant plus qu'elles venaient d'un homme qui avait vu la douleur des corps déchirer les âmes. Il nous sembla pendant quelques instants, que transportés à l'école d'Athènes, nous entendions Socrate développer sa morale; mais Larrey s'élevait bien au-dessus de l'antique philosophe en demeurant chrétien. Socrate eût invoqué la justice humaine qui se discute; Larrey nous montra la charité divine qui ne se discute pas. Parmi nous se trouvaient de vieux reîtres, descendant du baron des Adrets, et qui gardèrent un religieux silence. C'est que les paroles de cet héroïque vieillard sur les soldats étaient comme de lointains échos d'Egypte et de Russie, où il avait adouci tant de souffrances. Il se souvenait des pestiférés de Jaffa et des mourants de la Bérézina.

« La voix de Larrey avait une gravité chrétienne, une autorité paternelle, quelque chose de sacré qui allait au plus profond de l'âme. »

L'illustre chirurgien s'est souvenu toute sa vie des leçons chrétiennes du vieux curé de Baudéan, et sa mort fut pieuse comme son enfance. Il mourut à Lyon.

Si vous traversez le village de Baudéan, vous lirez sur une porte : *Ici est né le baron Larrey.* Vous vous arrêterez tout ému, et vous verrez, dans la maison, des sœurs de charité instruisant les enfants.

Heureuse pensée du fils du baron Larrey !

LATOUR (de)

POÈTE, LITTÉRATEUR

(1808-1881)

« Vous voyez que je parle comme Rome a parlé. »

(DE LATOUR)

Antonin de Latour est mort en 1881.

Ancien élève de l'Ecole normale, agrégé des classes supérieures, il occupa une chaire au collège Bourbon, puis à Henri IV. Le roi Louis-Philippe lui confia l'éducation du duc de Montpensier, qui le nomma son secrétaire des commandements, et qu'il suivit en exil.

M. de Latour collabora longtemps à la *Revue des Deux-Mondes* et fit paraître de nombreux ouvrages, entre autres *la Vie intime*, *Poésies complètes*, *Luther* étude historique très recherchée aujourd'hui, et *Voyage en Orient* du duc de Montpensier qu'il avait accompagné. Cet écrivain est le traducteur des *Prisons* de Silvio Pellico [1], qu'il a beaucoup connu et dont il a popularisé en France le nom et les

---

(1) Et aussi de ses **Lettres**.

écrits. Il a publié également : *Etudes sur l'Espagne*, fruit de plusieurs années d'observations personnelles en ce pays.

Il était décoré d'un grand nombre d'ordres étrangers.

Antonin de Latour fut un grand chrétien ; appréciant à sa valeur le rôle de l'Eglise catholique dans l'histoire, il avait un véritable culte pour toutes les glorieuses figures que la foi et le patriotisme ont créées dans les siècles passés, surtout pour Jeanne d'Arc. Il écrivait en 1878 à l'un de nos amis :

« J'ai fait moi-même des pèlerinages à la *Sainte* chaumière de Domremy. Vous voyez que je parle déjà comme si Rome avait parlé ; mais elle parlera et l'arrêt n'en sera que mieux accueilli par le monde chrétien.

« Ce qui s'est passé en France cette année (1) agira sur le Pape, et un nouveau Pontife tiendra à honneur d'inaugurer noblement son règne. »

Aussi, à l'occasion de la mort de Mgr Dupanloup, et pour louer son zèle à glorifier Jeanne d'Arc, le poète composa ces beaux vers, cités par M. de Lagarde :

De pied en cap armée, au seuil du Paradis,
Une sainte priait et regardait la terre,
Secouant dans ses mains une touffe de lis.
Geneviève sortit et lui dit : — O guerrière,
Loin de nos chœurs sacrés que faites-vous céans ?
Jeanne lui répondit de sa voix douce et fière :
   — J'attends l'évêque d'Orléans.

(1) Les belles fêtes en l'honneur de Jeanne d'Arc.

M. de Latour avait également une ardente dévotion à la Vierge de Lourdes, et les pèlerins de plusieurs diocèses se souviennent de l'avoir vu prosterné pendant des jours et des nuits au pied de la grille à la grotte, priant et édifiant les peuples témoins de sa piété.

Il s'est recueilli à la fin de sa carrière, comme à la fin d'une journée de rude labeur, pour apporter à Dieu les pensées de sa foi, puisées dans l'étude de la religion, et le dernier soupir d'une vie consacrée à son prince et à son Dieu.

LATRADE

PUBLICISTE, ADMINISTRATEUR, DÉPUTÉ.

(1811-1884)

> Il manifestait sa joie d'être arrivé à la lumière, se servant des paroles de l'Evangile : *Infer digitum tuum hùc, et noli esse incredulus, sed fidelis.*
>
> (S. R.)

Louis *Latrade* est né en 1811. A l'époque tourmentée ou il fit ses études, la haine entre les deux dynasties des Napoléons et des Bourbons fermentait jusque dans les collèges, et c'est le collège qui lui imprima le cachet dont sa vie politique tout entière est marquée. Il débuta dans le journalisme sous la direction d'Armand Carrel au *National*

Il fut élu à l'Assemblée Constituante, puis **arrêté** au coup d'Etat et envoyé en exil, où il demeura dix ans. Au 4 septembre, nommé préfet de la **Corrèze**, il paraît s'être surtout préoccupé de la défense de la République, et y montra un esprit d'équité et de modération relative, qu'il est juste de constater à sa louange. Elu député en 1873, il demeura à la Chambre jusqu'à sa mort, qui arriva au mois de décembre 1884

Les feuilles publiques de cette époque ont raconté sa conversion et sa fin chrétienne. L'une d'elles a rapporté les détails suivants :

Une circonstance fortuite avait mis notre député en relations avec un saint prêtre, connu de tout Paris par son esprit de pauvreté, de charité et de mortification. L'âme naturellement droite de M. Latrade avait subi l'ascendant de son éminente vertu ; aussi un an avant sa mort, disposé à la pratique de sa religion avait-il fait part de ses impressions.

« Ce prêtre, disait-il, m'inspire de la vénération, et, si j'ai quelque question sérieuse à traiter, c'est à lui que je m'adresserai. »

Il devait tenir parole.

Dans les derniers jours de sa vie, sentant l'approche de l'éternité, il a reçu à diverses reprises la visite de l'abbé de B. qu'il avait demandé. Il lui serrait la main, ne cessait de le remercier après chaque entrevue, et lui disait : Au revoir ! Il témoignait publiquement le regret d'avoir vécu si longtemps dans l'incrédulité, et manifestait sa joie d'être arrivé à la lumière, se servant des paroles de l'Evangile, qu'il citait en entier : « *Infer digitum tuum hùc*, pose ici ton doigt, et regarde mes mains ; approche aussi la main et mets-la dans la plaie de mon côté et ne sois pas incrédule, mais fidèle, *et noli esse incredulus, sed fidelis.*»

Il a demandé lui-même à recevoir les sacrements, pour ne pas laisser croire qu'il cédait aux instances de sa famille. Le nom de Dieu était à chaque moment sur ses lèvres, et il se faisait un bonheur d'unir ses prières à celles de sa femme et de sa fille.

On craignait qu'il ne fût affilié à la franc-maçonnerie, mais il a assuré qu'il avait toujours résisté aux efforts qu'on avait tentés près de lui dans ce but, parce qu'il regardait cette association comme *absurde et funeste*.

C'est dans ces sentiments si admirables qu'il a expiré au mois de janvier 1884.

LEBRUN

POÈTE, SÉNATEUR, DE L'ACADÉMIE FRANÇAISE.

(1785-1873)

« Vous, Lebrun, vous êtes un homme respectable ! »
(SAINTE-BEUVE).

Un trait cité par le secrétaire même de Sainte-Beuve montre assez que les apôtres de la morale indépendante n'auraient pas osé revendiquer M. Lebrun comme un des leurs. Ce secrétaire après avoir parlé, dans une publication récente, de la société fort mêlée qui vivait chez son maître, ajoute qu'un jour M. Sainte-Beuve, qui voyait assez souvent M. Lebrun, son confrère, lui dit ces mots significatifs dans sa bouche : « Vous, Lebrun, je ne vous invite pas à dîner, parce que vous êtes un homme respectable. »

C'est, en effet, parce que le vénérable doyen de l'Académie était un homme *très respectable* que nous écrivons ces lignes à sa louange.

Pierre Antoine *Lebrun* naquit à Paris en 1785, et vit de près toutes les horreurs de la première révolution. Sa réputation avait commencé par une tragédie qui est restée au répertoire: *Marie-Stuart* en 1820. Cette pièce fut accueillie avec joie par l'école romantique dont elle était le premier succès. Son *Voyage en Grèce*, dont Thiers fit un grand éloge, lui ouvrit les portes de l'Acadamie française.

La gloire l'appelait de bonne heure aux premières places.

La révolution de 1830 ouvrit à Lebrun la carrière de la haute administration. Sans doctrines arrêtées, il avait fait partie de l'opposition sous la Restauration : il fut pair sous le gouvernement de Juillet et sénateur sous l'Empire. C'était un peu l'homme de tous les gouvernements.

A l'occasion de sa mort ne 1873, l'évêque de

Meaux adressa, au sujet de M. Lebrun, les réflexions suivantes aux deux journaux de Provins.

« Lié depuis longtemps, a dit Mgr Allou, de la plus cordiale amitié avec M. Lebrun, j'ai dû ressentir vivement le coup fatal qui vient de frapper sa famille et ses amis.

« Qu'il me soit permis de déposer à mon tour une fleur sur cette tombe, et d'offrir aux vrais amis de M. Lebrun la seule consolation capable d'adoucir l'amertume de nos regrets.

« Si nous ne l'avons pas vu se montrer tout à fait chrétien, je puis attester avec certitude, que loin de rejeter comme de parti pris les vérités de la religion, il s'en préoccupait sérieusement, surtout depuis quelques années, et que chaque jour, il faisait quelques pas vers la foi. Bien différent des prétendus esprits-forts, il croyait à l'existence de Dieu, à l'immortalité de l'âme, aux récompenses et aux peines de l'autre vie.

« Lorsque parut le trop célèbre livre de M. Renan, il me dit en propres termes : « *C'est une mauvaise action de s'attaquer ainsi à tout ce qu'il y a de plus respectable dans le monde.* » M. Lebrun aimait les cérémonies de l'Eglise et y assistait volontiers ; il lisait avec délices Bossuet et Fénelon ; et comme je lui demandais un jour s'il connaissait le bel entretien de S. Augustin et de sainte Monique, sa mère : « Si je le connais, répondit-il, c'est une page admirable, je la sais presque par cœur. »

« **La pieuse compagne de M. Lebrun me pardon-**

nera de révéler ici quelque chose de nos plus intimes entretiens.

« Aux vacances dernières, dans cette charmante retraite du Pinacle, nous traitions des questions pratiques du Catholicisme, et j'avais trouvé dans notre vénérable ami la plus grande droiture de cœur. Il était attendri, et lorsque nous nous quittâmes, hélas! pour la dernière fois, il me dit en me serrant affectueusement la main : « Soyez sûr que je suis homme de bonne volonté. »

« Sans cesse préoccupé du Salut d'un ami qui m'était si cher, je lus à son intention *l'Art de croire*, de M. Nicolas; je marquai d'une croix tous les passages que je crus les plus propres à porter la conviction dans son âme, et j'adressai l'ouvrage à Mme Lebrun.

« Quelques jours après, je recevais de M. Lebrun lui-même la lettre suivante datée du 12 décembre.

« C'est moi qui veux répondre à la bonne et excellente lettre que ma femme a reçue. Je lui prends la plume des mains pour vous dire moi-même ma vive reconnaissance. Je suis profondément touché et attendri de cette sollicitude d'évêque et d'ami, dont vous m'avez donné déjà tant de témoignages. Vous vous êtes donc fait lire à mon intention ces deux volumes que le chemin de fer nous apporte! Je vous y suis pas à pas, à la marque des petites croix que vous-même y avez fait mettre pour moi; je ne saurais avoir un meilleur guide; je vais lire le livre de

M. Nicolas, avec confiance et désir, car je suis un *homme de bonne volonté.* »

« Telles étaient les dispositions religieuses de M. Lebrun ; il sentait certainement le besoin de se rapprocher de Dieu : et quelque effrayante qu'une mort aussi soudaine puisse paraître au yeux de la foi, j'ai la confiance que Dieu, qui promet *la paix aux hommes de bonne volonté,* se sera montré plein de miséricorde pour notre ami en l'éclairant, au moment suprême, par quelques-uns de ces traits de lumière et d'amour qui peuvent sanctifier une âme et la préparer au passage du temps à l'éternité. »

Après ce témoignage du vénérable prélat sur les dispositions de l'éminent académicien, nous n'avons rien à ajouter.

LEFRANC (V.)

AVOCAT, DÉPUTÉ, MINISTRE, SÉNATEUR.

(1809-1883)

> « Ne croyez pas que je ne sache pas mon *Credo,* je le répète chaque jour dans ma prière du matin. »
>
> (V. LEFRANC.)

Victor *Lefranc* était le neveu d'un conventionnel. Né le 2 mars 1809, dans les Basses-Pyrénées, il fut élevé à Aire dans un pensionnat ecclésiastique. Entré dans la carrière du droit, il se fit remarquer de bonne heure par ses idées républicaines, et fut pour cela, nommé commissaire général de la République en 1848.

Elu député plusieurs fois depuis 1870 et deux fois ministre, il sembla renier les idées religieuses de son enfance, et en plusieurs circonstances il parut hostile à la religion, notamment lors de l'expédition de Rome, qu'il combattit, et du vote des prières publiques à l'Assemblée où il s'abstint. Aussi plusieurs de ses amis le considéraient comme indifférent sinon comme impie. Voici, à son sujet, une anecdote qui prouve ou qu'il a retrouvé la foi s'il l'avait perdue, ou même qu'il ne l'avait jamais perdue.

Devant un jour tenir sur les fonts baptismaux un de ses neveux, il voulut lire auparavant le texte du *Credo* qu'il allait avoir à prononcer devant le prêtre. Comme quelqu'un paraissait sourire de cette explication :

« Ne croyez pas, dit vivement M. Lefranc, que je ne sache pas mon *Credo*, je le répète chaque jour dans ma prière du matin, seulement c'est en français, et quand je le récite en latin, il m'arrive parfois d'en confondre le texte avec celui du Symbole de Nicée que je lis *tous les dimanches, à la messe* dans cette langue.

De ce trait, il ressort que M. Lefranc député, ministre ou sénateur, répétait chaque jour son *Credo* disait ses prières et allait à la messe le dimanche : on peut donc affirmer sans crainte qu'il avait la foi, et une foi pratique dans une certaine mesure. — Ajoutons que M. Lefranc appartenait à une excellente famille des Landes, et s'appelait Lefranc de Branz.

LEMMENS

MUSICIEN COMPOSITEUR

(1823-1881)

> « Ce qu ornait avant tout ses splendides talents, c'était sa foi pure ; il était catholique sans respect humain. »
> (J. CHANTREL).

En 1881, le monde musical a fait une grande perte : M. Jacques Nicolas *Lemmens*, né dans la province d'Anvers, mourait le 31 janvier, encore dans la force de l'âge et dans tout l'éclat de son talent.

Lemmens est auteur d'une célèbre méthode d'orgue et de plusieurs compositions magistrales, qui le placèrent bientôt au rang des premiers maîtres de notre siècle; sa réputation est universelle. Ses œuvres sont connues partout, et actuellement son école de musique religieuse de Malines compte des élèves de différentes nations. Ce qui distingue avant tout son style, c'est l'élévation de la pensée. Il était né avec le génie de l'harmonie, et beaucoup de ses œuvres portent cette empreinte du génie.

Lemmens ne fut pas seulement organiste hors ligne, mais virtuose de premier ordre sur le piano. Ses accompagnements du plain-chant ont fait école, et la mort l'a enlevé au moment où il achevait un grand travail sur le chant liturgique.

Il avait voué son beau talent à l'art religieux qui avait captivé son cœur si profondément chrétien et rempli d'une foi si pure. C'est que la beauté du culte catholique avait, dès l'abord, inspiré son génie, et l'artiste lui donnait en retour tout le produit de ses œuvres si distinguées. Il était et se montrait partout catholique sans respect humain, plaçant l'art religieux au sommet des recherches que devait s'imposer l'esprit joint au génie. Il st mort comme il avait vécu, plein de foi et d'espérance en Dieu : comme il avait trouvé dans la piété la joie et le bonheur de sa vie, il y a trouvé aussi la consolation et la paix dans ses derniers moments. — Cet illustre maitre a jeté un grand éclat sur l'école belge et son nom brillera dans l'histoire de l'art chrétien au XIXe siècle.

LENORMANT (Ch.)

ARCHÉOLOGUE, PROFESSEUR AU COLLÈGE DE FRANCE, MEMBRE DE L'INSTITUT.

(1802-1859)

> « En étudiant l'histoire à fond, Charles Lenormant y a découvert des clartés devant lesquelles son esprit droit n'a pas fermé les yeux : il est devenu catholique. »
> (M. d. F.)

Né à Paris d'une ancienne famille de l'Orléanais, M. Charles *Lenormant* dut au mariage, qu'il contracta avec la nièce de Mme Récamier, des protecteurs et des amis dans la haute société. Un voyage en Italie révéla ses goûts pour les lettres et les sciences.

A peine âgé de vingt-trois ans, il avait acquis assez de connaissances pour être nommé sous-inspecteur des beaux-arts de la maison du roi Charles X.

Il eut l'avantage d'accompagner en Egypte le célèbre Champollion, ce qui lui permit de pénétrer à fond l'archéologie sous un tel maître. Il publia, sur cette science alors si peu connue et si peu cultivée, un grand nombre de mémoires et d'articles qui lui valurent l'entrée à l'Académie des sciences et Belles-lettres.

C'est en 1841, dans un voyage en Grèce, où plusieurs circonstances qui tenaient du miracle, le frappèrent tellement, qu'il modifia ses idées sur la religion et devint fervent catholique. Aussi dès lors, il dirigea ses travaux archéologiques et historiques vers la défense de la foi. Dans une brochure sur les *Associations religieuses*, il défendit loua les institutions monastiques, et devint l'un des fondateurs et directeurs du *Correspondant*, où il a inséré beaucoup de savants articles jusqu'en 1855, époque à laquelle il cessa de le diriger.

En 1846, les auditeurs de son cours de la Faculté des lettres, trouvant son enseignement trop favorable au Catholicisme, s'efforcèrent de troubler ses leçons. Ch. Lenormant cédant à ces violences se retira; mais en 1848, il en fut dédommagé, car on lui confia la chaire d'archéologie au collège de France, qu'il conserva jusqu'à la fin de sa vie.

Au sujet de la persécution dont il fut l'objet, nous lisons dans une importante revue de 1848 : « A l'intérieur nous voyons l'élite de la jeunesse se serrer autour de la chaire de Notre-Dame, pour entendre le P. Lacordaire, et devant une chaire de la Sorbonne, pour assister aux graves et intéressantes leçons de M. Lenormant. Il y a quelques années, M. Lenormant n'était pas des nôtres, mais en étudiant l'histoire à fond, il y a découvert des clartés devant lesquelles son esprit droit n'a pas fermé les yeux ; il est devenu catholique ; il s'est même pris à admirer les Jésuites. Aussi M. Lenormant a-t-il perdu la faveur des faubouriens de la Sorbonne, et une conspiration d'étudiants avait été ourdie pour empêcher le professeur d'ouvrir son cours cette année. Mais les *protestants* ont été battus. La salle était si bien remplie par les véritables auditeurs de M. Lenormant que les émeutiers n'ont pas trouvé le moyen de placer le moindre cri contre — *l'infâme Jésuite.* »

Mgr Darboy a porté un jugement très favorable sur les leçons professées à la Sorbonne, par M. Lenormant, sur la divinité du Christianisme dans ses rapports avec l'histoire. Voici ce qu'écrivait le prélat au fils du savant qui les a publiées.

« Le Christianisme s'est fait dans l'histoire une place à part qu'il est impossible au bon sens de méconnaitre, et il y a joué un rôle social considérable par le caractère de la révolution sociale qu'il a opérée. Ces points de vue se trouvent indiqués avec une sûreté de coup-d'œil et une honnêteté qui appellent les sympathies du lecteur. Je me persuade que cet écrit sera utile à plusieurs hommes, que l'ignorance et non la conviction tient éloignés du Christianisme et auxquels il ne manque qu'un peu d'étude et de réflexion pour être vraiment catholiques. » — Ch. Lenormant n'a pas varié dans sa foi. Jusqu'au dernier moment il a cru et espéré en Celui pour la cause duquel il a combattu le bon combat. Ses ennemis eux-mêmes, qui l'estimaient beaucoup à cause de sa science, n'ont pu s'empêcher d'avouer ses sentiments religieux et de l'honorer.

Son ami, Prosper Mérimée dans ses *Portraits*, a mis une sourdine à ses préjugés contre le catholicisme en parlant de lui. Il trouve des paroles touchantes pour raconter la mort du savant. Il rend complète justice à la ferveur et à la simplicité de ses croyances religieuses. Evidemment cet aveu a dû lui coûter.

LENORMANT (F.)

LITTÉRATEUR, ARCHÉOLOGUE,
MEMBRE DE L'INSTITUT.

(1835-1884)

> « J'ai encore une œuvre à faire, disait-il souvent, et jusqu'au dernier jour, il espéra que Dieu le laisserait travailler pour sa gloire. »
> (*Semaine Religieuse de Paris*)

M. *Lenormant*, fils du précédent, s'est fait connaître, fort jeune encore, par d'importantes recherches archéologiques entreprises sous la direction de son père.

Il a écrit de bonne heure des articles qui prouvaient son goût pour l'archéologie et sa science précoce, et a fait partie de la rédaction de l'*Ami de la religion* et de la *Gazette de France*. Dans le *Correspondant* il prit une part active à la polémique sur la découverte du cimetière mérovingien de S.-Eloi, de l'authenticité duquel il a dit-on contribué beaucoup à persuader son père et quelques autres savants.

En 1860, se trouvant en Orient, il adressa aux journaux des lettres pleines d'un vif intérêt et d'une affectueuse sympathie pour les chrétiens massacrés en Syrie. Entré à l'Institut, il y fut nommé bibliothécaire. Ses ouvrages sur l'antiquité, son histoire, ses monnaies, sont estimés, en particulier son *Manuel d'histoire Ancienne*, couronné par l'Académie.

La mort atteint M. F. Lenormant dans toute la vigueur de son âge et au milieu de ses travaux, qui donnaient de si belles espérances à la science catholique; car bien qu'il ait eu parfois des hardiesses qui ont pu être jugées aventurées sinon téméraires, en vrai savant et en vrai chrétien, il mit volontiers sa science au service de la foi.

Sa mort sera donc, comme sa vie et ses écrits, un témoignage que la science et la foi ne sont point opposées et peuvent habiter dans la même intelligence, sans se détruire l'une l'autre, ni même s'affaiblir.

LE PLAY

ÉCONOMISTE, CONSEILLER D'ÉTAT.

(1806-1882)

> « Après avoir écouté tous les novateurs contemporains, j'ai toujours été ramené à la vérité que j'avais reçue de ma mère à l'âge de cinq ans... Le plus grand de nos devoirs est d'acheminer, par notre exemple, nos contemporains vers la vie éternelle. »
>
> (LE PLAY).

Comme beaucoup d'hommes célèbres de notre époque, Frédéric *Le Play* a marché longtemps dans le pénible chemin de la science avant d'arriver au but qu'il méritait d'atteindre. Il n'y est parvenu qu'à force de travail et de patience dans ses longues observations de plus d'un demi-siècle dans l'Europe entière (1).

Frédéric *Le Play* naquit le 11 avril 1806 près de Honfleur, et perdit de bonne heure son père qui avait un modeste emploi dans les douanes. Sa mère occupe une grande place dans sa vie : c'était une forte chrétienne, dont l'énergie fut tempérée par une bonté devenue proverbiale, et qui sut élever

---

(1) Nous ne faisons que résumer une excellente étude consacrée à cet homme éminent dans un ouvrage : *La Foi et ses victoires,* par M. l'abbé Baunard.

ses deux enfants dans le travail, la sobriété et la foi.

Les cinq premières années de Frédéric se sont passées sur les bords de la Basse-Seine près de Honfleur; puis Paris devint sa seconde patrie, grâce à l'affection de son oncle qui l'y amena à l'âge de six ans. Là, tout était changé pour le jeune enfant, l'habitation, la nourriture, la vie de l'école, la société. Mais il avoue que la vue de la grande ville produisit sur lui « l'impression fâcheuse qu'il ressentit toujours depuis à la vue des villes. » Son oncle et les amis de son oncle, ses compagnons d'école et ses maîtres eurent bientôt remarqué l'intelligence si vive du petit Normand. Un prêtre, M. l'abbé Bazire, compléta l'instruction religieuse de cet enfant de dix ans, pour lequel il devint un ami et un père.

Nous ne suivrons pas Frédéric Le Play dans les différentes situations qu'il occupa, au collège du Havre où sa mère le suivit avec sollicitude, puis à St-Lô dans le bureau d'un ingénieur, M. de la Vanterie, qui l'avait pris en affection. C'est aux premiers jours de 1824, que Le Play retourna à Paris, pour y suivre successivement l'enseignement scientifique du collège St-Louis, de l'Ecole polytechnique et de l'Ecole des mines.

De 1827 à 1829, on s'occupait beaucoup de politique autour de lui, Le Play ne s'occupait que de mathématiques. Les croyances religieuses allaient à la dérive sur ce torrent d'opinions : seuls quelques étudiants résistaient au courant, et, parmi eux, Alphonse Gratry, qui fut depuis le célèbre P. Gratry, et auquel Le Play s'attacha surtout. Après deux années seulement d'études à l'école des mines, il en sortit avec un succès que n'avait jamais atteint un élève de quatrième année, au témoignage de M. Becquey, directeur général des ponts et chaussées.

Une belle carrière s'ouvrait devant lui.

Une remarque importante pour l'apprécier, c'est que dans le quartier latin il s'était toujours conservé pur et chaste, et il avait, certes, d'autant plus de mérite que cette conduite n'est pas d'ordinaire si commune.

L'esprit en lui était aussi haut que le cœur : « Quand Le Play, à sa sortie de l'école des mines, eut reçu sa nomination, il s'en fut voir sa famille. Il avait une sœur, Céline, et s'adressant à elle : « Tends-moi ton tablier », et à l'instant il y jeta les titres qui constituaient sa part de l'héritage paternel. « A toi, tout, reprit-il ; quand un homme a une carrière, il serait un lâche s'il ne se suffisait pas à lui-même. »

On ne peut parler et agir plus noblement.

.*.

Malheureusement, ses sentiments chrétiens ne furent pas à cette hauteur : aussi bien en perdons-nous la trace dans les premières années de sa carrière d'ingénieur. Lui-même n'a pas semblé s'en rendre compte : « C'est chose monstrueuse, mais chose d'expérience, que celle-là. On s'est séparé de Dieu, on a rompu avec lui sans que la rupture se soit fait sentir par un brisement : le lien qui nous rattachait à la vie éternelle n'était plus qu'un fil. Le fil a cessé de tenir sans qu'on s'en soit aperçu. Quand et comment s'est faite la séparation, on ne saurait le dire. »

Cependant on peut en soupçonner les causes générales. D'abord, l'insuffisance d'instruction religieuse en lui, puis dans une vie, qui n'a guère été qu'une suite non interrompue de voyages à travers l'Europe, le contact de tous les cultes, la connaissance de toutes les erreurs jetant la confusion dans son esprit déjà disposé à trouver du vrai et du bon jusque dans l'erreur même; enfin, toujours très fidèle à observer, il ne le fut pas toujours à conclure. La religion, comme tout le reste, était pour lui matière à observation ; il s'en tenait à distance pour la mieux juger et pratiquait le doute à la manière de Descartes.

Se sentant plutôt attiré vers les études d'économies sociales que vers celles de son état, il résolut, dans ses voyages, d'étudier de près les mœurs des peuples, et de chercher les remèdes à apporter aux maux dont souffraient les sociétés.

Il avait débuté par l'Espagne en 1823; plus tard, depuis 1825, il visite la Belgique, l'Angleterre, l'Ecosse et l'Irlande, puis l'Autriche, les provinces du Danube et les steppes de la mer Noire. Depuis 1842, il parcourt de nouveau l'Angleterre, le Danemarck, la Suède et la Norwège, la Belgique, l'Autriche, l'Italie du Nord, la Suisse, l'Auvergne, les provinces rhénanes, enfin de nouveau l'Autriche, puis la Russie en 1853.

Sans doute, dans ses courses multipliées, il étudiait les métaux, les plombs et les cuivres, les terrains carbonifères, les gisements d'or et d'argent, de cuivre et de fer, tous les faits géologiques, minéralogiques, métallurgiques, sur lesquels des comptes rendus étaient publiés dans des revues, ou développés dans sa chaire de métallurgie à l'Ecole des mines ; mais son étude la plus attrayante était celle des hommes et des mœurs. C'est ce sol moral qu'il fouillait, sur lequel il questionnait sans cesse. C'est par là qu'il a amoncelé tant de documents, desquels plus tard il tira ses conclusions et qui servirent de matériaux à ses ouvrages.

C'est en 1855 que Le Play fit paraître le premier volume de ses *Ouvriers européens*, qui fut couronné par l'Académie française ; les autres suivirent de près. Il y constatait, d'après ses longues observations, et désignait certaines nations tombant ou déjà arrivées à la décadence. La France en était une. Il n'avait pas de peine à en trouver la cause dans les principes de 89.

A la vérité, il y respecte généralement la religion catholique, mais il l'attaque quelquefois ; par exemple, en disant que les catholiques ont été plus souvent oppresseurs que les protestants et les sceptiques, en affirmant que Montesquieu et Voltaire ont garanti la société française de la dégradation, où la perte des croyances et des mœurs avaient plongé tant de peuples ; erreurs qu'il a reconnues plus tard, mais qu'il n'a pas moins propagées à cette époque de sa vie.

En résumé, des trois bases de la foi catholique, Dieu, Jésus-Christ, l'Eglise, Le Play défendait la première, respectait la seconde, ne comprenait pas la troisième. L'Eglise est l'autorité, et lui ne comprenait et ne voulait alors que la liberté ou plutôt le libéralisme, ce qui est tout différent. Nous le verrons plus tard répudier ses erreurs.

Cependant cet ouvrage avait une grande valeur, car des catholiques, comme Montalembert, en étaient émerveillés, et celui-ci écrivait à cette époque : « Je vis en communication intime avec ce livre. Je le lis, je l'annote, je m'en imbibe goutte à goutte. »

L'empereur Napoléon III, lui-même, était entré dans les vues que l'auteur y avait émises, et dans la session de 1865, il fit présenter à la Chambre un projet de loi favorable à l'accroissement de la puissance paternelle. Mais ce projet fut repoussé comme l'avait été déjà un premier, et l'Empereur, rebuté par cet échec dans les questions sociales, se retourna vers la politique.

.*.

M. Le Play, rompant avec les préjugés dominant dans l'école de J.-J. Rousseau, a eu le courage de lutter contre les philosophes et les politiques de son époque, et d'affirmer nettement la chute originelle de l'homme, doctrine qui répugne si profondément à l'orgueil de nos contemporains.

Ce qu'il a observé, ce qu'il a constaté partout, c'est le fait de l'inclination au mal dès l'enfance. Aussi a-t-il écrit que « le premier but de l'éducation est de dompter ces inclinations de l'enfance », et qu'à cette œuvre il faut, avec la main du maître, celle du père et du prêtre. Donc la doctrine de la bonté originelle *est fausse* : c'est le premier fait.

Ses conséquences sont désastreuses : c'est le second.

Elles aboutissent à trois dogmes révolutionnaires: « la liberté systématique, l'égalité providentielle et le droit de révolte. » C'est l'erreur mère, le principe des autres.

Ce premier principe posé, un second était nécessaire. L'homme n'est pas bon, donc il lui faut une loi qui le contraigne au bien, pour le mener au bonheur. Quelle est cette loi du bien et de la félicité? Toutes observations faites, Le Play constate que ce qui fait les nations prospères, *c'est l'observation du Décalogue.* « Les peuples se sont élevés en pratiquant le Décalogue ; ils sont retombés dès qu'ils l'ont mis en oubli... Depuis les premiers âges de l'histoire, on voit prospérer les peuples soumis à cette loi suprême, souffrir ceux qui la violent, périr ceux qui la persécutent dans leur révolte. »

Tout est là pour le profond observateur, c'est la conséquence à laquelle ont abouti toutes ses conquêtes, toutes ses réflexions. Il en fait la base de son système d'économie sociale. Ce sera aussi le point de départ de son retour au Dieu qu'il a abandonné. C'est la vérité qu'il redit, sous toutes les formes, pour en pénétrer ses lecteurs et les entraîner avec lui vers la vérité : « Dieu n'a permis les menaces du communisme que pour nous obliger à nous serrer, dans la sainte Eglise, autour du Décalogue éternel, sans lequel il n'y a plus ni autorité, ni respect, ni loi, ni famille, ni propriété, ni raison, ni droit, ni devoir, ni société humaine, ni humanité sur la terre. »

Il allait aux socialistes, et il leur jetait à la face, pour les faire rougir, cette page de Proudhon : « Quel magnifique symbole que le Décalogue! quel philosophe, quel législateur que celui qui a établi de pareilles catégories, et qui a su remplir ce cadre! Cherchez dans tous les devoirs de l'homme et du citoyen quelque chose qui ne ramène point à cela, vous ne le trouverez point. Au contraire, si vous me trouvez quelque part un seul précepte, une seule obligation irréductible à cette mesure, d'avance je suis fondé à déclarer cette obligation, ce précepte, hors de la conscience, et par conséquent arbitraire, injuste, immoral. »

On voit qu'il avançait vers la foi catholique. A mesure que la lumière divine et le flambeau de l'observation des mœurs humaines éclairaient son esprit, il comprenait mieux l'économie du plan de Dieu dans la rédemption du monde, et lui, qui autrefois voulait le moins d'autorité possible, arrivait à conclure la nécessité d'une autorité infaillible. Aussi quand il voit le P. Gratry, son ami, amonceler pendant le Concile du Vatican des objections contre ce privilège de l'infaillibilité du Pape, Le Play lui fait cette observation : « Mon cher Gratry, tu as tort, tu soutiens une cause mauvaise. L'infaillibilité est la plus haute expression du principe d'autorité. C'est un devoir pour nous, au seul point de vue social, d'accepter et d'appuyer cette proclamation. »

« J'ai raconté ailleurs, ajoute M. Baunard, d'après les mémoires du vicomte de Melun, qu'un jour un triste religieux était venu exposer à M. Le Play son plan de réformation, se flattant de l'appui des hommes les plus distingués du parti catholique. Celui-ci le laissa dire, puis pour toute réponse : « Mon Père, vous vous trompez, lui dit-il résolument. Les hommes distingués ne vous suivront pas dans cette nouvelle voie. Soyez sûr, au contraire, que le jour où vous quitterez la vieille et grande Eglise, ils vous laisseront seul, et il ne vous restera plus que la dernière ressource des prêtres défroqués : celle de vous faire cocher de fiacre. »

« Et de vrai, quelle triste figure et quel honteux attelage que celui des vieux catholiques de Genève (1) ! »

**

Ces progrès de Le Play vers la vérité religieuse ne venaient pas seulement de ses études et de ses observations, mais aussi des saintes influences du milieu où il vivait, de ses disciples dont la plupart étaient chrétiens, de son foyer domestique, et de la société de quelques prêtres illustres, tels que le P. Félix.

Puis vint le 4 septembre, qui brisa les liens, souvent funestes, qui l'attachaient à la cour impériale et le laissa plus maître de se donner à Dieu.

Après tant de travaux et de recherches, Le Play était revenu peu à peu « à la vérité qu'il avait reçue de sa mère à l'âge de cinq ans. » Il n'avait rien trouvé de nouveau, mais « il avait confirmé par son expérience tout ce qu'il avait reçu de la tradition des aïeux, et il rentrait, enfant prodigue de la science sociale, dans cette maison de la foi, où se trouvait réuni tout ce qu'il était allé chercher si loin, au prix de tant de déceptions et de fatigues. Cette foi était entière. Il n'y voulait pas de réserves, même sur les objets qui hier effarouchaient

---

(1) **Vicomte de Melun.**

les préventions de son libéralisme. « Pour moi, disait-il un jour, plus de deux ans avant de mourir, à M. l'abbé Riche, je serais prêt à signer le Syllabus; car, enfin, on est catholique ou on ne l'est pas, et je le suis. »

C'est à dater de 1879, que Le Play avait franchi le pas suprême.

Voici comment M. Baunard, d'après M. l'abbé Riche, de S.-Sulpice, rapporte cet important événement :

« — Monsieur, me dit M. Le Play, je me sens dangereusement malade. Je vous prie de m'aider à régler devant Dieu les comptes de ma conscience.

« — Je ne suis pas surpris de vos dispositions, lui répondis-je : celui qui accomplit la vérité vient à la lumière : *Qui facit veritatem venit ad lucem.*

« — Oui, reprit M. Le Play, pour ma conscience et par devoir personnel d'abord; et puis pour m'acquitter d'ailleurs de ce que je considère comme un devoir social. Je ne suis pas seulement religieux par principe et par sentiment intime; je veux l'être en pratique. Je suis chrétien et catholique, c'est comme tel que je veux mourir, après avoir accompli tous mes devoirs. Je dois cet exemple à ma famille, à mes amis, à tous ceux qui me connaissent : je suis prêt à le leur donner. Et si vous croyez que je doive le faire par quelque acte public, dites-moi de quelle manière je devrai l'exprimer, je le ferai.

« — Ce que je vous demanderai d'abord, répondis-je, c'est de vous incliner dans un sentiment d'humilité profonde devant Dieu. En sa présence, le plus honnête homme du monde doit se reconnaître coupable, et par conséquent indigne de ses bontés.

« — Je l'ai toujours reconnu, dit-il, et je le sens maintenant plus que jamais.

« — Le seul acte que je vous demande, ajoutai-je, au bénéfice de votre conscience d'abord, puis pour l'édification publique, c'est de recevoir aujourd'hui même la sainte communion.

« — Oui, me répond-il, pour le bien de mon âme et l'édification publique, aujourd'hui même. »

« M. Le Play communia. On remarqua l'émotion qu'il mit dans cette prière : *Domine non sum dignus*, et l'étreinte dont il serra le crucifix entre ses mains et sur son cœur : « Maintenant, dit-il au prêtre, vous n'êtes plus seulement mon ami, vous êtes mon père. »

« — C'est vrai, lui dit celui-ci, car je vous ai engendré dans le Christ par l'Evangile. »

« M. Le Play sortit de la crise qu'il venait de traverser. Il écrivit : « J'ai vu l'approche des joies éternelles. Je n'ai pas vu, comme certains mystiques, le néant de la vie humaine. Loin de là, j'en ai constaté de nouveau l'importance. La vie présente est le poste où nous devons gagner notre classement dans la vie future. Nous devons être heureux d'y rester pour faire notre devoir. Le plus grand de tous est d'acheminer, par notre exemple, nos contemporains vers la vie éternelle. »

*_**

Notre converti se remit au travail comme par le passé, et reprit ses huit à dix heures d'études par jour. Ce travail avait désormais pour but « d'unifier l'apostolat de sa réforme sociale avec celui de l'apostolat de l'Eglise, à laquelle il voulait conformer sa doctrine et ses écrits. »

Pour mieux se pénétrer des vérités religieuses, il demanda un catéchisme, et chaque dimanche il recevait, sur un chapitre, une explication qu'il appelait son *prône*. Cette âme de savant était une âme docile et simple, elle était pieuse aussi, car M. Le Play faisait chaque jour sa méditation sur les vérités religieuses et disait son chapelet comme une bonne dévote.

Son dernier ouvrage fut : *Constitution essentielle de l'humanité*. Il le soumit à l'examen du prêtre son directeur le 19 février 1881.

Dans les premiers jours d'avril, un hommage de ses ouvrages fut adressé au Saint-Père, qui l'avait décoré du titre de commandeur de l'ordre de Saint-Grégoire-le-Grand. Mais il n'eut pas le temps de signer la lettre qui devait l'accompagner, et qui est le dernier acte de sa vie. Pendant la semaine sainte il tomba gravement malade. M. l'abbé Riche lui apporta la sainte Eucharistie, qu'il reçut avec une grande piété, et tout préoccupé de signer sa lettre au Pape. Il se mit au lit, puis expira doucement le cinq avril, 1882.

Terminons cette trop courte notice sur ce grand chrétien en citant les lignes que Léon XIII a daigné écrire à son sujet.

« Ce serait un grand bienfait de la bonté divine si tous comprenaient ce que l'expérience a fait comprendre à ce maitre, à savoir qu'il faut chercher dans la vertu de l'Eglise du Christ, de ses doctrines et ses préceptes, le remède efficace et souverain aux plaies dont souffre cruellement une société aujourd'hui réduite à l'extrémité. »

Recueillons cet enseignement.

C'est la parole de l'Eglise sur le maitre et sur son œuvre : c'est la conclusion de cette notice.

LE ROUX (A)

ADMINISTRATEUR, VICE-PRÉSIDENT DU CORPS LÉGISLATIF, MINISTRE

(1815-1880)

« C'est le plus beau jour de ma vie ; je ne le retrouverai jamais qu'au ciel si j'ai la joie d'y aller. »

(Alfr. Le Roux).

M. Alfred *Le Roux* a eu un talent devenu rare de nos jours : il savait allier la religion et la piété aux qualités de l'homme politique. C'est à ce titre surtout que sa vie a pour nous un vif intérêt.

Né le 11 décembre 1815, il dirigea fort jeune à Paris la maison de banque de son père, l'une des plus importantes de la capitale. Recherché à raison de ses bonnes manières, de sa distinction et de son esprit fin et délicat, il eut la force de de ne point céder aux entraînements du monde. Ce fut à ce prix que le nom d'Alfred Le Roux se répandit dans Paris, et qu'il y resta constamment honoré, entouré d'estime et de confiance.

Il fut appelé à la présidence du Conseil d'administration des chemins de fer de l'Ouest en 1864, et passa les plus belles et les plus fortes années de sa vie dans les travaux administratifs, occupé du soin de sa famille et des études qui pouvaient un jour le rendre utile à son pays. Ce jour vint en effet.

A 36 ans, il était nommé conseiller général en Vendée où il avait de grandes propriétés, puis peu après élu député. Dans la session de 1863, il fut nommé vice président du Corps législatif jusqu'en 1869, époque à laquelle lui fut confié le portefeuille de l'Agriculture et du Commerce. Il se dévoua avec intelligence et avec zèle aux devoirs de cette nouvelle charge, accueillant toutes les justes réclamations, toutes les utiles réformes ; mais bientôt les moyens dont l'Empire avait besoin pour se soutenir lui paraissant moins conformes qu'il ne l'avait cru à ses espérances, il descendit dignement du pouvoir devant le nouveau cabinet formé par M. Emile Olivier.

Cette retraite le rendit à ses études et le laissa plus libre de se dévouer au bien et de remplir ses devoirs religieux près d'une femme pieuse, de son fils aujourd'hui député, et d'une fille mariée au comte de La Grange.

Toutes les associations religieuses et charitables qui se sont formées sous l'Empire le comptaient au nombre de leurs membres les plus anciens et les plus actifs. De plusieurs il fut le président, et l'on n'a pas oublié avec quelle chaleur d'âme, quelle intelligence des détails, il poursuivait les œuvres de moralité et de bienfaisance populaire. Que n'est-il permis de citer plusieurs personnages arrachés par ses bontés et sa générosité à des catastrophes commerciales, des négociants dont il soutint les comptes chancelants, des hommes de lettre délicatement secourus?

* *
*

Alfred Le Roux cultivait en même temps la piété Ce fut au catéchisme de Saint-Hyacinthe et dans sa famille qu'il avait puisé ce goût des nobles choses, cet esprit de dévouement, ces convictions chrétiennes si profondes qui ne le quittèrent jamais et dont il fit profession dans les positions les plus élevées et les plus diverses. Il avait été à Paris disciple de Mgr Dupanloup, il fut toute sa vie l'un de ses meilleurs amis. « Leur intimité, nous écrit la digne compagne qui a fait après Dieu le charme de son existence, n'a jamais cessé, et chaque année il allait à Nice passer quelque temps dans notre villa, où il était heureux de retrouver son cher élève, pour lequel il avait une affection toute particulière, qui lui était bien rendue. »

La première communion d'Alfred Le Roux avait été celle d'un saint.

C'est de cette époque que date son intimité avec Mgr Dupanloup. Aussi l'évêque d'Orléans, témoin de sa ferveur, dans cette solennelle circonstance, aimait plus tard à rappeler ses souvenirs, à citer ses résolutions et ses prières, et à les lire comme modèle au petit séminaire d'Orléans. Quelle tendre piété respire dans l'expression de ses sentiments au jour de sa première communion ! Avec quel bonheur il s'arrête à ce doux souvenir ! Et comme on sent qu'il est vrai lorsqu'il écrit : « C'est le plus beau jour de ma vie, je ne le retrouverai qu'au iel, si j'ai le bonheur d'y aller ! »

Ce grand acte de piété exerça une heureuse influence sur toute sa vie. Aussi arrivé à l'époque des tentations de la jeunesse, c'est-à-dire des grands périls, le goût du travail, le sérieux de son esprit, la prière et une vigilance continuelle soutenue par les pratiques religieuses, le préservèrent du danger de perdre la foi.

A 16 ans, il écrivait à sa mère qui venait de perdre une fille chérie :

« ..... le Dieu qui la rappelle
Vous montre sur sa croix comment il faut souffrir ;
C'est un présage sûr de la paix éternelle
Quand, jeunes, il nous croit assez bons pour mourir.
C'est pourquoi, nous chrétiens, ne pleurons pas sur celle
Qui s'en va sans avoir tous ses ans révolus,
Bienheureuse au contraire, à présent immortelle,
Pour quelques jours de moins, que de trésors de plus' »

.*.

Plus tard, M. Alfred Le Roux comprit parfaitement son rôle de père chrétien. Comme le sentiment de cette belle fonction de la paternité l'a merveilleusement inspiré dans la lettre qu'il adressa à sa fille, et qui n'est pas la moins belle des pages publiées par Mme de Flavigny sur la première communion ! En voici quelques lignes :

« C'est le 15 avril, ma chère enfant, que la retraite a commencé pour toi. Je me suis enfermé avec plaisir, dans cette chapelle où j'ai fait autrefois ma première communion et où tu vas préparer la tienne.

« Ah ! ma fille, que Dieu te donne une longue et douce vie ! Que les anges veillent sur toi. Mais n'oublie pas que d'autres ont été rappelés à Lui malgré leur jeunesse et tant d'amour qui voulait les retenir. Tu as au ciel une chère petite sœur.

« Pas un jour ne s'écoule sans que je pense à elle

et la prie. Je t'ai confiée à elle dès ton berceau. Prie, prie bien, la prière est si douce!... Quand le prêtre armé d'un pouvoir surnaturel t'a dit : Allez, vos péchés sont remis, n'as-tu pas senti que ton âme reprenait ses ailes et s'élançait tout entière vers Dieu?

» ... Quand je te vis entrer, sous ton voile blanc, dans ce costume sans tache qui te garantissait et produisait sous une forme apparente la blancheur de ton âme, ah! il me semblait que j'avais une autre fille, une nouvelle fille, meilleure et plus tendre, et je cherchai presque tes ailes, car Dieu fait des anges de celles qu'il a vraiment touchées. Les vapeurs de l'encens, les saints cantiques, les splendeurs de ce temple, tout parlait à nos cœurs émus.

»Quand votre jeune armée a défilé pour l'offrande, les cierges allumés, je croyais voir en vous les deux champions de Jésus-Christ, prêts à combattre pour lui, et ces lames à pointes de feu défiaient d'avance les pièges du démon. Mais lorsque l'exhortation suprême vous invita à venir vous agenouiller à la sainte Table, quand je te vis, toi, ma fille chérie, t'approcher la seconde... non, je ne te dirai pas ce qui se passa dans mon cœur. Je sais que je pleurai les meilleures, les plus tendres larmes de ma vie; que ta mère en faisait autant que moi, et qu'à travers ces pleurs bénis, je te voyais dans une gloire, et auprès de toi, et au-dessus de toi, tous ceux que j'ai aimés et que j'invoquais pour te bénir.

» ... Et toi, chère enfant, quel charme est descendu dans ton cœur ! As-tu bien entendu, as-tu bien retenu cette voix divine qui te disait : « Je te possède..., tu me possèdes..., avec moi, avec toi... toujours !... »

Nous nous bornerons à ces citations qui suffisent à montrer la piété pénétrante de M. Le Roux et son amour pour les siens. Dieu l'a rappelé à Lui le 1er juin 1880, alors qu'il eût pu faire encore autour de lui beaucoup de bien par sa parole, sa générosité et son dévouement que rien ne lassait. Il demanda, à son heure dernière, la visite du Dieu de l'Eucharistie, et quitta cette vie dans la paix et le bonheur d'une conscience pure.

LE SUEUR

COMPOSITEUR, MEMBRE DE L'INSTITUT

(1763-1837)

> « Je meurs chrétien, je meurs catholique. »
> (Le Sueur).

Jean-François *Le Sueur*, célèbre compositeur de musique, était maître de chapelle à Notre-Dame de Paris peu avant la Révolution française de 1786. Grétry lui avait assigné là sa place en lui disant : « Venez à Paris, votre place est parmi les grands compositeurs. »

Ce fut Le Sueur qui introduisit dans les solennités religieuses la musique à grand orchestre. Professeur au Conservatoire en 1795, directeur de la chapelle impériale en 1804, il entra à l'Institut en 1816.

Il a créé plusieurs œuvres importantes pour l'opéra et écrit de la musique d'église. Ses compositions religieuses, faites sous l'influence de cette idée: qu'elles doivent être dramatiques et descriptive contiennent de grandes beautés. Aussi son *Orotario de Noël*, ses *Messes solennelles*, ses *Te Deum* vivront plus longtemps que ses opéras.

Le Sueur s'est souvenu toute sa vie que la religion avait inspiré ses meilleurs travaux, et que les voûtes de nos cathédrales de Séez, de Dijon, de Tours et de Paris lui avaient donné un encouragement et un asile. Sa foi cependant fut longtemps languissante; enfin elle se réveilla sur la fin de sa vie.

A la suite d'une crise qui devenait menaçante, il voulut faire sa profession de foi catholique, et dit d'une voix solennelle, en présence d'une nombreuse assistance : « Je meurs chrétien, je meurs catholique, je crois en Dieu le Père, je crois en Dieu le Fils, je crois en Dieu le Saint-Esprit.

Ayant fait comprendre à sa famille son désir de recevoir les sacrements, on appela M. le curé de Chaillot. M. Le Sueur les reçut, en effet, avec une présence d'esprit complète et une grande ferveur. Il voulut même réunir le peu de forces qui lui restait pour répondre aux prières des agonisants.

Il perdit connaissance après avoir reçu le saint Viatique et mourut le 9 octobre 1837, laissant un grand vide dans le monde musical et religieux.

LEVERRIER

DIRECTEUR DE L'OBSERVATOIRE DE PARIS, DE L'ACADÉMIE DES SCIENCES, DÉPUTÉ, SÉNATEUR.

(1811-1877)

> « Leverrier regardait le ciel comme un domaine dont il aurait eu la garde et dont il aurait été appelé à proclamer l'ordre et la beauté. »
> (J.-B. DUMAS).
>
> « Il savait voir Dieu dans les merveilles de la création, et du monde sensible s'élever au monde surnaturel. »
> (J. CHANTREL).

Le 23 septembre 1877 un grand deuil venait affliger la science française : l'illustre et savant astronome M. Jean-Joseph *Leverrier* venait de mourir après une longue maladie.

Sa vie et ses travaux sont connus, M. Jean-Baptiste Dumas, le célèbre chimiste, les a retracés dans un discours qui fait honneur aux deux savants à la fois, car nous sommes heureux de le dire, M. Leverrier était sincèrement et profondément chrétien, il savait voir Dieu dans les merveilles de la création et du monde sensible, a dit M. J. Chantrel, il s'élevait au monde surnaturel, et mettait sa confiance dans la rédemption de Jésus-Christ.

Dans le discours prononcé sur sa tombe par M. Dumas sont admirablement résumés sa vie et ses travaux : nous laissons la parole à cet homme distingué.

« M. Leverrier n'appartenait pas seulement à la France ; son nom était connu du monde entier. Ses travaux dirigeant la marche de tous les observatoires et servant à régler la course de tous les navigateurs, en avaient fait la personnification même de l'astronomie. Aucun de ces suffrages lointains et enviés ne lui a fait défaut, et l'étranger, si nous l'avions méconnu, se serait chargé de nous apprendre la haute valeur de ses travaux.

« M. Leverrier était fils de ses œuvres. Il connut toutes les luttes. Elève brillant de l'Ecole polytechnique, il n'avait fait qu'apparaitre dans les services publics. L'héritage de Laplace était libre ; il en prit hardiment possession. Il mit en évidence les conditions de stabilité générale du système solaire par la discussion approfondie des lois qui président aux mouvements de Jupiter, de Saturne et d'Uranus, et chacun comprit à ce début large et même hautain qu'un grand astronome venait de se révéler. L'Académie s'empressa d'adopter M. Leverrier.

. . . .

« Il semble que, dès ce moment, M. Leverrier se soit dévoué à perfectionner, à compléter l'œuvre de Newton, en s'appuyant sur l'œuvre de Laplace. C'est ainsi que par un travail persévérant, poursuivi pendant trente années sous nos yeux et dont rien n'a jamais pu le détourner, il nous a donné successivement le code définitif et complet des calculs astronomiques, les tables du mouvement apparent du soleil, la théorie et les tables des planètes embrassant ainsi le système solaire dans son ensemble, écrivant le dernier mot de la dernière page de son œuvre immortelle, à la dernière heure de sa vie et murmurant pieusement alors : *Nunc dimittis servum tuum, Domine.*

« M. Leverrier regardait, en effet, le ciel comme un domaine dont il aurait eu la garde et dont il aurait été appelé à proclamer l'ordre et la beauté. Intendant fidèle, il tenait à constater que tout y était à sa place.....

« M. Leverrier appartenait à cette grande famille des Copernic, des Kepler, des Newton et des Laplace, qui depuis plus de trois siècles s'appliquaient à découvrir les lois du système du monde et à nous en faire comprendre la beauté. Nous, qui avons profité de sa gloire, nous garderons le respectueux souvenir de ses services et nous en saurons estimer le prix.

« Témoin affectueux de sa vie, je viens dire un dernier adieu au confrère illustre, au grand astronome qui portait au plus haut degré la dignité de l'Académie et l'honneur scientifique de la France. Cette vérité qu'il avait poursuivie avec tant de passion, à travers tant d'agitations et de troubles, il la connait enfin tout entière dans la sérénité de la vie éternelle et dans la paix du tombeau ; nul ne s'est rendu plus digne que lui d'en contempler les splendeurs infinies. »

L'illustre directeur de l'Observatoire, a écrit l'abbé Saillard, se montra toujours chrétien.

Loin de se cacher, il aimait au contraire à confesser sa croyance catholique, dont il voyait la démonstration et la confirmation dans la science sublime qui lui a pris toute sa vie.

Quand, pendant les claires nuits, il plongeait son télescope dans les profondeurs des cieux, il voyait Dieu de trop près pour le nier, et quand ses calculs prodigieux l'amenaient à découvrir un nouvel astre, il se souvenait aussitôt de cette parole, que Dieu a tout fait *avec nombre, poids et mesure*. Chez lui, la science et la foi s'éclairaient mutuellement.

C'est après avoir demandé et reçu les secours suprêmes de la Religion que M. Leverrier a rendu son âme à Dieu. M. le curé de Saint-Sulpice reçut sa confession. Mais, selon les propres expressions du savant, comme il n'était pas seulement catholique, mais paroissien, il voulut donner cet exemple, de mourir avec l'assistance du curé de sa paroisse.

Ce fut, en effet, M. Lemaître, curé de Saint-Jacques-du-Haut-Pas, qui lui administra les derniers sacrements, et visita plusieurs fois le savant pendant sa maladie.

Le même écrivain que nous venons de citer rapporte un fait édifiant. M. Leverrier avait fait placer un grand crucifix dans les salles de l'Observatoire, où malade il se traînait encore, allant, de ses chers instruments à la croix, et pensant à la mort en homme qui avait vu Dieu dans ses œuvres.

Exemple admirable et bien salutaire dont nos esprits-forts devraient profiter ; confirmation éclatante de ces paroles toujours vraies : *Beaucoup de science ramène à Dieu*. Que diront les prétendus savants qui affirment si absolument que la foi est inconciliable avec la science moderne ? La plus belle intelligence dont s'honore notre pays leur a donné le plus éclatant démenti et la preuve la plus incontestable que l'accord est facile entre la raison et la foi (1).

---

(1) « Quand l'athéisme dit : *je suis la science*, ce n'est pas tant la religion qu'il outrage, c'est surtout la science qu'il calomnie. » Cte de Champagny, de l'Académie française.

LITTRÉ

PHILOLOGUE, PUBLICISTE, DE L'INSTITUT, DE L'ACADÉMIE, SÉNATEUR.

(1801-1881)

> « La grâce nous est donnée sans qu'on la mérite... »
> « Ils sont heureux ceux qui ont une foi en ce moment ! »
>
> (LITTRÉ)

Un savant célèbre, dont les impies avaient pris le nom comme un drapeau, parce que ses études l'avaient conduit à l'incrédulité, est décédé le 2 juin 1881 dans le sein de l'Eglise catholique. Cette mort d'un matérialiste, qui tenait une si grande place dans la science moderne, devait être un triomphe pour la libre pensée : Dieu a ruiné ces espérances trompeuses, elle est devenue le triomphe de la foi catholique.

Paul Emile *Littré* est né à Paris, en 1801 (époque à laquelle les églises étaient à peine ouvertes), d'un sergent d'artillerie de marine passé dans les droits réunis : Il ne fut point baptisé : son père ne s'occupait guère de religion. Celui-ci plaça son fils à Louis-le-Grand où l'on ne s'en occupa pas davantage pour lui. Le jeune Littré remporta tous les prix : on lui avait tout appris, excepté Dieu et sa religion.

Pauvre, il travailla pour vivre, apprit l'allemand, l'anglais, l'italien et le sanscrit, sans compter le latin et le grec. Il étudia la botanique et l'anatomie, fut admis comme interne de plusieurs hôpitaux, et devint plus tard membre de l'Académie de médecine, sans avoir jamais eu son diplôme de docteur. Son activité intellectuelle, et ses talents étaient prodigieux, et tout cela ne l'aurait pas mené à Dieu, si, en 1835, il n'avait eu l'avantage inestimable d'épouser une femme chrétienne.

.*.

M. Littré, entouré de bons exemples plus puissants sur lui que les préjugés de la science, fit l'éducation de sa fille sans lui arracher sa piété. Tout le monde connaît son *Dictionnaire de la langue française*, auquel ils travaillèrent tous deux et qui ramena l'aisance dans la famille, car Littré n'a jamais connu la richesse. Sa fille fut son secrétaire et sa collaboratrice dans cet important ouvrage, qui sera le seul monument durable parmi les innombrables œuvres du savant positiviste, et c'est à elle surtout que les catholiques doivent de n'y rien lire qui outrage leurs convictions. Intelligente et pieuse comme elle l'était, elle aida puissamment son père, qui y déposait la science, *elle y faisait respecter la foi.*

Le jour de la naissance de sa fille, rapporte M. Legouvé, Littré avait dit à la mère : « Ma chère amie, tu es une catholique fervente et pratiquante. Elève ta fille dans les habitudes de piété qui sont les tiennes. Seulement j'y mets une condition. Le jour où elle aura quinze ans, tu me l'amèneras, je lui exposerai mes idées, et elle choisira. »

La mère accepte, les années s'écoulent.

Un matin, elle entre dans le cabinet de son mari :

— « Tu te rappelles ce que tu m'as demandé et ce que je t'ai promis. Je viens tenir ma promesse. Ta fille est là, prête à t'entendre avec tout le respect et la confiance que lui inspire un père adoré et vénéré. Veux-tu qu'elle entre ? »

« — Oh ! certes, oui. »

« — Mais pourquoi ? »

« — Pour que je lui expose mes idées !... Non ! non ! mille fois non ! Quoi ! tu as fait de notre enfant une créature bonne, tendre, simple, droite, éclairée et heureuse !... Heureuse !... Ce mot qui, chez un être pur, résume toutes les vertus ! Et tu crois que je vais jeter mes idées au travers de ce bonheur et de cette pureté !..... Mes idées !... Mes idées !... Elles sont bonnes pour moi ! Qui me dit qu'elles seraient bonnes pour elle ? Qui me dit que je ne risquerai pas de détruire ou d'ébranler ton œuvre ?... Oh ! oui, que notre fille entre, chère femme, pour que je te bénisse devant elle de tout ce que tu as fait pour elle, et qu'elle t'aime encore un peu plus qu'auparavant (1).

⁂

Au contact de ces vertus, un travail se faisait cependant dans l'âme du savant, travail lent et mystérieux qu'il ne révélait à personne, mais dont on ne tarda pas à constater les signes extérieurs.

En effet, depuis plusieurs années, M. Littré ne disait plus de mal de l'Eglise; on a remarqué ses protestations contre l'expulsion des frères à St-Denis, lorsqu'il se fit porter au conseil municipal pour voter en leur faveur. Ces tendances religieuses étonnaient. Plus tard, résistant au courant qui entraînait ses amis politiques, il avait voté contre l'art. 7. Il écrivit à ce sujet :

« Le catholicisme est la religion du plus grand nombre des Français, cela ne fait aucun doute. Quand on a déduit d'une part les protestants et les juifs, et d'autre part les indifférents et les libres penseurs, il reste encore une masse considérable

---

(1) M. Legouvé, de l'Académie française ajoute avec la foi d'un chrétien :

« Moi aussi, j'ai eu et j'ai encore autour de moi des âmes croyantes, et, comme Littré, je me tiendrais pour criminel si jamais je troublais par mes doutes, si j'offensais par mes railleries, si j'ébranlais par mes objections, des convictions religieuses d'où ces êtres si aimés n'ont jamais tiré que des joies, des consolations, des vertus. »

Heureux les savants qui comprennent et apprécient de cette manière le rôle et l'influence de la religion, de la piété.

Ils ont admirablement compris la parole de Saint Paul: *Pietas ad omnia utilis est* : la piété est utile à tout!...

qui remplit les églises, reçoit les sacrements, depuis le baptême jusqu'à l'extrême-onction et serait sérieusement offensée si on la gênait dans l'exercice de son culte. Ne pas reconnaître cette condition fondamentale, c'est se préparer, si on est philosophe spéculant sur la marche des sociétés, de graves mécomptes théoriques, et, si on est homme d'Etat, prenant part au gouvernement, de non moins graves mécomptes politiques. »

A ces paroles, il joignait des œuvres de charité. Il souscrivit 300 francs pour l'école libre des frères de sa paroisse, et donnait 500 francs par an à son église; à la campagne comme à Paris, il s'adressait au curé pour ses bonnes œuvres et pour connaître les pauvres.

Ses intimes admiraient que le vendredi on faisait maigre à sa table sans respect humain. Le dimanche, il ne permettait pas qu'on mît un clou chez lui, ce qui étonna beaucoup un menuisier venu pour poser un porte-manteau le dimanche, et qui disait auparavant (1) : « Chez celui-là, on ne m'empêchera pas de travailler. » Lorsqu'il était malade, il ne laïcisait pas son chevet, car il voulait toujours des sœurs près de lui. Dès 1862, aux bains de mer, il s'établit dans un couvent qui sert d'hôtellerie aux baigneurs : « Je l'ai vu là, écrivait la

(1) Un dimanche, dit le menuisier, je vois partir les dames avec leur livre de messe à la main. Alors je monte, en pensant : quelle chance ! il n'y a pas de danger qu'il m'empêche de travailler, lui. Ah bien oui ! il m'a renvoyé. — Mais, M. Littré, il n'y a que deux ou trois clous à mettre. — Revenez demain. — Mais, puisque Madame est à la messe. — C'est égal ; elle serait contrariée.

comtesse d'Agoult à Sainte-Beuve étonné, soignant les pauvres en qualité de médecin et quêtant pour les plus en détresse. Sa femme et sa fille allaient à la messe, lui point, mais il charmait les sœurs et les laissait très perplexes sur ce qu'il fallait penser de son âme. »

Cependant, s'écriaient les libres penseurs, Littré ne croit pas à Dieu : « J'ai l'âme catholique, mais l'estomac luthérien, » disait Erasme, pour s'excuser de ne point observer le carême. A l'imitation de ce mot, on pouvait dire de Littré qu'il avait encore peut-être l'esprit athée, mais le cœur chrétien.

.*.

En voici de nouvelles preuves, rapportées par les journaux, à l'époque où ces idées du savant se modifiaient dans le sens religieux.

Très libéral, écrit l'un d'eux, Littré trouvait juste que son épouse conservât ses croyances. Jamais il ne combattit sa foi, jamais l'ironie ne vint blesser les convictions de sa noble compagne.

Un jour, pendant sa maladie, M. Littré s'évanouit. Mme Littré doucement détache de sa poitrine une petite médaille bénite et la passe au cou de son mari. Celui-ci reprend connaissance, enlève la médaille et la remet à sa femme. Et penchant la tête sur les mains de sa femme, il y déposa un baiser sans murmurer un seul mot.

Au mois d'octobre 1875, Claude Bernard, dans une réunion d'amis, parlant des célébrités de notre époque, laissa échapper le nom de M. Littré, dont il loua les travaux et l'immense érudition. Un des auditeurs essaya quelques critiques au sujet des doctrines matérialistes du trop célèbre positiviste. Interrompant alors l'interlocuteur, Claude Bernard dit :

« Messieurs, je connais M. Littré; il est mon ami. Je serais fort étonné s'il ne finissait pas bien.

« Il a pour femme une intelligente et grande chrétienne, et pour fille, un ange de piété. »

Et se tournant vers un ecclésiastique présent : « Monsieur le curé, dit-il, vous devez savoir ce que cela vaut dans l'entourage d'un homme. » Et à l'appui de son sentiment, l'éminent physiologiste raconta l'anecdote suivante : « Il y a quelque temps, un de nos amis communs nous invita à déjeuner, M. Littré et moi, pour un jour déterminé.

« Pour ce jour-là, répondit M. Littré, je ne puis accepter aucune invitation. Ma fille fait sa première communion.

» Je serai donc en fête, chez moi et à l'*église*; impossible à moi d'être des vôtres ce jour-là. »

Et le savant positiviste alla à l'église.

« Convenez, dit Claude Bernard, qu'un homme qui a de pareils sentiments n'est pas foncièrement mauvais, ni absolument hostile à la religion (1). »

M. Littré avait aussi pour ami le P. Milleriot de sainte mémoire. A la mort de celui-ci, le P. Pitot crut devoir prévenir l'académicien et lui dire que son vénérable ami était mort de la mort des saints, en priant pour lui. Voici la réponse de M. Littré, qui fait pressentir sa conversion.

« C'est vivre quelques jours de trop que de vivre pour voir mourir des hommes tels que le P. Milleriot. C'est une grande perte pour moi. Il a été pour moi d'une bonté angélique. Il m'aimait sans que rien en moi pût motiver cette affection de sa part; je ne la méritais pas, mais j'en jouissais comme d'une grâce, et je lui en étais bien reconnaissant. La grâce nous est donnée sans qu'on la mérite, vous le savez mieux que moi. »

Tels étaient les sentiments que la mort d'un vrai jésuite, (cet épouvantail pour les impies), faisait naître dans le cœur de l'illustre savant. N'y a-t-il pas lieu de croire que du haut du ciel, le P. Milleriot a poursuivi son œuvre et con-

---

(1) Il nous serait facile de citer le nom d'un député de la gauche, de l'*Union républicaine*, auteur d'un lourd et indigeste pamphlet contre la divinité de Jésus-Christ, qui s'est chargé de préparer sa fille à sa première communion, en lui apprenant et expliquant lui-même le catéchisme pendant deux ans, dans un sens très orthodoxe; qui a tenu à assister à la messe de communion, a versé des larmes à l'église en voyant son enfant recevoir le Dieu de l'Eucharistie, a invité le clergé de sa paroisse à déjeuner ensuite et fait un magnifique cadeau à son curé. Et cependant ses votes à la Chambre sont toujours hostiles à la religion. Combien d'autres lui ressemblent!

tribué à cette conversion qui a si profondément irrité les ennemis de Dieu?

※
* *

Ce changement était le fruit de la grâce divine et des lectures du savant. Dans les derniers temps de sa vie, il lisait beaucoup de livres catholiques, sans dire à personne ce qu'il pensait, une fois excepté, où il dit en fermant la *vie du P. Ollivaint :* « Décidément, dit-il avec une accent d'humble conviction, ces hommes-là valent mieux que moi ! »

Aussi on priait beaucoup pour lui de plusieurs côtés. Après avoir lu tant de livres religieux, il demanda le catéchisme du diocèse, qu'il ne connaissait pas. Il fut étonné de la doctrine simple et profonde qu'il y découvrit.

Il voyait souvent des prêtres et, parmi eux, M. Huvelin, ancien élève de l'école normale, son ami et son compagnon d'études ; il ne pouvait plus se passer de lui et l'entretenait chaque jour, pendant les six mois qui précédèrent sa mort. Un jour, le malade lui avait dit : « Ils sont heureux ceux qui ont la foi en ce moment (1). »

M. Littré avait fait autrefois un testament, où il exprimait la volonté d'être enterré civilement, et en avait déposé le double entre les mains de son ami, M. Barthélemy Saint-Hilaire. Quelques jours avant sa mort, il fit brûler devant lui l'exemplaire

---

(1) M. Littré lisait beaucoup, depuis quelque temps, des livres religieux, comme ceux de l'abbé Perreyve, les Conférences du P. Lacordaire, la vie du P. Olivaint

qu'il avait gardé, et rédigea un autre testament. Ainsi, lui-même prit soin que son corps n'allât pas au cimetière sans les prières de l'Eglise.

Nous avons dit que Littré n'avait pas été baptisé à sa naissance. Cette grâce lui a été accordée à quatre-vingts ans. La longue maladie qui précéda sa mort, les lectures pieuses, les entretiens religieux, les prières d'une épouse et d'une fille pieuses et ses propres prières lui ont été une préparation sérieuse à cet acte nécessaire de la vie chrétienne.

Dans la nuit du 1er au 2 juin, il se trouva plus mal. La suffocation devint terrible : « Je suis perdu, dit-il lui-même, donnez-moi le baptême. »

La femme chrétienne s'empressa, avant la venue du prêtre qui pouvait arriver trop tard, de satisfaire à ce désir solennel qui couronnait tant d'efforts, d'espérances et de prières. « Cette foi, désir suprême du mourant, lui a été donnée avec le baptême, et n'est-ce-pas, dit l'abbé Saillard, un magnifique triomphe de la religion catholique que cette conversion si sincère d'un des plus illustres savants du XIXe siècle, inclinant son front sous l'eau du baptême, récitant le *Credo* et couronnant une vie si remplie aux yeux du monde par un touchant retour à Celui que les saintes Ecritures appellent le *Maître des sciences, Deus scientiarum Dominus est.* »

« Cette âme, écrivait le lendemain de sa mort un journaliste étonné, cette âme qui avait traversé toutes les luttes de ce siècle impie, qui avait projeté tant de lueurs et causé tant de scandales, montait joyeuse et toute neuve vers son Créateur. »

M. Littré avait été nommé sénateur dans les dernières années de sa vie (1).

LONG (de)

COMMANDANT DE LA *Jeannette*, CHEF DE

L'EXPÉDITION AU POLE NORD.

(1841-1881)

> « Nous nous unissons tous alors pour adresser nos prières à Dieu. »
> (DE LONG, *Journal de bord*.)

« L'histoire des efforts faits par l'homme pour arriver à la connaissance de la terre qu'il habite est toujours attrayante et instructive, mais aucune ne présente un intérêt plus saisissant, plus élevé

---

(1) Dans un ouvrage qui vient de paraître dernièrement, M. Théod. de La Rive, membre de l'Académie de Savoie, raconte d'après des témoins dignes de foi, le travail intérieur qui s'était fait dans l'âme de M. Littré vers les dernières années de sa vie. Nous sommes loin des calomnies odieuses répandues à ce sujet par les feuilles libres-penseuses. C'est un nouveau témoignage ajouté à ces pages : « Petit à petit, dit M. de La Rive, par le seul travail de sa conscience, par le sentiment de ses fautes et de son indignité, Littré arrivait à l'idée de l'existence d'un Dieu personnel et à celle de la nécessité du repentir et de la pénitence. »

que celle des voyages polaires. Partout ailleurs l'homme rencontre la lumière et la vie; là-bas, au-delà du cercle polaire c'est contre la nuit et contre la mort qu'il faut lutter. Pendant trois mois et plus, la lune seule ou les lueurs fantastiques de l'aurore boréale éclairent un paysage désolé, où rien ne rappelle au voyageur les aspects accoutumés; où la neige couvre la terre comme la mer. Cependant au dehors sévit un froid épouvantable, 30°, 40°, parfois, même, plus de 50° au-dessous de 0°; des tempêtes affreuses remplissent l'atmosphère de neige et font dans la nuit une nuit plus épaisse encore, secouant le lourd manteau de glace qui couvre la mer, soulevant les navires pour les laisser retomber, brisés et écrasés entre deux masses de glace.

Contre de pareils périls et de telles épouvantes la force physique ne suffit pas; l'audace, le mépris de la mort, l'effort héroïque mais temporaire restent impuissants. Il faut la force morale dans sa plus haute expression, sans un moment de défaillance pendant des mois et des années. La religion seule peut inspirer ces qualités au degré éminent où elles sont nécessaires pour une pareille entreprise (1). »

Des libres-penseurs audacieux et habiles, pourront traverser l'Afrique ou l'Amérique, nous les défions de mener à bien une expédition polaire. C'est pour cela que la lecture des voyages arctiques,

---

(1) D. Claudius. *Cosmos* du 26 Octobre 1885.

si elle ne présente pas la variété et l'attrait d'un voyage en Afrique ou en Asie, offre en revanche un intérêt moral et religieux exceptionnel. Ainsi est-il triste mais intéressant, à ce point de vue, de connaitre le sort de ces infortunés marins envoyés sur *la Jeannette* en expédition au Pôle Nord au mois de Juillet, 1879.

Perdus dans les glaces, mourants de froid et de faim, privés de leur vaisseau brisé par les banquises en juin 1881, ils périrent malheureusement, victimes de leur zèle pour la science et de leur intrépidité.

Depuis le 12 juin, jour où *la Jeannette* fut broyée, jusqu'au 30 octobre, leur vie ne fut qu'une lente et effroyable agonie. La faim acheva ce que le froid avait commencé. Mais dans ces terribles angoisses, les sentiments religieux ne les ont pas abandonnés, et leur brave commandant *de Long*, surtout s'est souvenu qu'il était chrétien(1).

Ces sentiments sont admirables, autant du moins qu'on peut en juger par le livre de bord trouvé dans les mains glacées de l'infortuné commandant(2), qui était d'origine française.

Au lendemain de la catastrophe qui les prive

(1) « Lorsqu'on s'éloigne un peu des hommes, dit M. W. de Fonvieille, dans le récit de l'expédition du major Greely, on s'approche toujours beaucoup de Dieu. »
(2) Ce journal vient d'être traduit en français et publié à la librairie Plon, Nourrit et Cie. 1885. Dix-huit mois s'étant écoulés sans nouvelles de l'expédition, le gouvernement américain envoya un navire à sa recherche : *Le Rodgers*, capitaine Berry.

de leur vaisseau, ces hommes héroïques ne sont point abattus par le désespoir. « Chacun, écrit de Long, est dispos, plein d'entrain. » Puis avec un soin minutieux il règle l'ordre de la retraite dans les canots et les traîneaux. Le traîneau N° 1 porte la devise : « *Nil desperandum,* » le traîneau N° 4 arbore un pavillon blanc à croix rouge avec cette devise si chrétienne : «*In hoc signo vinces.*» Le 17 juin, les naufragés se mettent en route sur la glace pour gagner la côte de Sibérie. Ils sont bientôt séparés par la tempête, et alors commence la lente agonie de ces malheureux.

De Long cependant continue à tenir fidèlement son journal, et on le trouvera mort dans la neige, son carnet et son crayon à côté de lui :

« Dimanche, 9 octobre 1881, 119ᵉ jour (depuis la destruction du navire). Tout le monde debout à 4 h. 30 m. Une once d'alcool. *Lu le service divin.*

Lundi, 10 oct. nous avons déjeuné d'un peu d'alcool et d'un morceau de renne; nous avons dîné d'une cueillerée de glycérine. *Que Dieu ait pitié de nous!*

Jeudi, 13 oct. Thé d'écorce de saule. Gros vents du S.-O. Pas de nouvelles de Vindermann. *Nous sommes entre les mains de Dieu.* Nous sommes perdus s'il n'a pitié de nous. Nous ne pouvons plus avancer contre le vent, et pourtant rester ici, c'est mourir de faim. *Nous nous unissons tous pour adresser nos prières à Dieu.* Dans la soirée, tempête violente, horrible nuit...

Samedi, 15 oct. A déjeuner, infusion de saule et de vieilles bottes.

Dimanche 16 oct. Alexia ne peut plus se tenir. *Service divin.*

Lundi, 17 oct. Alexia ne peut plus se tenir. Le docteur *le baptise. Lu les prières des agonisants.* Vers le coucher du soleil, Alexia meurt de faim...

Vendredi, 21 oct. Kaatch était couché entre le docteur et moi; à minuit nous nous sommes aperçus qu'il était mort. *Lu les prières des agonissants* pour Lee qui n'a pas tardé à mourir.

Dimanche 23 oct. Tous très faibles. *Lu une partie du service divin...*

Lundi 24 oct. Nuit cruelle.

Jeudi, 27 oct. Iverson agonise.

Vendredi, 28 oct. Iverson est mort ce matin de bonne heure.

Samedi, 29 oct. Dressler est mort pendant la nuit.

Dimanche 30 oct. Boyet et Gartz sont morts. M. Collins est mourant. »

Puis rien... La mort a saisi le chrétien et héroïque De Long. Peut-être son âme n'a-t-elle pas eu le secours de ces prières que dans son extrême faiblesse, il aimait à redire pour ses compagnons d'agonie. Mais au moins, on sent que la religion qui l'inspirait de faire baptiser les mourants et de prier pour eux, ne lui a pas fait défaut dans cet instant suprême, et qu'il a dû demander à Dieu de lui pardonner ses fautes pour l'expiation desquelles il a subi cette mort terrible.

Rendons-lui aussi ce témoignage qu'il a osé montrer ses sentiments religieux dans une pièce officielle, telle que l'était le *Journal de bord* et prononcer le nom de Dieu. La foi l'avait accompagné, elle lui a fermé les yeux.

Honneur à ce héros de la science, à ce vaillant chrétien !

MAGNE

DÉPUTÉ, SÉNATEUR, MINISTRE, CONSEILLER D'ÉTAT.

(1806-1879)

« C'est cette croix qui est le salut. »
(P. Magne)

En annonçant la mort de cet homme de bien, le 20 février 1879, M. Martel, président du Sénat, disait de lui : « M. Magne laisse le souvenir d'un homme doux, aimable et spirituel. »

Pour nous, catholiques, M. Magne a laissé un souvenir plus précieux, et auprès duquel pâlissent tous les autres : il a vécu en chrétien pratiquant dans les dernières années de sa vie, il est mort en chrétien. M. Magne était revenu à la religion depuis plusieurs années. C'est dire qu'il avait pratiqué la confession et communié plusieurs fois pendant le cours de sa vie. Sa conversion ne date donc pas de son lit de mort.

Né à Périgueux le 3 décembre, 1806, il avait fait son droit à Toulouse et s'était inscrit au barreau des avocats de cette ville. Elu député en 1843, il eut, avec le maréchal Bugeaud, alors gouverneur d'Algérie, d'utiles relations. En 1848, il rentra dans la vie privée pour en sortir en 1851. Il fut plusieurs fois ministre, et demeura aux finances de 1854 à 1860. Au milieu du tracas des affaires publiques, il oublia malheureusement sa religion. Nous l'avons vu repentant.

Ce fut surtout aux approches de la mort que ses sentiments religieux s'affirmèrent davantage. Quelques jours avant cet instant suprême, entendant parler, près de lui, de ses croix et décorations, il dit : « A quoi cela me servira-t-il ? » Et ses lèvres, appliquées sur un crucifix que lui présentait la garde-malade et que Léon XIII avait indulgencié à son intention, nous disaient cette pensée de son cœur : « C'est cette croix qui est le salut. » A ses derniers moments, l'auguste malade muni des sacrements de l'Eglise prit part aux prières des agonisants et s'éteignit doucement, entre les bras de son épouse, qui l'avait ramené à la foi par sa piété, sa soumission affectueuse et ses nobles vertus.

MAGNIN

LITTÉRATEUR, DE L'ACADÉMIE DES INSCRIPTIONS.

(1793-1862)

> « La liberté scientifique et la cause du progrès n'ont rien à redouter du christianisme. Une sage piété a résumé la charte des droits et des devoirs de l'esprit humain. La science et la raison peuvent accepter ce partage. »
> (Ch. MAGNIN)

M. Wallon, secrétaire de l'Académie des inscriptions a lu, en 1875, une notice fort intéressante sur M. Charles *Magnin*, savant littérateur, né à Paris, en 1793.

Cet écrivain avait collaboré à plusieurs journaux, spécialement à la *Revue des Deux-Mondes* et au *Journal des Savants*, et il a publié un ouvrage inachevé, dont le premier volume fut si remarqué, qu'il lui ouvrit les portes de l'Académie des Inscriptions et Belles-Lettres, en 1838.

Charles Magnin n'était pas chrétien d'abord, mais dans ses dernières années, la réflexion le ramena à la religion. C'est ce que M. Wallon a tenu à constater, et il n'a pas craint, au sein de cette Académie, qui compte parmi ses membres M. Renan et d'autres incrédules, d'insister sur cette conversion avec un courage qui l'honore et dont les catholiques lui savent gré.

A cette occasion et pour mieux faire connaître le chrétien et le savant, il a publié une longue lettre inédite de M. Magnin.

En voici la conclusion :

« Un certain jour, la lumière de l'Evangile s'est levée sur le monde, elle a fait pâlir aussitôt toute autre lumière et elle n'a été elle-même surpassée par aucune autre. Ceux qui nient la divinité du Christianisme sont expressément tenus d'expliquer par des causes humaines, cette supériorité de la doctrine évangélique sur tout ce qui l'a précédée et sur tout ce qui l'a suivie. Que si la marche ordinaire des choses humaines ne suffit pas pour expliquer cette double merveille, nous serons autorisés à voir dans ces deux grands faits une manifestation directe de la suprême Sagessse, et à proclamer l'Evangile divin et l'autorité de l'Eglise sainte et surhumaine ; nous pourrons, en un mot, croire le mystère de la Révélation sans que notre raison ait à réclamer.

« Vous donc, qui refusez d'admettre la divinité de l'Evangile, avez-vous à nous fournir une explication naturelle de la merveilleuse apparition dans un coin de l'empire romain de cette doctrine inattendue, inouïe, sans précédente, sans préparation ; qui est venue tout à coup renouveler la face de la terre et changer les bases de la famille et des institutions.

« Il y a deux choses également admirables, dans l'Evangile : les préceptes et le Précepteur, la **vie de**

Jésus-Christ et ses paroles. Chicanez tant que vous voudrez, contestez les textes, supposez des fraudes, des interpolations, des omissions; soutenez même avec Strauss, que les récits des évangélistes ne sont qu'un tissu de légendes, d'allégories de mythes : vous conviendrez toujours que les allégories, les légendes, les mythes ne naissent point du néant...

« L'originalité même du langage, sa justesse et sa profondeur, sa forme interrogative et parabolique établissent invinciblement la personnalité du Christ. Comparez les diverses parties du Nouveau Testament : saint Luc et saint Jean, quand ils parlent en leur nom, approchent-ils de la sublime sérénité empreinte dans les paroles de leur divin Maître? La véhémente et rude éloquence de saint Paul a-t-elle la moindre ressemblance avec la douce et magistrale autorité des prédications du Sauveur?

« Enfin, si l'Evangile n'est pas de source divine, montrez-nous ses origines terrestres. D'où ses auteurs, quels qu'ils soient, ont-ils tiré cette surprenante nouveauté? Ce n'est certainement pas de la Judée. Serait-ce d'Alexandrie ou d'Athènes ou de Rome? Nous savons tout ce qui se disait, tout ce qui se faisait alors dans ces métropoles du monde païen. Indiquez-nous, de grâce, parmi les contemporains de Tibère, le moraliste capable de composer le *Sermon de la Montagne*. Vous aurez beau interroger les plus illustres représentants de l'Académie, du Lycée ou du Portique; vous aurez beau faire appel à tous les sphinx de la sagesse orientale; vous aurez beau même réunir toutes les vérités éparses de l'Ancien Testament, vous ne parviendrez amais à faire jaillir de ces sources, si riches qu'elles soient, le divin précepte de l'humilité, ni l'amour des ennemis, ni la notion de l'égalité et de la fraternité humaines, ni le type de la pureté tout à la fois maternelle et virginale. Je n'insiste pas ; pour tout esprit bien fait, l'Evangile porte en soi la preuve éclatante de sa céleste origine.

« Le doigt de Dieu n'est pas moins visible dans l'établissement et l'étonnante stabilité du gouvernement de l'Eglise...

« De cette impossibilité d'expliquer par des raisons naturelles ces deux grands phénomènes historiques, je crois pouvoir légitimement conclure la divinité de l'Evangile, et la sainte et surhumaine autorité de l'Eglise. En m'inclinant ainsi devant le mystère de la Révélation, qui entraîne à sa suite la soumission aux autres mystères, je ne crois pas plus humilier mon intelligence, que lorsque, dans l'ordre physique ou mathématique, j'adhère à telle ou telle vérité qui surpasse la portée de ma raison.

« D'ailleurs, je me hâte de le reconnaître, l'indépendance de la pensée et ce qu'on appelle le *libre examen* n'ont que bien peu à perdre à la soumission aux dogmes. L'Eglise, dans sa sagesse, n'a promulgué qu'un très petit nombre d'articles de foi. Aujourd'hui, la liberté scientifique et la cause du progrès n'ont rien à redouter du Christianisme.

Une sage piété a résumé dans un judicieux axiome la charte, si je puis ainsi m'exprimer, des droits et des devoirs de l'esprit humain : *In certis unitas, in dubiis libertas, in omnibus charitas.* La science et la raison peuvent accepter ce partage ; il est juste et il suffit à tous les besoins intellectuels. »

Charles Magnin a été fidèle à ces convictions religieuses jusqu'à la fin. Elles avaient fait le bonheur de la deuxième partie de sa vie, elles furent la joie et la consolation de ses derniers moments.

Sa mort arriva en 1862, le 8 octobre.

MAINE DE BIRAN

PHILOSOPHE, LITTÉRATEUR, DÉPUTÉ, CONSEILLER D'ÉTAT.

(1770-1824)

> « Il eut le bonheur d'arriver au Christianisme après être parti des doctrines sensualistes de Condillac. »
> (J. CHANTREL)

Mêlé toute sa vie aux plus grandes choses, Maine de Biran est resté volontairement obscur pendant que ses amis s'illustraient à côté de lui, et sans la publication de ses œuvres, effectuée après quinze ans par les soins d'un ami, la génération actuelle ignorerait peut-être le nom de celui que M. Cousin a appelé son maître.

A la considérer du dehors, cette vie n'a rien qui excite un intérêt particulier, mais tout change d'aspect lorsque l'attention se porte sur le développement intérieur de l'homme sur ses affections et ses pensées. Ce qu'éprouvait ce philosophe était, à ses yeux et aux yeux de ses vrais admirateurs et meilleurs amis, la grande affaire de sa vie. Ses *Cahiers de souvenirs* forment un journal intime où l'on peut suivre les mouvements de sa pensée et le travail de son âme.

François Pierre *Maine de Biran* naquit à Bergerac en 1770. Après la première éducation reçue dans la moison paternelle, il fut envoyé continuer ses classes à Périgueux. Il parcourut le champ des études avec facilité et fit preuve d'une aptitude marquée pour les mathématiques. Sa curiosité philosophique s'éveilla dès le début de sa vie : « Dès l'enfance, dit-il, je me souviens que je m'étonnais de me sentir exister : j'étais porté, comme par instinct à me regarder au-dedans pour savoir comment je pouvais vivre et *être moi*. »

Cette réflexion indique la nature de ses pensées.

Entré dans les gardes du corps en 1785, il fut blessé en 1789 aux journées des 5 et 6 octobre. Les terribles événements de cette époque néfaste ne purent le distraire de ses études et de la solitude qu'il aimait passionnément.

Il se retira dans son domaine de Bergerac.

L'enseignement religieux qu'il reçut dans son enfance paraît n'avoir laissé aucune trace en lui; sa mémoire, du moins, en perdit le souvenir. Son âme était donc neuve. En l'absence de toute conviction arrêtée, il n'avait d'autres préservatif contre les écarts des passions qu'un goût naturel pour les convenances et un certain instinct d'honnêteté.

C'est en général une faible barrière.

Cet instinct le conduisit immédiatement à la question qui s'offre à un homme préoccupé de son avenir : *où est le bonheur?* que pouvons-nous pour l'atteindre? « Un seul problème, dit à ce sujet M. J. Simon, a absorbé l'activité de son génie, mais ce problème est celui de la nature humaine, le premier de tous. » Cette tendance de son esprit n'est nulle part plus nettement marquée que dans un passage où il recommande *la pureté de conscience et l'exercice de la bienfaisance* comme contribuant à « cet état physique dans lequel il fait consister le bonheur ».

*
* *

Un mariage selon son cœur avait bien un instant satisfait ses désirs, mais il ne put interrompre ses recherches du bonheur et de la vérité, d'autant plus que, dès le 23 octobre 1814, il perdait la compagne de sa vie. En même temps, pendant les Cent-jours ses espérances politiques furent détruites, son avenir compromis, son présent devint incertain. « Pour me garantir du désespoir, écrit-il alors, je penserai à Dieu, je me réfugierai dans son sein. »

Ce recours à Dieu signale un moment décisif dans l'état intérieur de Maine de Biran. Le *besoin de Dieu* faisant irruption dans son âme appelait ainsi *l'idée de Dieu* dans son esprit. Ce besoin était extrême, écoutons-le : « Je n'ai pas de base, pas d'appui, pas de mobile constant : *je souffre* (1) ».

Je souffre! telle est la parole qui revint sans cesse sous la plume de l'écrivain, comme une sorte de refrain mélancolique. Il a vécu dans le monde, et le monde a laissé son âme vide ; il a trouvé la solitude et la solitude a trompé son attente. Sa volonté sans le secours divin s'est trouvée faible, lorsqu'il a fallu rompre les chaînes forgées par certaines relations sociales ; sa volonté a manqué d'énergie lorsqu'il a fallu régler sa vie dans la retraite. Les jours passent, les années fuient, tout ce qui l'environne est en proie à une mobilité continuelle ; à quoi se rattacher : « Quel sera donc le point d'appui fixe de notre existence ? Où rattacher la pensée pour qu'elle puisse se retrouver, se fortifier, se complaire ? » Or le repos, le mobile constant, la base fixe de l'existence, on ne les trouve pas dans le monde, c'est en Dieu seul qu'il faut les chercher ; Dieu seul est immuable, seul il offre un repos assuré.

(1) *Journal intime.* 1817

C'est en 1818 que ces besoins religieux se montrent avec une intensité particulière. Alors Royer Collard l'initiait de plus en plus à la philosophie écossaise, Stapfer lui faisait connaître Kant, M. Cousin développait cette pensée ardente, cette vive intelligence qui commençait à fixer l'attention aux cours de la Sorbonne. Et ces hommes d'élite appelaient M. de Biran *leur maître.*

Maintenant le *maître* a trouvé Dieu. Mais quel Dieu? — Son Dieu est un Dieu personnel, vivant et libre. C'est un point important pour lui, mais ce n'est pas tout.

Pour atteindre à ce Dieu ne faut-il compter que sur soi? C'est la doctrine des disciples de Zénon; ou bien appeler la grâce de Dieu? C'est l'espérance des chrétiens. Maine de Biran a une vue très nette de sa situation. Déjà en 1815, il nous apprend lui-même qu'il commençait ses journées par la lecture d'un chapitre de l'Ecriture Sainte. Maintenant *l'Imitation de J-C et les Œuvres spirituelles* de Fénelon sont les deux amis privilégiés qui répondaient le mieux aux instincts et aux besoins de son cœur.

L'appui dans la faiblesse, le stoïcisme ne le donne pas, parce qu'il méconnaît notre fragilité, « il est bon pour les forts, mais non pour les faibles, les pécheurs et les infirmes (1) ». Ce qu'il nous faut pour soulager la douleur; c'est un moyen de

---

(1) *Journal intime* 1819

nous la faire accepter, d'obtenir de nous une adhésion libre aux intentions mystérieuses du Dieu qui nous afflige. Ce secours cherché pour la volonté défaillante suppose l'humilité, qui se manifeste par le cri du cœur : la prière. La prière et l'humilité, deux moyens d'obtenir la grâce de la conversion, que Maine de Biran a connus et pratiqués pour son bonheur.

Aussi lorsqu'il s'écrie : « Oh ! que j'ai besoin de prier ! » ou lorsqu'il écrit dans son *Journal* : « Jour de prière, de calme et de raison, effet de la prière, il porte la sentence de condamnation du stoïcisme qui ne prie pas, et fait un grand pas vers le Dieu de l'Evangile. C'est donc conduit par le besoin de la grâce que Maine de Biran vient vers Jésus-Christ.

.*.

Si alors, au travers de ces hésitations, on ne rencontre pas dans le *Journal* l'expression d'une conviction ferme aux vérités chrétiennes, les aspirations, les désirs, les cris d'une âme repentante y abondent et se multiplient à mesure que le temps s'écoule. Jésus-Christ résume pour lui dans sa personne sacrée tous les traits de l'existence divine, de la vie supérieure à laquelle nous pouvons aspirer. Aussi déplorait-il la faiblesse de sa volonté et ses fautes : « Mon Dieu, s'écriait-il, dans les angoisses qui présageaient sa dernière maladie, délivrez-moi du mal, c'est-à-dire de cet état du corps qui offusque et absorbe toutes les facultés de mon âme (2). »

Le célèbre philosophe arrive ainsi à la grâce, à l'action de Dieu en lui. Mais ses vues sur la religion catholique étaient encore incomplètes. Il traçait une ligne de démarcation encore trop prononcée entre des vérités qui procèdent du dehors et s'imposent par voie d'autorité, et une science personnelle qui résulte des expériences que chacun peut faire au-dedans de soi-même. Pour faire un pas décisif vers Dieu, il devait modifier profondément et sa doctrine philosophique et ses sentiments intérieurs.

« Sans doute, dit le *Polybiblion*, Maine de Biran n'était encore entre que dans le vestibule de la religion, et la philosophie ne l'avait pas fait chrétien dans toute l'acception du mot. Mais il avait parcouru la partie la plus difficile du chemin. Il avait reconnu logiquement, et par la seule étude de notre nature, la nécessité pour l'homme de s'abdiquer lui-même à un certain moment; de faire taire sa raison, et d'écouter la voix de Dieu, de vaincre son orgueil et devenir l'élève d'une révélation supérieure. Il avait avoué, que, par là seulement, l'homme trouvera cette paix qu'il cherche. Dès lors il n'avait plus qu'à obéir docilement à cette voix divine

---

(2) *Journal intime.*

qui continuait à lui parler. Le rôle du philosophe était presque achevé. Il n'avait plus qu'à constater la conformité de la grâce avec les besoins de notre nature, et à en suivre les inspirations avec simplicité et bonne volonté, enfin à *pratiquer* et à agir, après avoir étudié et cherché. »

A l'époque de la rédaction de l'*Essai*, dit M. Ernest Naville, Maine de Biran disait avec Fénelon : « Nous n'avons rien en nous que notre volonté, tout le reste n'est point à nous. La maladie enlève la santé et la vie, les richesses nous sont arrachées par la violence; les talents de l'esprit dépendent de la disposition du corps. L'unique chose qui est véritablement à nous, c'est notre volonté. » Il ajoutait : « Aussi est-ce elle dont Dieu est jaloux, car il nous l'a donnée, non afin que nous la gardions et que nous en demeurions propriétaires, mais afin que nous la lui rendions tout entière, telle que nous l'avons reçue et sans en rien retenir. »

Au mois d'octobre 1823, l'auteur déposa sur le papier le plan des *Nouveaux Essais d'Anthropologie*. Neuf mois après, il avait cessé de vivre. Des fragments et des ébauches conservent seuls la trace du dernier mouvement de ma pensée, mais ces documents imparfaits suffisent à démontrer la doctrine à laquelle s'était arrêté cet esprit dominé, dans toutes ses recherches, par un besoin impérieux de la vérité. Ayant commencé avec Condillac et la morale de l'intérêt, il finit avec Fénelon et la morale du renoncement absolu, et jamais peut-être n'avait été confirmée d'une manière plus éclatante la belle parole de Tertullien : *anima naturaliter christiana*, l'âme humaine est naturellement chrétienne.

La nécessité de la grâce et l'aveu de sa faiblesse par la prière sont les dernières pensées inscrites aux pages qui terminent le *Journal intime*. Elles portent la date du 17 mai 1824. Maine de Biran n'eut pas le temps de pratiquer publiquement la doctrine qu'il avait si péniblement acquise au prix des efforts et des travaux de sa vie entière. Sa santé déjà ébranlée déclinait rapidement.

« En 1824, ajoute le *Polybiblion*, il quittait cette terre, entouré heureusement à ses derniers moments de tous les secours de la religion catholique, » en laquelle il avait cru et espéré.

Nous dirons en terminant avec M. E. Naville : « La fin de Maine de Biran porta tous les caractères d'une mort vraiment chrétienne, et il est permis de voir dans l'expression de ses derniers sentiments, non pas un de ces retours tardifs et suspects à des espérances trop longtemps dédaignées, mais le commencement d'une vie dirigée, à travers bien des obstacles et des souffrances morales, vers les consolations de la foi catholique (1).

(1) *Revue des Deux-Mondes*, 1851. M. Ernest Naville, auteur de l'étude que nous avons résumée ici, eut entre les mains tous les manuscrits de M. de Biran. C'est à cette source authentique qu'ont été puisés tous les détails contenus dans ces pages. Nous les accueillons volontiers comme l'œuvre sincère d'un écrivain qui s'est attaché à dégager le caractère religieux du célèbre philosophe.

MAISTRE (J. de)

PHILOSOPHE, ÉCRIVAIN, AMBASSADEUR, MINISTRE

(1754-1821)

> « Le Christianisme a fait de lui un moraliste inspiré, un esprit aimable, un homme affectueux et bon. »
>
> « J. L. »

Le comte Joseph *de Maistre*, qu'on peut, avec vérité, appeler un écrivain de génie, est né à Chambéry.

A ne considérer que l'homme et non pas l'écrivain, la vie de J. de Maistre offrirait encore le sujet d'une intéressante et noble étude. La foi, le travail, la fidélité, l'obéissance : c'est en ces mots qu'on peut résumer une vie qui traversa tant d'orages, passa par tant de vicissitudes.

Jeune homme méditatif et recueilli, de Maistre fut bientôt un magistrat intègre et savant. C'est au milieu de ses fonctions judiciaires que la Révolution surprend de Maistre. La Savoie est envahie, la République des Allobroges est décrétée. De Maistre quitte son pays; il y rentre peu après pour obéir à une loi sur les émigrés. Ce dernier séjour ne fut pas long; de Maistre ne pouvant s'astreindre à obéir à un pouvoir usurpateur, abandonna une seconde fois la Savoie qu'il ne devait pas de longtemps revoir.

Son existence est désormais vouée à de singulières destinées. De la Savoie, il passe en Suisse... Puis on le voit bientôt appelé à la première magistrature de la Sardaigne par un roi dépossédé de la moitié de son royaume. C'est à partir de son exil qu'a commencé sa vie d'écrivain.

Les *Considérations sur la France*, les *Lettres d'un royaliste savoisien*, l'*Adresse des émigrés à la Convention nationale* se sont succédé. D'autres ouvrages sont restés inachevés, l'un sur la *Souveraineté*, l'autre intitulé *Bienfaits de la Révolution*, ou la *République peinte par elle-même*.

Cependant de Maistre est nommé par son prince ambassadeur à St-Ptersbourg. Au milieu de cette cour dissipée et peu savante, mais énergique et chevaleresque, il fut bientôt honoré et recherché.

Alexandre apprécia son dévouement et la dignité de sa conduite, et sut, avec délicatesse, témoigner à l'ambassadeur son estime et son affection ; c'est ainsi que le frère et le fils de de Maistre reçurent des distinctions et des grades dans l'armée russe. La faveur générale s'attachait à de Maistre ; l'envie ne s'y mêlait pas. L'envie n'avait pas de prise contre une vie si peu fortunée, et l'austérité de la vertu du philosophe ne pouvait effrayer personne, tempérée qu'elle était, comme la causticité de son esprit, par l'aménité de sa parole.

Mais s'il était bienveillant, de Maistre était aussi

bien éloigné de la flatterie. La vérité était la règle de sa conduite, comme elle avait été le but de tous ses travaux. La vérité, il la disait à tous et partout, à l'exilé comme aux têtes couronnées, aux usurpateurs comme aux rois légitimes. Peu s'en fallut qu'il ne vînt seul à Paris pour la dire à Napoléon.

C'est ainsi que de Maistre passa le temps de sa mission à Saint-Pétersbourg. Sur la fin quelques nuages s'élevèrent; on accusa le philosophe chrétien d'avoir fait des prosélytes au catholicisme au milieu du sanctuaire de l'orthodoxie russe. De Maistre saisit cette occasion pour demander son rappel : c'était en 1817.

* *

Au milieu des embarras, des soucis, des fêtes où l'entretenait sa position, de Maistre n'avait pas laissé sa plume inactive. C'est à Saint-Pétersbourg que furent composés les ouvrages suivants : *Délais de la justice divine (de Plutarque) Essai sur le principe générateur des institutions humaines; du Pape; de l'Eglise gallicane; les Soirées de S.-Pétersbourg; Examen de la philosophie de Bacon.* Le premier seul fut publié dans cette ville.

En quittant Saint-Pétersbourg, de Maistre parut un instant à Paris qu'il n'avait jamais vu. Ce fut là que se lièrent d'illustres amitiés. De Maistre et

Bonald sont deux noms qu'on aime à voir réunis par l'affection, comme ils sont liés par la communauté des doctrines et l'éclat du génie.

De Maistre, de retour à Turin, y fut nommé chef de la Chancellerie du royaume et ministre d'Etat. C'est dans cette position qu'il mourut quelque temps après, peu rassuré sur l'avenir de l'Europe et prévoyant de nouvelles catastrophes. Il laissait en portefeuille des travaux prêts à voir le jour. Ses *Lettres et Opuscules inédits* sont un riche trésor pour le philosophe, le curieux, l'homme de lettres. Les autres livres de de Maistre révèlent son génie ; c'est dans celui-ci qu'on peut apprendre à connaître l'homme, à apprécier la délicatesse de ses sentiments, l'expansive bonté de son âme, la verve de son esprit, la flexibilité de sa plume.

Comment donner en quelques lignes un aperçu des œuvres de de Maistre? La pensée qui y domine, c'est la pensée chrétienne.

Soit qu'il traite de la politique ou de la morale, de la nature ou des langues, de Maistre met Dieu partout. En philosophie, c'est sur le Verbe divin qu'il asseoit toute science humaine. En politique, les sociétés sont aussi bien que l'homme une création de Dieu ; les souverainetés de la terre ne sont qu'un reflet de l'autorité infinie, et c'est de Dieu même que les rois tiennent leur pouvoir.

S'il étudie la société dans son ensemble, il voit en elle un être libre ayant des devoirs sanctionnés comme ceux de l'homme, par des récompenses et par des peines, si ce n'est que la vie sociale se développant tout entière dans le temps, elle trouve aussi dans le temps la sanction de ses obligations et la punition de ses révoltes. Ainsi s'explique, aux yeux du philosophe, les transformations, les révolutions, les invasions, les guerres, les ruines par où ont passé tant de sociétés depuis l'origine du monde.

Un livre capital de de Maistre, c'est le livre *du Pape*. Pour lui, la Papauté souveraine, toute-puissante, supérieure à tout, maîtresse de l'Eglise, c'est le christianisme. Otez le Pape, ou seulement abandonnez ses décisions à l'examen d'une puissance souveraine et le christianisme n'existe plus(1).

Après le penseur, il faudrait étudier l'homme de lettres, de Maistre a son style comme Bossuet a sa parole. Peu d'écrivains ont mieux le don de faire saisir, goûter, retenir les pensées abstraites, les discussion sérieuses. Il a la lumineuse simplicité des écrivains du xviie siècle, il a leur magnificence, il n'a point leurs formes sévères. Il se peint dans son langage. Chez lui, le style reflète

---

(1) Voici les paroles qui terminent ce livre : « O sainte Eglise de Rome! Je te salue, mère immortelle de la science et de la sainteté! *Salve, sancta Parens*. C'est toi qui répandis la lumière jusqu'aux extrémités de la terre, c'est toi qui fis cesser les sacrifices humains, les préjugés funestes, la nuit de l'ignorance; et partout où tes envoyés ne peuvent pénétrer, il manque quelque chose à la civilisation. Les grands hommes t'appartiennent : *Magna virum!* »

les qualités de l'esprit et de l'âme. Sa plume a la logique, l'imagination, le sentiment sublime et mystique de son génie. Ce n'est pas un paradoxe : la science même de de Maistre avait une influence sur sa manière d'écrire.

Tel est de Maistre : c'est une grande et belle figure dans l'histoire des lettres contemporaines. Peu d'homme ont été comme lui en tout semblables à eux-mêmes.

Chrétien dans la vie publique et dans la vie privée, chrétien par les idées; chrétien même par la forme, on sent que si le christianisme lui eût manqué, l'indépendance originale de son esprit l'eût jeté dans toutes les extrémités du paradoxe. Le christianisme a fait de lui un moraliste inspiré, un esprit aimable, un homme affectueux et bon. Ajoutons que de Maistre est français par le caractère et par sa foi dans la mission de la France; nous pouvons revendiquer sa gloire.

J. Laurentie

MARBEAU

ÉCONOMISTE, FONDATEUR DES CRÈCHES.

(1798-1875)

> « La bénédiction des petits enfants sauvés, des mères reconnaissantes, la bénédiction des indigents assistés attireront sur tout le territoire de la France les bénédictions du ciel. »
>
> (J.-F. Marbeau)

Jean Firmin *Marbeau* naquit le 18 mai 1798, dans la Corrèze.

Sa mère était en tous points conforme à ce type de la femme forte citée dans l'Ecriture. Elle sut inspirer à ses dix enfants la crainte de Dieu et l'amour du prochain. F. Marbeau puisa dans ses enseignements et ses exemples, l'esprit de bonté et de persévérance, qu'il devait manifester plus tard dans la vie sociale.

A dix-neuf ans, il avait terminé ses études au collège de Brives, et travaillait en même temps chez un avoué et un avocat, puis il alla faire son droit à Paris. La séparation d'avec sa famille fut douloureuse. « Sois toujours honnête homme, » lui dit son père en l'attirant contre son cœur ; et, continua sa mère en pleurant, « n'oublie jamais que Dieu te voit ».

Jusqu'à la fin de sa vie, F. Marbeau racontait ce trait avec émotion, en ajoutant : « Pour moi, mon père c'était le patriotisme, et ma mère la charité. » Il avait pour la mémoire de sa mère une grande vénération : « C'est à ma sainte mère que je dois d'avoir compris l'importance de ma première éducation. Sans elle, je n'eusse pas fondé les crèches. Le bien que je peux faire, c'est à ma mère que je le dois. »

En 1819, fort léger d'argent, mais riche d'espérance et de bonne volonté, le jeune étudiant, grâce à ses prodiges de travail, passait sa thèse de licencié et commençait le *Traité des transactions*, qui parut cinq ans plus tard. Le mérite de ce livre attira sur lui l'attention de la Chambre des avoués, qui le désigna pour l'une des études les plus importants de Paris.

Il avait alors vingt-cinq ans. Lors de la Révolution de 1830, F. Marbeau qui étudiait déjà la science du bien public fut effrayé des dangers qui menaçaient le pays et publia une brochure intitulée *Réflexions d'un électeur sur la Révolution de 1830*. Elle frappa M. de Chateaubriand, qui voulut avoir avec l'auteur un entretien dans lequel il lui expliqua les motifs qui l'empêchaient de prêter serment au nouveau roi.

Fatigué par un travail excessif, M. Marbeau fut condamné au repos. Auditeur assidu de Rossi, de Cuvier, d'Elie de Beaumont, de Cousin, de Guizot, ces leçons lui permirent de faire des travaux considérables, qu'il résuma dans la *Politique des intérêts*. Il fut bientôt nommé adjoint au maire du premier arrondissement. Fort de la théorie et de la pratique, il publia en 1844 ses *Études sur l'économie sociale*. Quelques temps après, il fut chargé par le comité d'instruction primaire, de faire un rapport sur les asiles du premier arrondissement. Ici apparaît le fondateur des crèches, nous le laissons parler.

« Je fis ce rapport, et je me plus à constater les admirables effets de l'asile. — Avec quel soin me disais-je, la société veille sur les enfants de la classe indigente! De deux à six ans, l'asile; de six ans jusqu'à l'âge de puberté, l'école primaire; ensuite les classes d'adultes. Que de charité, que de prévoyance dans ses institutions!

« Mais pourquoi ne pas prendre l'enfance au berceau? L'amour maternel pourvoit aux besoins du nourrisson; l'enfant est attaché au sein de sa mère; la société ne veut pas l'en séparer. — Mais pourtant, lorsque la mère est forcée de travailler hors du logis, que devient le pauvre enfant? Je prends l'adresse de quelques mères inscrites au *Livre des pauvres*, et je fais mon enquête à Chaillot. Au fond d'une arrière-cour infecte, j'appelle Mme Gérard blanchisseuse : « Madame vous avez trois enfants : où est le troisième? — Monsieur, il est à l'asile. — S'y trouve-t-il bien? — Oh! oui, monsieur. Quel bonheur pour les pauvres mères qu'il y ait des asiles! — Vous êtes blanchisseuse, et vous travaillez loin d'ici : que deviennent ces deux petits enfants lorsque vous allez au travail ? — Monsieur, je les donne à garder. — Et combien vous coûtent-ils ? — Quatorze sous par jour. — Quatorze sous pour les deux ? — Non, Monsieur, quatorze sous pour chacun : huit sous pour garder, et six sous pour nourrir. — Et combien gagnez-vous ? — Deux francs, mais je ne travaille pas tous les jours.

.•.

« Je courus chez la sevreuse. Elle était à son poste, gardant trois petits enfants sur le carreau, dans une misérable chambre de rez-de-chaussée. « Madame, vous êtes inscrite au bureau de bienfaisance — Oui, monsieur, voici ma carte. — Avez-vous fait une déclaration à la police ? Non, monsieur. — Combien avez-vous d'enfants à garder ordinairement ? — Cinq ou six, mais l'asile me fait beaucoup de tort. — Combien vous donne-t-on pour chaque enfant ? — Huit sous pour le garder et six pour les nourrir. — Qui fournit le linge ? — La mère apporte, le matin, du linge pour la journée, et le soir, elle emporte le linge sale en reprenant son enfant. — Et comment nourrissez-vous celui qui tette encore ? — *La mère vient l'allaiter aux heures du repas.* »

« Ce que cette femme trouve moyen de faire dans

la misère, me disais-je en sortant, ne pourrions-nous pas le faire dans la charité? Oui, nous le pouvons.

« J'exposai l'état des choses au bureau de bienfaisance, et lui soumis un projet de *Crèche*. Une commission fut nommée. Chargé du rapport, je prouvai 1° qu'il était indispensable de venir au secours de ces pauvres mères, au secours de ces pauvres enfants; 2° qu'une *Crèche* était possible; 3° qu'il en coûterait au plus cinquante centimes par enfant tout compris, au moyen d'une contribution que les mères payeraient aux berceuses, et qui aurait l'avantage de conserver intact le lien de la maternité; 4° que les frais de premier établissement et d'entretien seraient minimes ; qu'ils seraient couverts facilement par les dons de charité, par quelques subventions qu'on ne nous refuserait pas, et au besoin par un sermon qui ferait couler, pour « nos petits enfants, quelques gouttes de lait et de « miel sur la terre promise de la charité. »

Alors Chaillot était l'un des plus pauvres quartiers de Paris. La première crèche y fut ouverte et bénite le 14 novembre 1844. Depuis, l'œuvre s'est développée, grâce à l'activité et au dévouement du fondateur. Il y a aujourd'hui trente-quatre crèches à Paris, plus de quatre-vingts en province, et un grand nombre dans toute l'Europe où elles se sont répandues par les soins du fondateur.

M. Marbeau ne cessa plus un instant de s'occuper de cette œuvre; il puisait dans sa foi religieuse les inspirations de sa charité et de son zèle.

Ceux qui l'ont connu savent les difficultés qu'il eut à surmonter pour faire accepter une idée qui paraît simple aujourd'hui, mais qui était alors une innovation. Aucun obstacle ne l'arrêtait quand il croyait pouvoir *sauver quelques-uns des cent mille petits Français qui meurent chaque année faute de soins.*

Pour lui, la crèche n'était pas seulement un moyen de conserver la santé des enfants, mais encore de former leur caractère. C'est le premier échelon de l'éducation.

Un jour qu'il visitait l'ancienne crèche de la Glacière, la sœur Rosalie lui montra un enfant de dix-huit mois, apporté le matin même, et qui voulait mordre tous ceux qui l'approchaient.

— « Est-ce que vous allez garder ici ce petit démon, ma sœur? — Certainement, monsieur. — Et que voulez-vous en faire? — Un ange, s'il plaît à Dieu? — Combien vous faut-il de temps pour faire ce miracle? — Comme il est bien mauvais et que son âge le rend déjà difficile à corriger, revenez dans quinze jours. »

Quinze jours après, l'enfant envoyait des baisers à M. Marbeau. « Décidémment, ma sœur, on peut dire : sainte Rosalie, priez pour nous, car vous avez fait un miracle. — Non, monsieur, c'est la crèche qui a fait cela. »

Voilà pourquoi on lit en tête de toutes les brochures que M. Marbeau a écrites sur les crèches ces paroles : « L'éducation peut tout... » (Leibnitz)

« Rien ne peut remplacer l'éducation des langes »
(Napoléon Ier).

.˙.

Tout le monde l'a vu à l'Exposition de 1867, expliquant son œuvre dans une crèche modèle qu'il y avait fait construire. Depuis, on en a créé sur ces données en Angleterre, en Autriche, aux Etats-Unis surtout: il les fit représenter à l'Exposition de Vienne; la veille de sa mort, il prenait encore des mesures pour que les visiteurs de l'Exposition de Philadelphie en connussent les résultats.

Comment analyser en quelques lignes une vie si bien remplie? Il n'y a pas une seule institution d'assistance publique ou de charité privée qu'il n'ait étudiée et sur laquelle il n'ait écrit, pas une œuvre de bien à laquelle il soit resté étranger. La reine Amélie avait fait décorer en lui le fondateur des crèches. Vers la fin de sa vie, il fut nommé officier de la Légion d'honneur. Il était alors la personnification des œuvres charitables. Sa physionomie pleine de bonté, ses traits d'une extrême finesse, son regard pénétrant faisaient une vive impression sur tous ceux qui l'approchaient.

Jamais sa vie ne fut plus active qu'à soixante-seize ans. Il se mettait au travail dès quatre heures du matin, l'après-midi il visitait les crèches, les asiles, les ouvroirs, les écoles, ou présidait des réunions de bienfaisance. Le soir était consacré à sa famille.

Il eût voulu inscrire dans le Code la nécessité des crèches, et il formulait ainsi la disposition de loi qu'il demandait : *Toute commune où plus de 100 femmes travaillent habituellement hors de leur domicile, pourra être tenue de fournir un local pour l'établissement d'une crèche.*

« L'œuvre des crèches est en pleine prospérité, disait-il souvent, mais cette disposition est indispensable pour la consacrer. » Il n'a pu qu'entrevoir la terre promise. C'était pour exposer cette pensée à ses collègues du comité supérieur de protection des enfants du premier âge qu'il prenait la plume avant le lever du soleil. Son rapport se terminait par ces mots touchants : « Les bénédictions des petits enfants sauvés, les bénédictions des mères reconnaissantes, les bénédictions des indigents assistés attireront sur tout le territoire de la France les bénédictions du Ciel. » Quelques instants après, les petits enfants pauvres avaient perdu leur bienfaiteur, mort dans les sentiments chrétiens qui furent ceux de toute sa vie. Il n'avait pas été surpris.

MARCEAU (v. p. 405)

MARCEAU

CAPITAINE DE FRÉGATE, DE L'ORDRE DE S.-GRÉGOIRE.

(1806-1851)

> « Je n'ai pas passé par le Christianisme, moi.
> C'est peut-être là voie qui mène à la vérité. »
> (MARCEAU, avant sa conversion)
> « J'ai lu, j'ai réfléchi, et je crois. »
> (MARCEAU, après sa conversion)

Encore une victime de l'impiété de ce dix-neuvième siècle et une conquête de l'Eglise catholique, Auguste *Marceau*, capitaine de frégate.

Né en 1806 à Châteaudun, où son père était sous-préfet, il descendait par sa mère de la plus vieille noblesse de France, et il recueillit l'héritage d'incrédulité qu'a légué à notre siècle le siècle précédent. Ce fut d'abord au collège. « Parmi les professeurs, a écrit Mgr Parisis, il y avait cinq apostats, un seul n'affichait pas l'irréligion. Parmi les étudiants, l'impiété était à son comble, la corruption ardente. Ils haïssaient leurs maîtres et ils auraient fait regretter la vertu à des hommes moins incapables d'un pareil regret. On était obligé de faire suivre les cours de ce lycée aux jeunes gens du petit séminaire; deux mois après, les directeurs désolés ne reconnaissaient plus leurs enfants, et versaient les larmes inconsolables de Rachel : *Quia non sunt.* »

A. Marceau après sa conversion écrivait à son tour au directeur d'un collège catholique : « Hélas! j'ai eu tant à souffrir, lorsque j'étais loin de Dieu, que rien ne me touche plus que le sort des enfants. Quelle tâche que la vôtre! Je ne connais que le dévouement religieux qui puisse y suffire. » Et comme on agitait alors ces grandes questions dans les assemblées du gouvernement français, il ajoutait : « Moi qui ai été victime de l'ancien ordre de choses, que quelques-uns voudraient maintenir, j'espère que Dieu aura raison de ces rhéteurs pour le bonheur d'un âge qui mérite tant de respect et de compassion. »

Le doute, voilà donc ce qu'il apporta du collège.

Après sa sortie de l'Ecole polytechnique, A. Marceau commença sa carrière militaire et bientôt se trouva au premier rang. Il se lia surtout avec le général de Lamoricière : tous deux se ressemblaient par plus d'un côté. Mais, cédant à de vives instances, il entra dans la marine royale.

Ayant fait sur la vapeur des études sérieuses, on le vit exécuter de grandes améliorations dans le service de sa machine, et faire, sur le *Vautour*, ces expériences de perfectionnement qui lui donnèrent la réputation d'un des officiers les plus savants et les plus habiles dans la navigation navale, alors à son début.

Nature ardente, caractère ambitieux et indomptable, âme généreuse s'il en fut, Marceau n'aspirait qu'à la gloire des combats; aussi demanda-t-il à faire partie de l'expédition de Madagascar en 1829 et mérita la croix d'honneur par sa belle conduite devant l'ennemi.

Il n'avait alors que vingt-trois ans : « J'ai été fou d'ambition et d'orgueil, a-t-il dit à un ami, je ne sais pas ce que j'aurais fait pour mériter le regard d'un chef. »

**

L'indifférence religieuse de Marceau se changea de bonne heure en hostilité.

Il voyait des hommes qui ne semblaient regarder la religion que comme un moyen de gouvernement, d'autres qui se couvraient du masque de la piété pour parvenir; il attribua donc à la religion elle-même l'abus qu'on en faisait; avec la légèreté propre à son âge, il conclut avec indignation que cette religion n'était pas la véritable : il lui voua son mépris et sa haine.

Un jour, revenant d'Alger, il causait avec un prêtre qui fit tomber la conversation sur le terrain religieux : « Si vous voulez parler sciences, mathématiques, répondit brusquement Marceau, j'y consens. En fait de religion, moi, j'ai la mienne, gardez la vôtre. »

Et il lui tourna le dos.

Sa religion pour le moment (car il en avait bien une) était celle du Saint-Simonisme, qui l'avait séduit par les grands mots d'humanité, de philanthropie, de progrès, brillant mirage d'utopies creuses. Pendant dix-huit ans, il fut un des principaux coryphées de cette secte et en prêcha les doctrines avec exaltation.

Il blasphémait si souvent le nom de Dieu, que cette habitude était devenue comme un besoin pour lui et une rage, au point que quelques-uns de ses amis en étaient froissés. « Il semble, disait-il plus tard, que le démon me poussait à ces péchés abominables, dans l'espoir de rendre impossible un retour que certaines dispositions de mon esprit pouvaient lui faire prévoir et redouter. »

Pendant sa longue campagne en Océanie, un officier, âgé de 35 ans, ayant dit devant lui : « A 35 ans, on n'est plus un enfant, on a l'âge de se conduire, Marceau, converti à cette époque, répartit aussitôt : « Pour moi, à 35 ans, je n'étais qu'une bête. » Voilà l'homme que la foi avait à subjuguer.

Au milieu de cette nuit du péché brillaient enfin quelquefois des lueurs qui éclairaient son âme. Une fois, dans un mouvement de colère, il dit à sa mère : « Ah! ma mère, si je pouvais *avoir la foi et prier!* » Dans une autre circonstance, parlant à un ami : « J'ai un immense besoin d'aimer et de me donner corps et âme. Mais dans le monde je ne trouve rien qui mérite ce don de moi-même. *Il n'y a que Dieu qui puisse satisfaire mon âme.* »

Ce qui avait commencé à toucher l'esprit de Marceau, ce fut la conversion de quelques officiers de marine de grands talents et dont il avait partagé les écarts. Puis Enfantin, le chef du Saint-Simonisme contribua à son insu à le faire revenir à la foi.

Un jour, il recevait en présence de Marceau une lettre qu'il lut avec dédain, et la passant à celui-ci : « Voilà quelqu'un qui sera bientôt des nôtres. » C'était un de ses adeptes, qui, converti à la pratique religieuse, lui annonçait qu'il abandonnait le saint-simonisme.

« — Comment, reprit Marceau, vous dites qu'on est des nôtres quand on vous écrit qu'on se confesse ?

« — Vous êtes trop jeune pour comprendre ces choses-là... Ne savez-vous pas que nous sommes la fin de toutes choses et *qu'il faut passer par le catholicisme pour arriver à nous.* »

Enfantin exerçait une sorte de fascination sur ses disciples. Il est facile d'en juger en comptant le nombre des intelligences d'élite qui se groupèrent autour de lui, et qui plus tard embrassèrent la foi catholique. Quelque-uns de ces disciples entrèrent même adsn l'état ecclésiastique.

En cette occasion, sa parole alla plus loin que sa pensée.

.*.

Ce mot : *il faut passer par le catholicisme*, fut pour Marceau, ainsi qu'il le racontait lui-même, *un coup de barre*. Il baissa la tête comme éclairé d'une lumière soudaine et se dit :

« Mais je n'ai pas passé par le catholicisme, moi. C'est peut-être la voie qui mène à la vérité. »

Il avoua son trouble à une dame de piété qu'il alla visiter, puis à un officier de marine, qui l'un et l'autre l'engagèrent à étudier la doctrine catholique. Ce dernier lui ayant demandé s'il avait reçu une éducation chrétienne : « Non, » répondit Marceau. « — Eh quoi! repartit son ami zélé qui voulait gagner une âme à Dieu, quoi! vous ne connaissez pas notre religion? Vous ne la connaissez que par les attaques et les sarcasmes dont elle est l'objet, et cela vous suffit pour la juger! Un homme comme vous, qui ne désire que la vérité, peut-il procéder aussi légèrement et condamner ce qu'il n'a pas sérieusement examiné? Il y a un fait énorme qui doit vous frapper : c'est que notre religion n'est pas comme ces systèmes humains, nés d'hier, et dont personne ne peut dire que la vie sera longue. Notre religion date de dix-huit cents ans..... Elle s'est répandue partout ; des hommes distingués dans tous les genres, dans tous les pays, dans tous les siècles s'en sont déclarés les fidèles disciples ; **elle dure, malgré les attaques dont elle ne cesse** d'être l'objet; il faut donc qu'elle soit douée d'une grande force, et qu'elle présente autre chose à notre croyance qu'un ramassis de fables ridicules et de pratiques plus ridicules encore. Il me semble que cette question est digne des investigations d'un esprit comme le vôtre, et qu'avant de la condamner, il est de toute justice que vous l'étudiez. »

« — Ceçi est juste, répondit Marceau, mais où et comment l'étudier? »

Marceau promit ce jour-là d'étudier la question religieuse.

Peu de temps après, à bord du *Triton*, il dit à un autre collègue :

« Mon ami, vous êtes chrétien, et je sais que vous ne l'avez pas toujours été; je viens vous demander pourquoi vous l'êtes. Je ne m'engage à rien, mais je cherche la vérité. »

Une fois entré dans cette vie et secondé par un grand fonds de bonne volonté, Marceau devait aboutir heureusement. Après avoir lu la *Démonstration évangélique* de Duvoisin, et le *Christ devant le siècle* de M. Rozelly de Lorgues, qui a fait sur le monde savant une si profonde impression, il dit à son ami : « J'ai lu, j'ai réfléchi *et je crois, je suis converti.* »

« — Il ne suffit pas de croire, lui répondit le vertueux officier de marine, il faut pratiquer, prier et se vaincre soi-même. »

Marceau parut étonné, mais convaincu.

« —Et d'abord vous devez commencer par prier. »

« — Mais je ne sais plus de prières ; il y a 18 ans que je n'ai pas prié.

« — Vous réciterez le *Pater* et l'*Ave*. »

Il le promit. Mais il avait encore un terrible obstacle à surmonter : le respect humain.

Écoutons-le :

« Peu après, dit Marceau, je me promenais dans le jardin, et je voulus faire le signe de la croix. Je portai la main droite au front, mais aussitôt *je me retournai avec effroi de tous côtés pour voir si on m'apercevait.* Indigné contre moi-même, j'achève de marquer sur moi le signe de la croix. Au même instant, j'éprouve dans tous mes membres comme un frisson électrique, une transpiration subite couvre mon corps. Je ne savais plus ce qui se passait en moi, je sentais que je venais de faire quelque-chose de grand... Je tombe à genoux dans ce jardin même, fondant en larmes. J'essaie de dire le *Pater*, je l'avais oublié. Je cherchai le livre de prières de ma domestique, et j'y lus le *Pater* et l'*Ave*. »

Ainsi Marceau était convaincu depuis quelque temps, il commençait à parler le langage catholique, à prier, à se vaincre, il n'avait plus qu'un pas à faire. Une chute le décida.

Il tomba un jour dans le péché d'une manière si effrayante, qu'il sentit le besoin de mettre vite un frein à ses mauvais penchants en rentrant en grâce avec Dieu. Il se rendit enfin chez un prêtre et fit **ce dernier pas qui lui coûtait tant : sa confession.**

Depuis cette époque, A. Marceau a voulu *se donner* à Dieu et à sa religion, et quand on lui demande comment il a fait pour se convertir, il répond simplement : « J'ai lu, j'ai prié, et le Ciel a fait le reste. »

Peu après, il était nommé commandant du yacht le *Comte d'Eu*, puis du bateau à vapeur le *Fulton*; mais bientôt, ne voulant rien faire à demi dans la voie nouvelle où il était entré, il brisa son bel avenir pour consacrer sa vie aux missions catholiques et vivre en saint : « J'ai trouvé, écrivait-il à M. Dupont de Tours, ces jours derniers, un sonnet de M. l'abbé de Rancé qui finit par ce vers :

Vivre sans vivre en saint, c'est vivre en insensé.

Ce vers me poursuit sans cesse. Ne pas vivre en saint, ne pas consacrer toutes ses pensées, ses paroles, ses actions à la gloire de Dieu, ne pas être l'esclave de ses devoirs, même les plus petits, tous les soins que réclament la gloire de Dieu et l'édification du prochain, *c'est vivre* en insensé ; quelle vie est donc la mienne ! » Le saint, disait le P. de Ravignan, est un homme qui a une idée fixe. Marceau l'avait compris.

* * *

A partir de sa conversion, il y eut en lui deux hommes : le marin et l'apôtre. C'était l'esprit des anciens croisés. Il s'entendit avec Mgr Douarre pour fonder la *Société de l'Océanie* pour le transport et le service des missionnaires. Ayant renoncé à la marine militaire, il accepta donc le commandement d'un navire destiné aux missions de l'Océanie. C'est cette bonne nouvelle qu'il annonçait à sa mère en ces termes :

« Sais-tu, bonne mère ? On me propose le plus magnifique commandement que j'aie jamais rêvé et que j'aurais grand bonheur à accepter si j'étais plus marin que je suis, le commandement d'un navire armé par une association catholique pour aller parcourir l'Océanie, portant à bord un évêque et douze missionnaires. Comprends-tu le bonheur qu'il y aurait pour moi d'être ainsi occupé, à chaque instant du jour, à glorifier le nom de Dieu, en concourant à l'œuvre la plus magnifique que l'on puisse fonder en ce temps-ci. Prie et fais prier ces bonnes religieuses, afin que je ne fasse rien en cette affaire que de conforme à la volonté de Dieu. » Il se représentait sans cesse quinze millions de sauvages qui lui tendaient les mains en s'écriant : « Hâtez-vous, nous périssons ! »

Le voilà donc parti sur un beau navire, l'*Arche-d'Alliance*; il le sauva plusieurs fois d'effroyables tempêtes, qui semblaient suscitées par le démon. Pendant quatre mois, il parcourut les mers les plus dangereuses, les stations les plus redoutées des marins, et les îles les plus sauvages, exposé à tous les **dangers, secourant les missions catholiques**, édifiant les sauvages convertis, par la ferveur de sa piété. Il fit plusieurs fois naufrage, son équipage fut assailli par les anthropophages et lui-même à la veille d'être massacré.

Enfin, Marceau arriva à Brest en juillet 1849, après une campagne, dit son biographe (1), qu'on peut égaler, ce me semble, à celle de Dumont d'Urville pour le talent et les difficultés vaincues, et qu'on ne peut comparer à aucune autre pour l'esprit de religion et de zèle. En récompense de ses services, le Pape le nomma chevalier de St. Grégoire-le-Grand.

« Comment voulez-vous que je vous représente ? disait le peintre David à Napoléon Ier, calme sur un cheval fougueux, au milieu de la bataille ? » Voilà l'image du bon chrétien au milieu des orages de la vie. Tel fut Marceau dans les diverses circonstances qu'il traversa. Partout et toujours il conserva son recueillement, son union avec Dieu, ses pratiques de piété, s'efforçant d'expier ses péchés par la prière, le travail incessant et le sacrifice.

Sa santé, compromise par les fatigues de la mer, ne lui permit plus de retourner en Océanie. Il se borna à édifier tout le monde à Lyon dans les dernières années de sa vie; il fonda dans cette ville l'Adoration nocturne, fit le pèlerinage d'Ars et de la Salette, puis, ayant beaucoup souffert et beaucoup

---

(1) *Auguste Marceau*, par un Père mariste.

travaillé pour la gloire de Dieu et le bien des âmes, il expira le 1ᵉʳ février 1851.

Voici en quels termes son biographe a résumé sa vie dans une lettre adressée à Pie IX en 1862 :

« Cet officier, d'un talent remarquable, émule et ami de notre Lamoricière, fut célèbre d'abord par l'impiété et par les erreurs antisociales dont il était un ardent propagateur ; mais il est devenu beaucoup plus célèbre par son éclatante conversion, ses vertus héroïques, ses œuvres de foi, son zèle d'apôtre et ses travaux en Océanie, qui font encore l'admiration de la France.

« Dans les derniers temps de son exil sur la terre, Dieu permit qu'il fût accablé de croix de toutes sortes. Jamais, ainsi qu'il arrive aux hommes de Dieu, il ne parut plus grand. Il est mort en saint, dix ans après sa conversion, ayant vécu en un si court espace de temps une si longue vie. »

MARGUERITTE

GÉNÉRAL DE DIVISION.

(1823-1870)

« Toi dont la belle âme éclairait la prunelle,
« Margueritte, comme une immense sentinelle,
« Nous te dressons sur l'horizon. »

(G. Vautrey)

Ces trois vers faisaient partie de la belle ode que lut F. Gustave Vautrey au pied de la statue élevée

MARGUERITTE (V. p. 116)

à la mémoire et en l'honneur du général Margueritte, et inaugurée le 2 mai 1884 à Fresnes-en-Weëvre, (Meuse).

C'est là que *Margueritte* naquit en 1823, d'un simple gendarme, et c'est là que, soixante et un an après, on élevait sa statue monumentale, coulée en bronze, de général de division. La colonie algérienne s'occupe aussi d'élever à Kouba un monument à la mémoire du général tué dans la guerre contre l'Allemagne.

Margueritte fut un soldat aussi chrétien que brave.

Il a conquis tous ses grades autant par sa haute intelligence et sa moralité parfaite que par sa bravoure incomparable. Depuis l'âge de seize ans, il n'avait assisté à aucun combat sans être cité à l'ordre du jour. Il en était à sa quatorzième citation, quand le général en chef de l'expédition du Mexique écrivait au ministre de la guerre : « Parmi les militaires qui se sont le plus signalés, je distingue le lieutenant-colonel Margueritte, dont on ne sait plus en quels termes faire l'éloge. »

Avec ces qualités personnelles son avancement fut rapide : à dix-neuf ans il était sous-lieutenant et décoré, à trente-sept ans, lieutenant-colonel. Parmi ces notes toujours flatteuses, nous ne citerons que celle-ci donnée par le maréchal Pélissier, alors que Margueritte n'était encore que lieutenant.

« Margueritte est un officier vigoureux, doué d'un courage à toute épreuve, et qui est destiné à rendre d'immenses services en Algérie. C'est un officier de grand avenir, il y a intérêt à le pousser rapidement... d'une bravoure hors ligne, d'une intelligence très développée, il est aussi énergique à la guerre que laborieux au bureau... qu'on le place dans la position la plus difficile, je suis certain qu'il s'en tirera avec distinction. » Et comme le gouverneur de l'Algérie lui demandait un jour dans quel collège il avait fait ses classes, il fut obligé de répondre : « Maréchal, je ne suis jamais allé à l'école. »

En effet son père lui avait appris à lire et à écrire, et les petits Bédouins avec lesquels il s'amusait, étant enfant, l'avaient familiarisé avec la langue arabe. Le reste, « il se l'était appris lui-même », or ce reste était tellement considérable que les jeunes officiers sortis des écoles de l'Etat, recherchaient sa société, pour avoir le plaisir de l'entendre parler sur les plus hautes questions de l'histoire et de l'art militaire.

En 1866, Margueritte était général de brigade, et quand il fut frappé à mort sur le plateau d'Illy, près de Sedan, il venait à peine de recevoir son brevet de général de division.

*
* *

C'est dans ses lettres à sa famille que le général révèle les sentiments qui remplissaient son âme.

Il écrit du Mexique : «,.. J'ai été hier à la messe

de Noël, prier pour vous tous. Vous n'y aurez pas manqué de votre côté. Espérons que Dieu nous réunira bientôt dans cette bonne France, que tous nous désirons revoir. »

Le 22 novembre, 1863, le général qui est à Queretaro fait un tableau des misères physiques dont il est accablé : la vermine le dévore, et, malgré la fatigue, ses nuits sont sans sommeil, mais sa foi le console : « Mais pourquoi vous parler de ces petites misères, j'en suis presque honteux, en regardant un christ en bois qui se trouve dans notre *cuartel*. »

Une autre fois, il écrit : « Cent fois par jour, je maudis cet affreux Mexique qui est venu se jeter à travers notre bonne existence. Mon Dieu, quand cela finira-t-il ?... Enfin à la grâce de Dieu, espérons qu'il exaucera nos vœux ! »

Cette soumission si chrétienne lui inspirait de sérieuses pensées.

« Le vrai sentiment du beau, disait-il, la vie par le cœur dans les nobles aspirations ne peut se trouver dans ce pays. Il me semble, du reste, qu'il doit en être ainsi dans tous les pays de mines d'or et d'argent : la passion du métal éteint ou fausse toutes les autres, la vie matérielle et morale re résume à grignoter un piment et à mettre une once dans son escarcelle. »

Ainsi, dit le général Ambert, « tout en lui se trouvait en harmonie, corps robuste, intelligence élevée, grand cœur, âme religieuse et courage sans pareil. Sa destinée n'a pas été remplie et la mort l'a surpris au milieu de sa course. »

C'était le 1er septembre, 1870, le général Margueritte faisait lui-même une reconnaissance du terrain sur le plateau d'Illy, quand une balle ennemie l'atteignit et le mit hors de combat. Elle lui avait traversé les deux joues et déchiré la langue. On dit qu'il resta à cheval, l'épée nue à la main jusqu'à ce qu'il pût remettre son commandement au général de Gallifet ; alors seulement il tomba sur le sol.

Un soldat plein de foi comme le général Margueritte ne pouvait faire une pareille fin sans recevoir un prêtre. Aussi nous trouvons dans une lettre écrite par M. Revérony, officier d'ordonnance et ami du général, à M*me* Margueritte après la mort de son mari, le récit édifiant de ses derniers moments.

Blessé, le général fut transporté dans un château voisin en Belgique. « A sa demande, le curé de Beauraing, assisté du chapelain du château, lui donna les sacrements. Il répondit par signes et avec calme aux questions posées par le prêtre, et quand celui-ci lui dit : priez pour la France, priez pour votre femme et vos enfants, il fit un geste affirmatif et eut encore la force de prononcer le mot : oui. Enfin à quatre heures, sans effort aucun, sans souffrances, le général expira. Je lui baisai le front, ajoute son ami, en pensant à tous ceux qui ui étaient chers; puis je le plaçai sur un lit, la tête appuyée sur des oreillers et un crucifix entre les mains. »

Il y a loin, on le voit, de cette mort chrétienne, attestée par un ami et un témoin oculaire à la mort impie et désespérée, imaginée par certains *reporters* de journaux, lors de l'inauguration de la statue du général.

Sa dépouille mortelle repose dans le cimetière de Mustapha, à Alger. Chaque jour, une femme et deux enfants en deuil viennent s'agenouiller pour prier. On voit aussi des officiers, des soldats, et même des Arabes qui se souviendront longtemps de ce Français, qui après les avoir vaincus, devint pour eux l'administrateur le plus juste et le plus éclairé.

MARTIN (H.)

LITTÉRATEUR, PHILOSOPHE, DOYEN DE FACULTÉ,
MEMBRE LIBRE DE L'ACADÉMIE DES INSCRIPTIONS.

(1813-1884)

« Avec cette foi et cette espérance, on peut attendre la mort pour en savoir davantage, et l'on peut se reposer sur Dieu qui possède la sagesse infinie, la toute-puissance, l'immensité des mondes, et l'avenir sans fin. »
(HENRI MARTIN)

Le 9 février, 1884, M. Thomas-Henri *Martin* terminait à Rennes, une vie noblement remplie aux yeux de la foi comme aux yeux de la science. Il fut un philosophe distingué, un savant éminent, et un franc et généreux chrétien. Esprit d'élite, cœur plus grand encore, tel il apparaît dans la *Notice sur sa vie et sur ses travaux*, dont M. Wallon a donné lecture à l'Académie des Inscriptions et Belles-Lettres, à laquelle M. H. Martin appartenait comme membre libre.

M. Wallon fut le compagnon d'études et l'ami intime de H. Martin; en le louant, il rendait hommage à un homme qui a su, comme lui, dignement porter le titre de savant chrétien. A cette remarquable *Notice* nous allons faire quelques emprunts.

H. Martin est né à Bellesme (Orne), le 4 février 1813; il fit ses classes au petit séminaire de Séez, fut reçu en même temps que son frère aîné à l'École normale en 1831, et put rivaliser, sans trop de peine, avec les premiers lauréats du concours général des lycées de Paris. Moins brillant en apparence que plusieurs autres, il se distinguait entre tous par la solidité de son esprit : sensé, judicieux, très net dans ses jugements, très ferme dans ses convictions, sans intolérance à l'égard des autres, ami sûr et dévoué, toujours de bonne humeur, souffrant la plaisanterie et sachant riposter, sans rancune d'ailleurs comme sans malice.

Il fut reçu à l'agrégation des lettres en sortant de l'École normale, et se mit sans retard à la préparation de son doctorat. Pour sujet de thèse latine, il avait pris un philosophe moderne, *Spinosa*, *sa vie, ses écrits, sa doctrine*. Il l'étudia au point de vue de Dieu, de l'homme, de la morale, et il le juge assurément sans complaisance et sans faiblesse : « Théologie fausse, anthropologie fausse, et morale sans autorité, aussi funeste aux individus qu'aux nations qui en voudraient adopter les principes. »

Reçu docteur, H. Martin ne tarda point à être appelé à l'enseignement pour lequel ce titre est exigé. M. de Salvandy ayant créé plusieurs facultés des lettres et des sciences en province, il fut envoyé comme professeur de littérature ancienne à la faculté de Rennes, et en devint doyen dès 1845. C'est là que H. Martin passa sa plus belle vie d'études et de travaux.

Il conçut, dès cette époque, le dessein d'une vaste composition qui présentât l'histoire des sciences astronomiques et physiques dans l'antiquité. Il commença par exposer les vues générales de ce grand travail qu'il se proposait dans un livre intitulé : *Philosophie spiritualiste de la nature*. La conciliation de la philosophie et de la religion révélée, tel était son but.

.•.

En 1852, un douloureux événement de famille vint frapper M. H. Martin : il perdit sa femme, qui le laissa père de trois jeunes enfants. Pour raffermir ses espérances et soutenir sa foi dans cette vie désolée, dont il voyait désormais avec une sorte d'effroi le terme encore si loin, il réunit les matériaux de son livre sur la *Vie future*. Ce livre parut en effet en 1855.

Le respectable auteur exprima lui-même, en termes admirables, le sentiment avec lequel il abordait ce grand sujet de la Vie future.

« Mais que suis-je pour oser toucher à ces mystères? Le Psalmiste a dit : « *J'ai cru, c'est pourquoi j'ai parlé.* » St Paul ajoute : « *Et nous aussi, nous croyons, c'est pourquoi nous parlons.* » Pour prendre aujourd'hui la parole sur ces grandes questions je n'ai pas d'autre mission que ma foi. Mais la foi vient de Dieu, et St Paul, avec le Psalmiste, m'assure qu'elle peut être considérée comme une mission suffisante. »

La première édition de la *Vie future* fut assez vite épuisée.

Elle fut suivie, dit M. Wallon, d'une autre où le sujet est repris sur un plan plus large et avec un appareil d'érudition immense. Une troisième édition l'a reproduite avec quelques additions. L'auteur commence par signaler la croyance à la survivance des morts dans toutes les religions de l'antiquité et jusque dans les superstitions des peuplades les plus barbares. Il examine de plus près la croyance à l'immortalité de l'âme chez les Hébreux; il en relève les preuves dans les expressions familières, tant des Livres de Moïse que de Job, explique pourquoi elle n'était pas plus expressément manifestée alors, et il montre comment elle va s'accentuant de plus en plus dans les psaumes de David, dans les écrits de Salomon et dans les prophètes, jusqu'au jour où elle put être publiquement enseignée.

La doctrine une et invariable des Livres sacrés des Hébreux sur la vie future remonte à une tradition antérieure à Moïse, et s'est conservée pure de toute influence étrangère.

Cette doctrine des Hébreux sur la vie future est très supérieure à toutes les doctrines philosophiques et religieuses, qui se sont produites, sur le même sujet avant la naissance du christianisme.

Cette doctrine de l'Ancien Testament, il la retrouve, sans aucun changement, mais avec un entier développement et une absolue clarté dans le Nouveau; et c'est là qu'il se plait surtout à en recueillir les enseignements, si pleins de consolations et aussi d'avertissements salutaires.

Mais après les apôtres, le dogme de la vie future tomba, comme tous les autres dogmes, dans le domaine de la dispute. C'est l'Eglise qui le conserva pur, au milieu des interprétations de toute sorte qui menaçaient de l'altérer. L'auteur montre comment une saine philosophie peut en établir la vérité sans invoquer l'autorité de la révélation; mais il fait voir aussi combien la religion révélée fortifie cette démonstration et la complète.

Tout un chapitre est consacré à établir la supériorité de la doctrine catholique, en ce point, sur la vraie doctrine philosophique et sur les systèmes hétérodoxes. Sans abdiquer jamais les droits de la critique, il suit dans leurs hypothèses, ceux qui ont voulu dépasser les bornes de la révélation chrétienne pour essayer de sonder ces mystères, et il ne se refuse pas lui même les conjectures, tout prêt d'ailleurs à les abandonner, et trouvant ainsi assez vaste le champ ouvert par la foi à nos aspirations :

« Avec cette foi et cette espérance, dit-il, on peut attendre la mort pour en savoir davantage, et l'on peut se reposer sur Dieu, qui, pour accomplir les promesses infaillibles de sa bonté et de sa justice, possède la sagesse infinie, la toute-puissance, l'immensité des mondes et l'avenir sans fin. »

La *Revue littéraire* a résumé en ces termes les titres de M. H. Martin à l'admiration des savants et à l'estime des catholiques.

« C'était un érudit dans toute la force du terme. Helléniste, astronome, théoricien, physicien, mathématicien, il avait entrepris de nous donner l'histoire des hypothèses scientifiques des anciens. Ses nombreux mémoires resteront comme des modèles achevés de précision et de clarté.

« Ce grand savant était aussi un chrétien convaincu; un catholique fervent, à la foi duquel le président de l'Académie, M. G. Perrot, un protestant, a rendu un légitime hommage. M. H. Martin sera difficilement remplacé.

MEZZOFANTI

SAVANT POLYGLOTTE, CARDINAL
DE L'ÉGLISE ROMAINE

(1774-1849)

> « Quelle noble et pure existence! Quel exemple de bonheur et d'honneur par le sentiment du devoir et le sentiment religieux! »
>
> (XAVIER MARMIER)

Byron dans la dédicace du quatrième chant de *Child Harold* cite avec raison Joseph Mezzofanti comme un des grands hommes de l'Italie, et écrit ailleurs : Je ne me rappelle pas un homme de lettres que j'aie désiré revoir, excepté Mezzofanti, qui est un prodige, le Briarée du langage, le polyglotte vivant plus encore. Il aurait dû exister du temps de la tour de Babel. On en eût fait l'interprète universel. Il est vraiment merveilleux et sans prétention. »

Le célèbre polyglotte est né à Bologne de parents pauvres. Son père simple ouvrier, lui apprit le métier de menuisier, et c'est en rabotant des planches sous les fenêtres d'un prêtre qui enseignait le grec et le latin, que le jeune Joseph sentit naître en lui ce goût extraordinaire pour les langues. Le vénérable professeur ayant pu l'apprécier déclara que l'apprenti menuisier devait être un lettré et un docteur, et s'employa pour lui. Par ses soins Joseph fut arraché à son atelier et placé dans une école de hautes études dirigée par des religieux.

Quel élève! si doux envers ses condisciples, si docile envers ses maîtres, si rempli d'amour pour Dieu, si zélé pour l'étude! Avec son étonnante facilité, le travail lui était facile. Très promptement il apprit le grec et le latin et depuis cette époque de sa jeunesse jusqu'à l'âge de soixante-quatorze ans, chaque fois qu'il en trouvait l'occasion, il apprenait une langue nouvelle.

Après ces premières études, Mezzofanti voulant consacrer à Dieu son talent et ses forces se destina à l'état ecclésiastique, fit ses cours de théologie et apprit les langues orientales. Il reçut les ordres en 1797, et fut nommé, dans cette même année, professeur d'arabe.

Dès le début de sa nouvelle carrière, il eut à exercer son talent auprès de deux pirates condamnés à mort. Il court près d'eux, et l'un et l'autre lui parlent un idiome qui lui est totalement inconnu. « Comment faire, dit M. X. Marmier, pour accomplir son œuvre de miséricorde? Il rentre chez lui, le cœur dans l'angoisse, et voilà qu'il trouve un livre qui lui semble une révélation. Il le lit toute la nuit avec ferveur. Puis il retourne vers les prisonniers, et par une grâce providentielle, par un miracle comme celui de la Pentecôte, il les comprend et il est compris. Il est le confident de leurs dernières pensées et leur donne la suprême consolation.

Bonaparte devenu maître d'une partie des Etats pontificaux y avait établi une république. Ses nouveaux magistrats crurent devoir exiger de tous les fonctionnaires un serment de fidélité au nouveau gouvernement. Mais le professeur d'arabe ne pouvait reconnaître à Bologne une autre souveraineté que celle du Pontife romain. Bien que chargé de l'entretien de son vieux père, de sa mère aveugle et de sa sœur, pauvre veuve qui avait six enfants à élever, et ayant à peine 400 francs de traitement, il refusa le serment demandé et fut révoqué. Ce coup lui fut doublement cruel.

Heureux cependant d'avoir agi selon sa conscience et sa religion, bien décidé à ne jamais sacrifier aux intérêts matériels les intérêts de l'ordre supérieur, toujours plein de douceur et de piété, i descendit sans se plaindre à l'état de professeur ambulant. Triste tâche au point de vue humain, mais tâche ennoblie aux yeux de la foi et bien chère à son cœur de fils et de frère. Au reste, il était reçu avec des égards particuliers dans les familles où il donnait des leçons.

.•.

Cette épreuve n'affaiblit pas son ardeur à l'étude des langues; sans cesse il y progressait et cherchait de nouveaux éléments d'instruction : « A Bologne, raconte-t-il, au temps de la guerre (1), je venais d'être ordonné prêtre, et je visitais constamment les hôpitaux militaires. Là, chaque jour, je trouvais des malades, des blessés de diverses nations, Slavoniens, Allemands, Hongrois, Bohèmes, et c'était pour moi une grande affliction de ne pouvoir ni les confesser, ni les consoler par quelques bonnes paroles. Alors, de toutes mes forces, je m'appliquais à étudier leurs langues jusqu'à ce que j'en vinsse à me faire comprendre... Il y en avait qui désiraient remplir leurs devoirs religieux ; d'autres avec lesquels j'avais divers entretiens. Très promptement ainsi s'accroissait mon vocabulaire. Enfin, par un travail assidu, avec le don de la mémoire et par la grâce de Dieu, je parvins à connaître les langues des différentes nations auxquelles appartenaient ces malades, même les dialectes particuliers de leurs provinces. »

En 1799, après la bataille de la Trebbia l'armée austro-russe avait repris possession de Bologne. Dans cette armée, l'insatiable philologue trouvait de nouveaux instituteurs, dans les soldats qui la composaient, des Slaves, des Magyars, des Flamands. A ses leçons, aux visites dans les hôpitaux, aux devoirs de son saint ministère, Mezzofanti joignait les devoirs de famille; il continuait à réjouir, par ses soins assidus, ses vieux parents et

(1) La guerre entre les troupes autrichiennes et françaises de 1796 à 1800.

d'élever les enfants de sa sœur. Pour pouvoir faire tant de choses, il réglait strictement l'emploi de son temps comme de sa bourse, et il ne donnait pas plus de trois heures au sommeil chaque nuit, dit Guerres.

Cependant comme les étrangers de distinction le recherchaient et l'honoraient de leur amitié, les magistrats de Bologne n'osèrent délaisser plus longtemps le savant que les savants de tous pays venaient visiter. En 1803, il fut nommé bibliothécaire de l'Institut de Bologne, et on lui rendit la chaire de langues orientales, qu'il reprit avec joie. Napoléon chercha même à l'attirer à Paris, mais le célèbre philologue refusa cet honneur. Il ne put résister cependant aux instances de Grégoire XVI qui avait pour lui une vive affection. Il partit pour Rome en 1831, âgé alors de cinquante-deux ans : il savait une cinquantaine de langues.

Giordani, l'impétueux écrivain dont les idées politiques et littéraires ne s'accordaient guère avec celles du doux et modeste savant, écrivait alors de Bologne : « Je ne me soucie point d'être en rapport avec les gens de lettres. Ils ont généralement peu d'instruction et peu de zèle. Je fais une exception pour Mezzofanti, qui est d'une piété extrême et d'une science vraiment prodigieuse. Il connaît parfaitement une quantité de langues, et ce n'est qu'une minime partie de son savoir. Cependant il vit dans l'obscurité, et il faut le dire à la honte de notre temps; dans la pauvreté. »

« Ce qui est merveilleux, dit un autre savant,

c'est de voir Mezzofanti au milieu d'un cercle d'interlocuteurs de diverses nations passer instantanément d'une langue à l'autre, sans jamais se tromper et en conservant le caractère précis de chaque dialecte. »

Un jour un étranger dit à Mezzofanti : Oserai-je vous demander combien vous parlez de langues. — Celui-ci réfléchit un instant, puis d'un ton modeste répondit : « Quarante-six. — Est-ce possible? Et comment avez-vous pu acquérir un tel savoir? — Dieu m'a donné une faculté particulière. Dès que j'ai acquis la signification d'un mot, jamais je ne l'oublie. »

A Rome, le Pape le nomma recteur du Collège de la Basilique et conservateur de la bibliothèque du Vatican. En 1838, il fut élevé à la dignité de cardinal. Ce qui l'attirait surtout dans la Ville éternelle, c'était le Collège de la Propagande où il trouvait des élèves de tous pays. On en a compté en une seule année quatre-vingt-dix de nationalités différentes. Il aimait à s'entretenir avec ces étudiants et à perfectionner sa connaissance des dialectes. Sans ambition, sans aucun souci de la fortune il était de plus en plus aimé et apprécié du Souverain Pontife. Aussi en 1848, il fut douloureusement frappé par la proclamation de la république au Vatican, la fuite du Pape et les désordres qui suivirent. Il tomba malade, languit quelques semaines, et mourut pieusement comme il avait vécu.

TABLE DES MATIÈRES

DE LA DEUXIÈME SÉRIE

Drouot	1
Droz	7
Duchatel	20
Ducis	24
Ducrot	30
Dufaure	35
Du Lac	39
Dulaurier	41
Dulauro-Dubez	47
Dumas (J.-B.)	52
Dungan	58
Dupuytren	59
Durand	67
Erdau	70
Eudeville (Dr)	75
Evers (Dr)	79
Falloux (de)	81
Féburier	89
Ferronnays (de la)	94
Feugères	106
Flandrin	108
Fleury (Rohault de)	117
Foisset	119
Foussagrives (Dr)	121
Fontanes (de)	124
Fourichon	127
Graut	129
Gaillardin	134
Galitzin (Amélie)	137
Galitzin	141
Garcia Moreno	149
Gautier (Théophile)	158
Gemeau	161
Genoude (de)	165
Geoffroy Saint-Hilaire	173
Girardin (de)	178

Goschler	183
Graeff	187
Gratry (P.)	189
Greeley	194
Grivel (baron)	197
Guérin	199
Guiraud (de)	201
Hahn-Hahn (comtesse de)	203
Haüy	205
Héliand (comte d')	208
Hetsch	211
Laboulaye (de)	255
Lacordaire (P.)	262
Laënnec (D^r)	274
La Harpe	276
Lainé	282
Lamoricière	284
Lapasset	294
Laplace	297
Lapparent (baron de)	301
Laprade (de)	304
La Roncière	309
Larrey	315
Latour (de)	318
Latrade	320
Lebrun	322
Lefranc (V.)	326
Lemmens	328
Lenormant (Ch.)	330
Lenormant (F.)	333
Le Play	335
Le Rouz (A.)	348
Le Sueur	354
Leverrier	356
Littré	361
Long (de)	371
Magne	376
Magnin	378
Maine de Biran	382
Maistre (J. de)	391
Marbeau	397
Marceau	405
Margueritte	416
Martin (H.)	421
Mezzofanti	427

www.ingramcontent.com/pod-product-compliance
Lightning Source LLC
Chambersburg PA
CBHW072215240426
43670CB00038B/1507